本書由香港青松觀資助出版

全真道研究

第八輯

趙衛東 主編

山東大學儒學高等研究院 主辦

齊魯書社

圖書在版編目（CIP）數據

全真道研究. 第八輯 / 趙衛東主編. -- 濟南 : 齊魯書社, 2019.12
ISBN 978-7-5333-4240-1

Ⅰ. ①全… Ⅱ. ①趙… Ⅲ. ①全真道 - 文集 Ⅳ. ①B956.3-53

中國版本圖書館CIP數據核字(2019)第287584號

全真道研究 第八輯

趙衛東 主編

主管單位	山東出版傳媒股份有限公司
出版發行	齊魯書社
社　　址	濟南市英雄山路189號
郵　　編	250002
網　　址	www.qlss.com.cn
電子郵箱	qilupress@126.com
營銷中心	（0531）82098521　82098519
印　　刷	山東德州新華印務有限責任公司
開　　本	720mm×1020mm　1/16
印　　張	14.75
插　　頁	2
字　　數	278千
版　　次	2019年12月第1版
印　　次	2019年12月第1次印刷
標準書號	ISBN 978-7-5333-4240-1
定　　價	78.00圓

《全真道研究》編委會

目　録

全真道老學中的"真常"思想

□劉固盛

摘要:以"真常"解釋老子之道,雖自唐代已開始出現,宋代亦有所闡釋,但衹有到了全真道老學,纔把真常作爲道論的核心概念加以使用。全真道老學關於真常思想的闡發,不僅揭示了老子之道在宇宙萬物中的根本性意義及其價值追求,而且從哲學的高度爲社會存在以及個人的性命修煉確立了一個本體依據。從中可以看出,全真道學者既繼承了道教的真精神,同時又賦予了"真常"範疇更加豐富的含義,從而爲全真道的發展奠定了豐富的思想基礎。

關鍵詞:全真道　老學　真常

作者簡介:劉固盛,1967 年生,歷史學博士,華中師範大學歷史文化學院教授,博士生導師,湖北省人文社會科學重點研究基地道家道教研究中心主任。

全真道不僅從宗教實踐上開用老之新風,同時從"全真七子"之一的劉處玄開始爲《老子》作注,由此形成了全真道老學。劉處玄之注已佚,但元、明、清各代有不少全真道士注《老》,保留至今的著作有李道純《道德會元》、鄧錡《道德真經三解》、陳致虚《道德經轉語》、陸西星《老子道德經玄覽》、程以寧《太上道德寶章翼》、潘静觀《道德經妙門約》、宋常星《道德經講義》、劉一明《道德經會義》與《道德經要義》等。用"真常"解《老》是全真道老學的重要特點,或者說,對"真常"觀念的闡發體現了全真道老學的理論建樹,也反映出全真道的獨特性。對此,本文擬進行簡要的分析和論述。

一、"真常"釋義

真與常是老子思想中的重要概念,如《老子》第 21 章:"其精甚真,其中有信。"第 54 章:"修之身,其德乃真。"這是老子以"真"論道與德。第 16 章:"復命曰常,知常曰明。"第 32 章:"道常無名。"第 37 章:"道常無爲。"第 55 章:"知和曰常。”“常”是道的根本屬性,老子提出的永恒之道即爲常道。但《老子》書中並没有“真常”一詞,而在成書於唐代以前的道教經典《太上老君説常清静經》中已出現“真常”概念:“真常應物,真常得性;常應常静,常清静矣。”

從老學史的角度看,較早用“真常”解釋老子之道的,是唐代成玄英、李榮等道士。成玄英解《老子》第1章:“雖復稱可道,宜隨機愜當而有聲有説,非真常凝寂之道也。”[①]第16章:“不知性修反德,而會於真常之道者,則恒起妄心,隨境造業,動之死地,所作皆凶也。”[②]第55章:“知和曰常,知此不言之言,是淳和之理者,乃曰體於真常之道也。知常曰明,知於真常之道,是曰智慧明照也。”[③]成玄英對真常一詞的使用,强調了其虚寂的意藴,所謂“道以虚通爲義,常以湛寂得名”,意在深入揭示老子之道的“虚通妙理”,從而“會重玄之致”。李榮《老子注》中同樣出現了真常的概念,他注《老子》第1章:“非常名者,非常俗榮華之虚名也。所以斥之於非常者,欲令去無常以歸真常也。名有因起,緣有漸頓,開之以方,便捨無常,以契真常。”[④]在李榮看來,真常與無常相對,所以他又注第52章“是謂襲常”一句説:“放情極欲,遺本徇末,患難斯至,歸無常也。塞兑閉門,守母依始,潔身入道,襲真常也。”[⑤]唐玄宗也用真常解老,第16章“知常容”句之注言:“知守真常,則心境虚静,如彼空谷,無不含容。”[⑥]第52章“無遺身殃,是謂襲常”句之注:“遺,與也。言還守内明,則無與身爲殃咎者,如此是謂密用真常之道。”[⑦]唐代以兵解老的王真也多次使用了真常的概念,如他注第1章:“聖人代天地而理萬物者也。於是因言以立道,因道以制名,然異於真常之元,故曰可道。”[⑧]注中“真常之元”當指常道,與可道相對應。第16章注言:“萬物盡無大傷,各得復其性命,以足自然之分,即可謂得真常之道也,故聖人能知此真常之道,則是明白四達,無所疑惑也。若人君不能知此真常之道,而乃縱其嗜欲,妄作不祥,興動干戈,流行毒螫,則必有凶灾之報,故曰妄作凶。”[⑨]王真在這裏强調對真常之道的認知與運用,特别是君主治國理政,要不違真常之道。而在唐代老學中,這種對道

① 熊鐵基、陳紅星主編:《老子集成》第一卷,北京:宗教文化出版社,2011年,第287頁。下引該書,衹注卷數、頁碼。

② 《老子集成》第一卷,第299頁。

③ 《老子集成》第一卷,第329頁。

④ 《老子集成》第一卷,第350頁。

⑤ 《老子集成》第一卷,第375頁。

⑥ 《老子集成》第一卷,第423頁。

⑦ 《老子集成》第一卷,第438頁。

⑧ 《老子集成》第一卷,第564頁。

⑨ 《老子集成》第一卷,第568頁。

的體悟與實踐,又稱之爲真常之理、真常之德、真常之行。如成玄英注第 16 章云:"既知反會真常之理者,則智惠明照,無幽不燭。"[①]理與真常連用,獲得了與道類似的意義。李榮注第 28 章:"在貴如賤,處榮若辱,真常之德,自然滿。"[②]該章唐玄宗注也提到了"真常之德":"雄者,患於用壯,故知其雄,則當守其雌,謙德物歸,是爲天下谿谷,則真常之德不離其身,抱道含和,復歸於嬰兒之行矣。"[③]真常之德爲道的具體呈現。唐玄宗御疏第 55 章則說:"知和柔之理,修而不失者,是謂知真常之行也。……人能知真常之行,而保精愛氣者,是曰明達。"[④]真常之行,即道的實踐與運用。

强思齊在《道德真經玄德纂疏》中用真常描述老子之"至道",其言曰:

> 夫清虚妙理,至道真常,迥超三界之先,直出有無之境,酌之不竭,同大海之波瀾,仰之無窮,等高山之峻峙,物莫之喻,心莫之知,生居象帝之先,吾不知其誰之子,在動而寂,處用而沖,故孔丘自比於醯雞,黄帝得之於罔象,湛爲物主,唯至道之宗乎。[⑤]

强思齊在注文中用真常表達出道的超越性和至上性,真常的獨立意義增强。北宋陳景元在《老子》第 1 章注中則明確指出:"嘗謂真常即大道也。無欲有欲,即道之應用也。道本無物,物感道生,形而上者謂之道,形而下者謂之器。"[⑥]"真常即大道"的提法與唐代成玄英、李榮等人所謂的"真常之道"在意義上有了一些差别,"真常之道",真常仍居於一個輔助的位置,"真常即大道",真常獲得了與道並列的地位。除陳景元外,宋代用真常解《老》者亦有不少。如宋鸞《道德經篇章玄頌》:"了悟真常宗道少,縈貪爵禄益生多。"[⑦]"被褐懷玉沉潛者,内鑒真常徇世情。"[⑧]宋徽宗御解《老子》第 1 章:"又曰:道不當名。可道可名,如事物焉,如四時焉,當可而應,代廢代興,非真常也。"[⑨]李嘉謀《道德真經義解》第 1 章注:"聖

---

① 《老子集成》第一卷,第 299 頁。
② 《老子集成》第一卷,第 364 頁。
③ 《老子集成》第一卷,第 428 頁。
④ 《老子集成》第一卷,第 496 頁。
⑤ 《老子集成》第二卷,第 328 頁。
⑥ 《老子集成》第二卷,第 579 頁。
⑦ 《老子集成》第二卷,第 526 頁。
⑧ 《老子集成》第二卷,第 531 頁。
⑨ 《老子集成》第三卷,第 261 頁。

人體真常之道,以出入於有無之間。"①曹道沖解第 16 章:"夫物或興或衰,或生或滅,皆爲造化之所陶鑄,惟道常然,晝不能明,夜不能晦,復性命之道,則知真常。"②劉驥解第 32 章:"道之真常,天地之始,造化之先,不可得而名,故謂之樸。"③需要注意的還有金代李霖的注解,他分别總結《老子》前三章之主旨説:

> 此章言真常之道,悟者自得,不可名言,同觀徼妙,斯可以造真常之道矣。太上以此首章,總一經之意,明大道之本,謂玄之又玄也。④

> 此章欲體真常之道,忘美惡,齊善否,不爲六對之所遷,唯聖人知其然。故處事以無爲,行教以不言,歸功於物而不居,道常在我而不去也。⑤

> 三篇統論:首篇言道可道,夫可道之道,非真常之道也。真常之道,離言説,超形名,悟者自得。能悟之者,忘美惡,齊善否,故以天下皆知次之。既不爲二境迴换,則是非美惡不藏於胸中,故以不尚賢次之。不尚賢,不貴貨,則方寸之地虚矣。虚則腹實,此精神内守道德之極致也。學者精此三篇,則經之妙旨,斯過半矣。⑥

可以看出,李霖已用真常作爲主題詞來闡發老子之道,相對於以往各家對真常概念的理解和運用,李霖的闡述顯得更加全面和豐富。

以上大致梳理了唐宋老學中涉及真常概念的詮釋,總體來説,最大多數用真常解《老》者爲道士,儒者衹是偶見。如王雱注第 1 章:"名生於實,實有形數,形數既具,衰壞隨之,其可常乎? 惟體此不常,乃真常也。"⑦李畋注第 37 章:"大道以虚静爲真常,以應用爲妙。有俾其侯王守其真常,寂然不動,法其妙用,感而遂通,則萬物化淳天下正。"⑧而王雱、李畋等儒家學者,也是崇尚老莊的。由此可見,真常是一個具有道教文化背景的概念。

至於真常的含義,前面提到的各家注解雖或多或少都有涉及,但均不十分具

---

① 《老子集成》第三卷,第 625 ~ 626 頁。
② 《老子集成》第四卷,第 578 頁。
③ 《老子集成》第四卷,第 608 頁。
④ 《老子集成》第四卷,第 123 頁。
⑤ 《老子集成》第四卷,第 124 頁。
⑥ 《老子集成》第四卷,第 126 頁。
⑦ 《老子集成》第二卷,第 693 頁。
⑧ 《老子集成》第四卷,第 166 頁。

體。陸西星《老子道德經玄覽》的解釋則較爲全面：

> 道者，先天太樸，溟涬無光，不落方體，不屬指擬，何可言説？故不可道。不可道即佛語所謂不可説不可説也。若其可道，則非真常之道矣。何謂真常？純一不二曰真，恒久不已曰常。佛言不二法門，又云：唯此一乘法，餘二則非真，蓋言此也。然又須知非真則不可常。何者？凡所有相，皆是虛妄，終有變滅，而不能久。故惟真常之道，主張於未始有物之先，而自古及今，以閱衆甫，故生天生地生人生物。既有生矣，於始落於後天名相之中，而爲樸散之器。故經曰：始制有名。始即道也，天地人物即名也，名爲道之所生，道既不可道矣，名又何可名耶？執而有之，名相起而真常隱矣。佛告大慧，相句非相句，所有句非所有句，以至四相俱忘，百八皆非，意蓋如此。故曰：名可名，非常名。何謂真常之名？如執天地之形而名天地，則天地雖曰至大，會有劫壞，而不可常。惟曰上天之載無聲無臭，以是而名天地，則道不變，天地亦不變，斯得名真常之天地矣。執萬物之形而名萬物，則萬物雖曰無窮，終有生滅，而不可常。惟曰真如之性無所從來，亦無所去，以是而名萬物，則道不變，萬物亦不變，斯得名真常之萬物矣。是知名立乎有，道之委也；道妙於無，有之根也。若是乎有無之相生，而道與器之不相離也。於是乎聖人於有爲名相之中，而教人以歸復真常之道焉。①

此段注文，陸西星引入不二法門、真如之性等佛教概念，對真常的兩個主要特點進行了闡述：其一是真。真指純一不二，與真相對者爲虛妄。真也是樸，陸西星稱之爲太樸。樸散爲器物，遂有了名相，真常也就隱去了，所以名相也是與真常相對的。真在人身上的體現爲真常之德，亦即真性。這一點可與《老子道德經玄覽》第27章注互相參證：

> 夫自道樸既分之後，陰陽名相，互起對立，於是始有雄雌、黑白、榮辱之稱。勝負、屈伸、感遇不常，常人執而有之，迷失真性，去道遠矣。故惟真常之德，遠離名相，絶去對待……故聖人之道，常處於虛静不争之地，以待天下。而天下之情狀，任爾變態反覆，千緒萬端，而吾真常可久之德，常在於此而不離。如此，則其復歸也，寧不與嬰兒同其純一無極，同其静虛太樸，同其

---

① 《老子集成》第六卷，第571～572頁。

渾淪乎？曰復歸云云，則與道爲之合真矣。[1]

注文論述了真常之德純一虛静的特點，並間接地提示出，修道的關鍵就是去掉外在虛妄不實之名相的束縛，回歸本來真性。其二是常。常即永恒不變之意，所謂"道不變，天地亦不變"，這就是常。基於此，真常便具有先於天地、没有始終、恒久不已等特性，因而能够成爲天地萬物之本體。當然，真與常兩者又相輔相成地結合在一起，不可分割。

二、真常與道

老子之道玄之又玄，微妙難識，不同時代的學者根據自己的理解可以作出不同的解釋，有詮之以"氣"者，有詮之以"無"者，有詮之以"理"者，這些詮釋可謂各有勝義。而以"真常"解釋老子之道，雖自唐代已開始出現，宋代亦有所闡發，但祇有到了全真道老學，纔把真常作爲道論的核心概念加以使用。全真道學者解釋老子之道時表現出一個共同的特點，即普遍以"真常"概念以釋之。真與常兩者相輔相成、具有内在的一致性，非真則不可常，非常則不能真，真常纔是道。

著名全真道士李道純就是真常理論的宣導者，他在所著《道德會元》開篇就説："道之可以道者，非真常之道也。夫真常之道，始於無始，名於無名，擬議即乖，開口即錯。設若可道，道是甚麽？既不可道，何以見道？可道又不是，不可道又不是，如何即是？"[2]詹石窗教授曾用"無名之道真常化"一語概括李道純之老學大旨，指出"李道純以'真常'立宗，這也是一種理論上的升華，比起過去的老學來，他的最基本概念顯得更抽象概括，更富有思辨色彩"。[3] 比李道純略晚的鄧錡[4]在《道德真經三解》序中提出："老氏一書，真常爲主，解者悉與道德混而爲一，不知賓主上下，以致諸儒妄生異議，無區以别矣。今也先述真常三百字，以擬陰符之數，列於序次，庶使後之談道德者不遠迷其復矣。"[5]鄧錡認爲，《老子》書的思想主旨就是"真常"二字，但是歷來注者很少有人將這一主題提煉出來，由此

---

① 《老子集成》第六卷，第 587 頁。

② 《老子集成》第五卷，第 4 頁。

③ 詹石窗：《南宋金元的道教》，上海：上海古籍出版社，1989 年，第 135 頁。

④ 李道純和鄧錡均爲道教南宗實際創始人白玉蟾之二傳弟子，後都加入了全真道。李道純在《道德會元》之篇首提到："至元庚寅孟夏旦日，都梁參學清庵瑩蟾子李道純元素序"，至元庚寅即 1290 年，《道德會元》於這一年已經完成，而鄧錡《道德真經三解》完成於 1298 年，比李道純之作晚出 8 年。

⑤ 《老子集成》第五卷，第 425 頁。

造成主次顛倒，主旨不明，以至衆説紛紜，令人不知所從。爲了改變這一現象，讓解《老》者、讀《老》者有所遵循，鄧錡首先撰寫了“真常三百字”，以明《老子》之旨趣。其言曰：

> 真常之常，常謂之常；常真之真，真謂之真。真常在道，無所不抱；其常在德，無所不則；真常在命，無所不定；真常在性，無所不應；真常在理，無所不紀。天地未始，真常真止；天地既終，真常真空。……①

鄧錡的真常論，包括以下幾個要點：其一，真常無所不在。真常作爲道的化身，雖然無形無名，不可捉摸，但它又無所不在，具有最大的普遍性。其二，真常是宇宙萬物的存在根據。宇宙的運行，季節的更替，萬物的變化，都是真常在起作用。其三，真常是生命的本質狀態。生命的本性就是真，“真常在性，無所不應”，所以得道之士不會爲表象的東西迷惑，能够“去彼之幻，取此之真”，修道者應該固守本原，不失其真。其四，與道合真是修煉的最高境界。② 由於老子之道玄之又玄，難以言表，所以每一個解《老》者都有各自的理解與詮釋，鄧錡用“真常”釋道，從宇宙的本質、萬物的變化到個人的修煉等多個層面展開對道的闡釋，清楚地反映出了全真道老學的致思特點。鄧錡與李道純兩人都是學兼南北、具有很高修養的全真道士，在他們的影響下，形成了一股風氣，即全真道的學者解《老》，大都以真常爲宗，明清時期的全真學者也不例外。

明代陸西星解《老》時，注意用真常闡述老子之道恒久不變的特點，例如：

> 聖人雖不居其功，而功在萬世，終不可去。蓋以真常不變者在我故耳。③

> 蓋真常之道不受變滅，保之以修身，則長生久視之術也；保之以治國，即久安長治之策也。④

> 聖人洞明古始，深達造化，故於陰陽互藏之宅，而求其所謂象，所謂物，所謂精，所謂信者，以爲立命之基，則宇宙在手，萬化生身，而長生久視之道端在是矣。是道也，真常不變，雖若寓於後天名物之中，而自古及今，其名不

① 《老子集成》第五卷，第425頁。
② 拙著《道德真經三解通釋·前言》（北京：宗教文化出版社，2016年）對此有較詳細的論述。
③ 《老子集成》第六卷，第573頁。
④ 《老子集成》第六卷，第580頁。

> 去,《列子》所謂“生之所生者死矣,而生生者未嘗終,形之所形者實矣,而形形者未嘗有”。[①]

這幾段注文都是從用的層面揭示真常不變的本體特質。正因爲大道是真常永恒的,所以於宇宙,它具有創造一切的能力;於社會,它蘊涵治國安邦之良策;於個人,它又是修身立命的根本。

另外,作爲本體的真常之道,不僅是純一不變的,而且具有虚無的性質,如《老子》第4章注:“道本沖虚,而其用之也,恒不盈。不盈者,生而不有,爲而不恃,不自滿足也。然静深不測之中,而萬物於是乎出焉。所謂虚而不屈,動而愈出者,故淵乎似萬物之宗。”[②]又如《老子》第25章注:“此言道也。混成者,一而不分之意。混沌未分之先,一炁而已。其分清分濁也,天地生焉。而此混成之炁,常寓於有名之中,而爲天地萬物之主。寂兮寥兮,自先天而言也。寂,静而無聲也。寥,空而無侣也。言道虚無空寂,獨立於未始有物之先,而萬古不變。周行於既始有物之後,而其出不窮。如此則信乎無名天地之始,而可以爲天下母矣。”[③]實際上,虚無也就是真常之真的體現,因爲真常必須摒棄一切名相,杜絶所有思慮,那麽其結果衹可能是虚無了。

真常之道能够産生天地萬物,這也是道的根本性作用的體現。關於道的本體意義,陸西星在《老子》第42章的注文中還有全面的闡述:

> 道者,無名無相,根於太極之先。始生一炁,爲生天生地生人生物之根。是謂元始祖炁,至虚至静。静極而動,遂分陰陽。陰陽二炁絪緼交通,復合爲一,故二而生三。三體重生,萬物乃出。《易》曰:“易有太極,是生兩儀。”又曰:“天地絪緼,萬物化醇。”周子曰:“無極而太極。”世儒不知此理,遂以無極太極合而爲一,而曰:非太極之上復有無極。是徒知一之生二,而不知道之生一,得其宗而忘其祖也。且夫一二與三,皆落名數。謂之一者,但渾淪而未判,體具而未分耳。不知未始有一之先,必有所以主張綱維之者。莊生所謂太初有無,無有無名,是謂無極。故周子曰:太極本無極也。太極本於無極,而謂之合一,可乎?[④]

---

① 《老子集成》第六卷,第583頁。
② 《老子集成》第六卷,第574頁。
③ 《老子集成》第六卷,第585頁。
④ 《老子集成》第六卷,第595頁。

道體真常,渾淪虛静,具有至高無上的地位。道通過氣的作用而産生天地萬物,天地萬物賴道而存在。陸西星指出,周敦頤"無極而太極"的命題,正是對道的最高價值的肯定,一些儒家學者例如朱熹認爲太極之上不應該再有無極,無極與太極本來合一,這樣的觀點是不正確的,無極應該是高於太極的範疇,兩者並非處於同一層面。陸西星又説:

> "萬物負陰而抱陽,沖氣以爲和",言萬物之生,負陰以肖地,抱陽以肖天,而沖虚之氣,流行於中,以肖天地之和。即此沖和之氣,是爲性命之根。《易》曰:"各正性命,保合太和。"聖人致中和而天地位焉,萬物育焉,以和召和,理固然也。奈何世人常於物欲,執於人我,勝負兢起,失此和氣,去道遠矣。是以聖人教人與道爲體,常使虚心弱志,保之以不盈,尚之以不争。且如人之所惡,惟孤、寡、不穀,而王公之知道者或以是稱之,豈其漫無所見而顧貶損於言語稱謂之間哉?蓋道本沖和,吾既得此以爲性命之根,而使自高自亢,與道相違,則不道早已。是欲益之而反損者也。能反是道,則雖深自貶抑,而謙光之德終不可逾,非損之而反益者乎?故物或損之而益,或益之而損,損益無常,惟其自召。聖人者,究損益之理,而知此和者,人之所與也;徹性命之原,而知此和者,天之所命也。①

此注繼續闡發真常之道的本體意義,但重點由天地萬物轉向了個人,並側重於從和的角度分析。道自虛無之中産生沖和之氣,此即"性命之根"。也就是説,道是以沖和的形態呈現於性命之中的,因爲有道的存在,所以性命的狀態是圓融無礙的。由於道永恒不變的特性,所以修道者一旦與道合真,則性命亦歸於永恒,從而實現生死的超越。但怎樣纔能實現與道合真的理想呢?方法很多,其中重要的一點是從和入手,以究性命之原。

與陸西星類似,清代全真道龍門派第七代弟子宋常星《道德經講義》亦是以真常解《老》的代表。他在解釋《老子》首章"道可道,非常道"時就直接指出:

> 道之一字,先天先地之先不爲先,在後天後地之後不爲後,最極最大,最細最微,無方圓,無形象,大無不包,細無不入。極大,尚有可量,極細,尚有可指,惟道極大不可量,極細不可指,乃是至妙至玄,無極太極之大道也。可道二字,凡落於言句,便是可道。真静悠久謂之常,可道之道,即非

---

① 《老子集成》第六卷,第595~596頁。

真常之道也。①

道可以分爲兩種,即可道與常道,凡落於言句者爲可道,而不可言説、無所不在、至玄至妙者爲常道,即真常之道。對於真常之道的特點,宋常星從多方面進行了闡釋:

> 鴻濛未判之始,道之本體,無方所,無形狀,耳目不可及,言問不能到,如雲出岫,拿捉不住,似月印潭,摸索不得,是故放之則彌滿六合,斂之又全無朕兆也。②

> 大道之實際,祖萬物而不祖,宗萬物而不宗,五太之先,不古不今,三才之後,非先非後。其實際之妙,若言無,却又無而不無,無物不有,無時不然,雖視之不見,聽之不聞,妙有自然之機實未嘗無也。若言有,又未嘗見其有,空空洞洞,不有朕兆之可觀,渾渾淪淪,未見象狀之可指,輔萬物之自然,其自然之隱妙,可以神會,實不可以言傳也。立天地之大本,其大本之實理,可知其有,不可見其有也。是故乾坤内外,大主宰,大體用,造物化物者,道也。大千法界,大圓滿,大本根,無欠無餘者,道也。③

上述注文,對道的抽象、玄妙、圓滿進行了全面的描述,反映出宋常星對老子之道的理解確實是比較深刻的。他又注第 32 章説:"切思道之實際,本無名象,本無朕兆,不變不易,能常且久,莫可見聞,莫可名狀。雖然不可名狀,無而不無之真無,索存極妙,有而不有之實理,渾然全具,是以謂之道,是以謂之常,是以謂之無名,是以謂之樸。謂之常者,大道攸久之妙也。謂之無名者,大道微妙之機也。謂之樸者,大道渾全之理也。"④宋常星認爲,道本不可名,但爲了把握道之要義,又不得不使用一些概念如無、樸、理之類來稱謂之,而在各種與道相關的名稱中,"真常"二字應該是最切近道之本意的,所以他説:

> 真常之道,得之於天地,天地可以常久;得之於人物,人物可以常久。知

---

① 《老子集成》第九卷,第 130 頁。
② 《老子集成》第九卷,第 150 頁。
③ 《老子集成》第九卷,第 170 ~ 171 頁。
④ 《老子集成》第九卷,第 185 頁。

常之人,果能至此,可與大道同體,可與造物同遊矣。①

大道本是不變不易,真常妙理。不有不無,不色不空,是謂性命之元,是謂萬化之本。②

真常之道,即天地之心,造化之本。人能知此復命真常之妙,可通天地之微,可了生死之事。③

老子之道既是宇宙之本體,又是性命之本原,而道的根本性含義,全在"真常"二字之中。真常之義,涵蓋天人,一切衆生,均有真常之性,而修道之人,當以真常爲本:"倘若不悟真常,不窮歸根之理,不究復命之要,縱欲敗度,不當動而妄動,失正求邪,不可作而妄作,禍之來也。"④因此,"修道之人,若能取身中之金玉,養性命之真常,身外之金玉,視若塵囂,此心自然清净,知止知足,不貪不妄,用之不窮,守之不去矣"⑤。

宋常星進而論述了真常之道的三個特點。其一是"真"。在宋常星看來,"真"爲老子思想中最重要的元素之一,所以老子之"玄"是"至真至常,渾化無端","又玄"是"真之更真,確之更確",修道者應該"觀於無而識玄之妙,觀於有而識玄之真"⑥,追求"真知""真智""真識""真味""真心""真性""真體"。爲了説明"真"的重要性,宋常星又引古道經云:"天得其真故長,地得其真故久,人得其真故壽。"⑦對修道者來説,"真"是一種擺脱了世俗欲念干擾、不爲外物所累、純粹自然的境界,如果體會到了大道之真,不僅壽命可以延長,而且可以超越生死。其二是虚。宋常星指出,"大道之體,以虚爲體"⑧。道是宇宙萬物之本原,萬物非道而不生,非道而不成,非道而不有,非道而不立。道如此神奇的創造力,乃來源於其虚的特性:"語大天下莫能載,語小天下莫能破。蕩蕩無邊,無聲臭之可聞,空空無際,無朕兆之可見。"⑨正因爲道體虚無,故有生生之妙用。其三是和。

① 《老子集成》第九卷,第 156 頁。
② 《老子集成》第九卷,第 197 頁。
③ 《老子集成》第九卷,第 155 頁。
④ 《老子集成》第九卷,第 155 頁。
⑤ 《老子集成》第九卷,第 142 頁。
⑥ 《老子集成》第九卷,第 131 頁。
⑦ 《老子集成》第九卷,第 190 頁。
⑧ 《老子集成》第九卷,第 135 頁。
⑨ 《老子集成》第九卷,第 135 頁。

“大道之用,以和爲用。”①道生天生地,涵育萬物,總是體現出和的特性,和也可以理解爲和氣,宋常星指出:“和者,天地之元氣也。得此元氣,天地自位,萬物自育,大道可入矣。”②和又常與沖聯繫在一起,所謂“沖氣以爲和”。沖即虚,虚與和即道之體與用,在道生萬物的過程中,兩者是缺一不可的。對於和的意義,宋常星在第55章之注中進一步闡發:“和者,太和之氣也。在天地爲陰陽之正氣,在人身即是谷神之元氣,身中之造化由此氣而生,性命之根基由此氣而立。純純全全,至柔至順,謂之和。”③注文表明,太和之氣貫通天、地、人,天得之則清,地得之則寧,人得之則性命兼修,金丹可成。④

用“真常”解釋老子之道,較爲確切地把握住了道的特性與内涵,頗符合《老子》本義。從陸西星、宋常星等人的詮釋來看,“真常”二字本身及其包含的真、虚、和等特點,也是老子之道的基本特徵。由此看來,全真道學者解《老》,確實能够緊扣老子思想的基本精神。熊鐵基先生曾論及“全真”之義的三個方面,其中之一爲“全老莊之真”⑤,全真道老學之道論亦可爲證明。

三、真常與自然

從《老子》的文本來考察,其中既有“真”,也有“常”,但並没有“真常”一詞。結合文本與思想,老子之道的最大特點或者説根本屬性應該是自然。那麽,真常與自然是什麽關係呢?對此,全真道老學有自己的看法。李道純《道德會元》首章注云:

> 虚無自然真常之道,本無可道。可道之道,非真常之道。元始祖炁,化生諸天,隨時應變之道也。道本無名,可名之名,非真常之名。天地運化,長養萬物,著於形跡之名也。虚心無爲則能見無名之妙,有心運用則能見有名之徼。妙即神也,徼即形也。知徼而不知妙,則不精,知妙而不知徼,則不備。徼妙兩全,形神俱妙,是謂玄之又玄。三十六部尊經,皆從此出,是謂衆妙之門。且道此經,從甚麽處出。咄。頌曰:“崑崙山頂上,元始黍珠中。父

① 《老子集成》第九卷,第135頁。

② 《老子集成》第九卷,第210頁。

③ 《老子集成》第九卷,第240頁。

④ 拙文《論宋常星對〈老子〉的詮釋與發揮》(《世界宗教研究》2009年第4期)對此有較詳細的闡述。

⑤ 熊鐵基:《試論王重陽的“全真”思想》,《世界宗教研究》2008年第2期。

母所生口,終不爲君通。”①

李道純把老子之道劃分爲常道與可道,用虚無、自然、真常三個概念定義常道的内涵,既强調了常道的根本性意義及其不可見、不可名的特點,又指出常道與可道不可分割。在李道純的詮釋中,自然與真常具有同樣的性質。對此,龍門派道士劉一明在《道德經要義》中有進一步的闡釋:

自然之道,即太上大包羅之道。因其自然之道太上,不可見,不可聞,不可摶,故人信不足而知者希。是以聖人不得已而貴言以顯道,期其功必成,名必遂,使人人皆自知其我有自然之道而後已也。太上真常信者希,若還信足得天機。因人不信言爲貴,提出自然莫可違。②

在注文中,劉一明也將“真常”與“自然”聯繫起來。他指出,道即真常,但能够體會到真常内涵的人不多,故老子提出了更容易被理解和接受的“自然”範疇。顯然,自然與真常是基本對等的概念,衹是真常比自然更加微妙難識而已,兩者是一種隱和顯的關係。而從全真道老學對真常的闡釋,便能看出其對自然涵義的具體理解。自然是真,即真實無妄,本來如此。自然是常,即宇宙萬物包括人類社會發展的規律具有永恒性。對於自然的意義,劉一明在第 25 章注又指出:

道即自然,自然即道,因其人皆不知道是自然的,故以道法自然示之,使其知道必自然,方是道也。道爲先天先地混成之物,爲萬物母,天地根,無可得而名。故曰道大,天大,地大,王亦大。人法地,地法天,天法道,道法自然。自然之名,而道之爲道可知矣。有物混成天地先,寂寥獨立大無邊。成仙作佛聖賢母,强字稱名號自然。③

除了真常,自然是説明道的内涵與特點的最合適的詞了,但世人並不瞭解道的這一特性,故老子用“道法自然”的命題加以説明和教導。值得注意的是,注中“成仙作佛聖賢母,强字稱名號自然”一句,意謂儒、釋、道三教的終極目標都是自然,自然成爲儒、釋、道共同的價值屬性。在此,自然觀念在三教融合的背景下得到了拓展。

① 《老子集成》第五卷,第 5 頁。
② 《老子集成》第十卷,第 198 頁。
③ 《老子集成》第十卷,第 199 頁。

宋常星《道德經講義》也闡述了真常與自然的關聯。他認爲真常的具體含義,可以用“自然之妙”來表述。如第25章“道法自然”之注:

> 自然者,無假運用,無假作爲,無一法可增,無一法可減。道生男女,男女有人倫自然之妙。道生萬物,萬物有群分自然之妙。道生五行,五行有曲直從革自然之妙。月有自然之明,日有自然之照。故曰道法自然。①

無假即真,不增不減即常,因此,自然即真常。真常之道産生天地人物,天地人物便都包含了自然之妙。在宋常星看來,老子“道法自然”的意思,就是天地萬物包括人從道而生,便都具備了自然妙理。如第51章之注言:

> 道雖尊,未嘗自尊,德雖貴,未嘗自貴,不尊而尊,不貴而貴,所以爲自然之妙。萬物尊道而貴德者,亦非有心而尊之貴之也,亦是自然而然之妙也。②

正是因爲有了自然之妙,所以天地萬物能够各遂其性,各居其位,這就是“道尊德貴,皆是自然之妙”。③ 所以“生而不有”的意思就是“可生便生,有生物之功,而不自知其有,有而不有,正是自然之有”。“爲而不恃”則是“無爲而無不爲,有爲物之力,而不自恃其爲,爲而不恃,正是自然之爲”。“長而不宰”即“至道之妙,不有小大,至德之理,不較尊卑,生物而不見其跡,化物而不有其功,有長物之尊,而不自知其爲宰,長而不宰,正是自然之長”④。注中提到的“自然之有”“自然之爲”“自然之長”,彰顯了從天地萬物到人類社會的自然性和非主宰性。宋常星進一步指出:

> 天下之萬事,其自然之理,一理以貫之。天下之萬物,其自然之性,一性以成之。事得自然之理,其事無不美。人全自然之性,其性無不善。自然之性如太虛一般,無時不圓明,無時不清静,不容造作,不受汙壞。少有一毫造作,則私欲即生,少有一毫汙壞,則天理即滅。……是故修道之人,欲求自然之性,當於私欲未萌之先,求其不睹不聞之妙,則自然之性見矣。其不睹不

---

① 《老子集成》第九卷,第173頁。
② 《老子集成》第九卷,第232頁。
③ 《老子集成》第九卷,第232頁。
④ 《老子集成》第九卷,第232頁。

聞之妙,即是無欲無爲之實際也,在心爲性,在事爲理。[①]

總體上説,人和事都不離“自然之妙”,但宋常星又對“自然之妙”進行了細緻的分疏:於事爲“自然之理”,於人或物爲“自然之性”。宋常星特别强調了人保持自然之性的重要意義,此乃修道之本。而人性中的自然清静境界亦即真常、真性。在宋常星的詮釋中,真常與自然同樣具有一致性。

四、結語

從李道純、鄧錡、陸西星、宋常星、劉一明等全真道學者對《老子》的注解來看,他們對真常之道的闡發,不僅揭示了老子之道在宇宙萬物中的根本性意義,而且從哲學的高度爲社會存在以及個人的性命修煉確立了一個本體依據。從他們的詮釋中可以看出,全真道學者既繼承了道教的真精神,同時又賦予了“真常”範疇更加豐富的含義,從而爲全真道的發展奠定了豐富的思想基礎。

全真道老學對真常思想的闡發,還有助於更好地理解老子“道法自然”這一個極爲重要的命題。把自然與真常等同起來闡述道的内涵,由此强調自然不僅指本來如此,還包含自然之理,從而更加突出了人的主體性。也就是説,自然並不全指原始的實在狀態,更重要的是必須合理有道,因此,自然並不排斥人的積極作用。或者説,充分發揮人的主導作用,使事物朝有益於人和人類社會的方向發展,也是道法自然的應有之義。

(本文爲國家社科基金重大項目“中國老學通史”階段性成果,項目編號:14ZDB004)

(責任編輯:趙衛東)

① 《老子集成》第九卷,第259頁。

全真道之“降心法”略論

□王家强　郭　武

摘要：全真道之“降心法”主要分兩種：一種是“止念降心進道”，通過“以志爲帥”“忍辱”等方式降伏心魔，斷絶思慮，使“六欲不生，三毒消滅”，而達到“湛然清静”的真心狀態，此環節既屬於全真道内丹修煉之初階，同時又貫穿性功與命功修煉之全過程；另一種則是“舉腎炁，降心液”，此屬於全真道内丹修煉之“龍虎交媾”環節。本文所討論的焦點則在前者，即全真道的“降心進道之法”。

關鍵詞：降心法　嗔根　立志　忍辱　一顆真心

作者簡介：王家强，雲南大學歷史與檔案學院博士研究生；郭武，雲南大學歷史與檔案學院教授、博士生導師。

全真道之“降心”一説，在《重陽立教十五論》第八論中王重陽已有論述，從中可見“降心”之法在王重陽創教之時即已被視爲全真道内丹修煉的重要環節。石衍豐先生在介紹《重陽立教十五論》時，曾將這“十五論”分爲三類：“第一類是全真道士日常修行準則，第二類是全真道内丹修煉理論，第三類是全真道修真成仙的理論”，至於第八論“降心”，則分屬於内丹修煉理論的第一位。[①] 繼重陽祖師之後，後世全真弟子又在其基礎上對“降心”之論進行了詮釋或新解，足見“降心”對全真道内丹修煉的重要性。

對於全真道内丹心性的研究，學界已有不少成果，如：張廣保在《金元全真道内丹心性學》一書中對丹陽派、龍門派、盤山派及後期江南全真道的心性論進行了研究，同時也對全真道與儒家、佛教之間的關係進行了比較研究[②]；孫亦平通過對“清净”與“清静”的解釋，分析了唐代道教心性論的兩個不同的致思向度，並認爲“杜光庭倡導的‘清净’思想，後被全真道發展爲内丹心性論的理論依據，成

① 石衍豐：《重陽立教十五論》，《宗教學研究》1983 年第 2 期。

② 參見張廣保著《金元全真道内丹心性學》，北京：生活·讀書·新知三聯書店，1995 年。

爲金元之後中國道教的重要特色之一"。[1] 孫教授還指出,全真道吸收了佛教"明心見性"的禪修方法,並"結合儒家的'反身而誠、去情復性'等,在唐代道教所宣揚的道性清净思想的基礎上,對傳統道教的養生修命術作了新的詮釋,從心性論的層面上爲修正道教傳統的肉體成仙説並開出真性不朽説開拓了道路"。[2] 當然,還有其他一些論述唐代道教心性論或者全真道内丹心性論的研究成果,兹不一一贅述,這些學者都闡明了兩點:一是全真道的内丹心性學説是對隋唐重玄學心性論的繼承和發展;二是全真道心性論明顯受到了儒、釋兩家心性學説的影響,但又有自己新的解釋。各位學者都從總體上勾勒出了全真道内丹心性學説的歷史面貌,描繪出了全真道内丹修煉的總體特徵,然而鮮有學者對全真道之"降心法"的因由緣起、實踐方法、要達到怎樣的境界進行具體討論。以下略爲論之,以求教於方家。

一、全真道"降心法"之緣起

自王重陽始,全真道高道幾乎都有關於"降心"的論述,全真道爲何如此看重"降心"呢?一方面,如上面學者所言,全真道之所以重視修心,是因爲受到隋唐重玄學心性論的影響,尤其是唐代重玄學心性論向宗教旨趣轉變之後,修心、修性、修道就緊密地關聯在一起,盧國龍在《中國重玄學》一書中指出:"重玄學學者如王玄覽等人提出'道在境智中間'的觀點,既有明顯地糾正玄奘考據學家式的理解,又使重玄學特重心識心性,表現出明顯的宗趣轉化……將本體論與本原論結合起來,完成了重玄宗趣由本體論哲學和重玄解脱向道性論和心識心性修養理論過渡。"[3]而這種修性與修命相結合的内丹術在唐玄宗時代順利完成,盧國龍提到,"重玄學在高宗朝宗風一變,轉而討論道性問題,以討論修性、合乎道的規範——社會秩序是其内涵之一——爲根趣。這個轉變了的發展趨勢,在唐玄宗朝結出果實,那就是性情修養説和修性與修命術相結合的内丹道"[4]。漸漸地,修心即被認爲是在修性,也就是在修真。如郝太古所言:

---

① 孫亦平:《清静與清净:論唐代道教心性論的兩個致思向度——以杜光庭思想爲視角》,《哲學研究》2016 年第 9 期。

② 孫亦平:《論道教心性論的哲學意藴與理論演化》,《哲學研究》2005 年第 5 期。

③ 楊維中:《從隋唐佛道論争看道教心性思想的形成》,《佛學研究》總第 13 期,2004 年。

④ 盧國龍:《中國重玄學》,北京:人民中國出版社,1993 年,第 154 頁。

修真之士,若不降心,雖出家多年,無有是處,爲不見性。既不見性,豈能養命,性命不備,安得成真。①

這裏需要注意一點,因爲全真道在内丹修煉上主張先性後命,所以郝太古主張的"降心見性"的"性",與"先命後性"的"性"不能等同,如戈國龍所言:這裏的"'見性'吸收了禪家'明心見性'的頓悟之法,比一般'煉己'要高明徹底一些,但又比先命後性的圓通之'性'差了一層"。②

另一方面,丹家各派之學説,各有側重,下手功夫不一,如陳攖寧所言:"王重陽開北派,張紫陽開南派,陸潛虚算是東派,李涵虚算是西派……略有不同,學者須分别觀之。"③同時陳先生也指出:"北派工夫,重在清静。"④"清静既是煉心養氣的根本原則,又是心的本然狀態"⑤,而遵循這種"止念降心爲清静"的煉心原則,達到"一顆真心"的本然狀態,則自然心澄、欲遣、性定、命住、丹結、德備、道成,因而"降心"對全真道内丹修煉顯得尤爲重要。

最值得關注的是,全真道對於"降心"的原由和重要性有自己的一套解釋,王重陽和其後繼者都認爲是因爲"心有病患",從而使得"既不見性,豈能養命,性命不備",因而需要通過"降心"以"除病",進而"煉性"。對此,王重陽提出"定心"和"亂心"之説,"定心"則其心不動,無絲毫念想,無需降伏,而"亂心"則由聞見知覺,染著塵境而生,若放縱"亂心"則會"敗壞道德,損失性命",若不剪除"亂心",則於"修性養命"不利。如言:

若隨境生心,顛顛倒倒,尋頭覓尾,此名亂心也。速當剪除,不可縱放,敗壞道德,損失性命。住行坐卧,常勤降,聞見知覺,爲病患矣。⑥

其弟子郝太古真人也認爲"性命不備,修真不成"也正是"緣有心病",並提出"五種心病"説:

第一心病,見他通達性命之理,自己欲參不肯低下,他人不肯説,心生怨謗;第二心病,他人有緣,不思自己無,復不能化人生善,徒生惡念,損人道

① 《道藏》第32册,上海:上海書店、北京:文物出版社、天津:天津古籍出版社,1988年,第438頁。
② 戈國龍:《道教内丹學探微》,北京:中央編譯出版社,2012年,第98頁。
③ 郭武編:《中國近代思想家文庫・陳攖寧卷》,北京:中國人民大學出版社,2015年,第269頁。
④ 郭武編:《中國近代思想家文庫・陳攖寧卷》,第320頁。
⑤ 張廣保:《金元全真道内丹心性學》,第91頁。
⑥ 《道藏》第32册,第154頁。

緣;第三心病,見他人看經書,自己不通,而生謗心。此等之人,永不得大智慧,天眼自昧之徒也;第四心病,緣未起行,而强起緣動衆,擾亂他人,是不良之人也;第五心病,是心不足,反致心亂,是不足之人也。[①]

以上五種心病若不降伏,“雖出家多年,無有是處”。郝大通的這“五種心病”説,其實也是對當時全真道弟子修真現狀的真實寫照和不滿,他認爲貪嗔之心、機巧之心、玩弄之心、憎妒之心、好勝之心,已成爲當時修真之士的主要心病。郝太古還認爲這等修真之人,實爲“教中魔軍,地獄種子”。如言:

今之學者,是非利害,好惡貪嗔,不離於心。心既如是,性豈能定,氣豈能和,自然走失,去道愈遠矣。虚披鶴氅,枉玷教門。見高明者,嫉妒百端;見老幼者,欺誑百狀。有小利處,覓縫鑽頭;問大道者,耳聾眼瞎。機心巧詐,好佞狂圖,不當來出家,望做神仙,不肯降心,恣縱今時情性,已作凶徒,不通經義,呼牛作馬,不知道理,轉黑爲白。……吾今遍觀門人,多多造業,妖言妖語。或作入夢出神,蓋觀修堂,記師家名姓,引著一隊業家婆,將著幾個憨漢子,胡言亂語,説誘他人,合眼緘唇,推心辨道,惑昧會首,假聰明,强知解,只知説是説非,不知罪福,不思辨道,縱頑心而不善。……今之學者,不奉師,不敬友,見賢則有憎妒之心,見愚則有戲狎之意,不學好事,徒生勝心,此等之輩,生爲教中魔軍,死作地獄種子。[②]

正因爲全真道教内門人不肯降伏“五病之心”,致使性不定、氣不和,且去道漸遠,使得太古真人不得不重申“降心”之必要。清和真人尹志平也指出,“如今道人住好庵觀,引度門人,受人供養”,這本是“清福無盡,尋個静處坐去,心上做功夫”的好時機,然而現實情況却並非如此,“誰肯降心,都縱心做事”,“又不降心,成群作隊,任自飄蓬,閑過日月,亦不濟事”。[③] 可見,當時全真道内修真之士在修心、修性上,出現了修行態度鬆散的現實情況,讓太古真人、清和真人等不得不繼續貫徹和發揮重陽真人的“降心”論,並且重申和强調“降心煉魔”的重要性。

---

① 《道藏》第 32 册,第 438 頁。
② 《道藏》第 32 册,第 439 頁。
③ 《道藏》第 32 册,第 442 頁。

而全真後學,清代全真龍門中興之祖王常月[①],爲了重振玄門宗風,“將内丹修煉學説貫穿於戒律學説之中,强調明心見性”[②]。在其所著《龍門心法》中,提出“忍辱降心”之説,並將修行人的病根歸結在三毒之一的“嗔”字上,認爲“六根不能收,五官不能用,皆因嗔心未絶”。如言:

> 修行人第一大病,是嗔毒。這嗔字,不是着了我相,就是着了人相,把六欲七情,都包在這嗔字裡面,千愆萬過,都從嗔起。嗔字即是無明孽火,三毒中之一毒。内則焚己,外則焚人。[③]

王常月所謂的“降心”即降伏嗔心、斬斷嗔根,若嗔根不滅,則對修性與修命皆不利,而成爲阻礙個人修行之大病。“嗔根不滅,則猛虎咆哮月窟。性則變作毒龍,憤生嗔火,火發燒身;命則變作猛虎,常生毒氣,氣急喪真。”[④]因而,修真之士必當降伏嗔心,“使主人常住靈臺,使魔賊不敢作亂”。

正是因爲“降心”對修道有如此重要的作用,故而在《重陽真人授丹陽二十四訣》中,全真弟子借三教聖人之言,强調了“降心”對於修道的重要意義:

> 徐神翁注:但精神無惱,唾少爲中。修行人也,乃三教聖人之意。凡人出家,絶名棄利,忘情去慾則心虚,心虚則氣住,氣住則神清,神清則德合,道生矣。孔子曰:仁、義、禮、智、信。若修行之人,仁者不棄,義者不汙,禮者不自高,智者不争,信者不妄言。《金剛經》云:無諍三昧,人中最爲第一也。修行之人,澄其心而神自清。晉真人云:心清意静天堂路,意亂心荒地獄門。丹陽師云:要知上天入地,好弱由心。孟子曰:我善養吾浩然之氣,故不動心。太上云:出家若不降心,百年之後無得中處。重陽真人云:出家若不降心,返接世緣,道德損矣。性命書云:洗心對越,乃萬物之根蔕。經云:心生則性滅,心滅則性現也。心滅者是寶。經云:諸賢先求明心,心本是道,道即是心,心外無道,道外無心也。[⑤]

---

① 關於王常月的生平、闡教活動的相關介紹,可參見尹志華《王常月學案》,濟南:齊魯書社,2011 年。
② 見卿希泰主編:《中國道教史》(第四卷),成都:四川人民出版社,1996 年,第 81 頁。
③ 《藏外道書》第 6 册,成都:巴蜀書社,1992 年,第 738 頁。
④ 《藏外道書》第 6 册,第 738 ~ 739 頁。
⑤ 《道藏》第 25 册,第 808 頁。

二、全真道“降心法”之實踐功夫

面對修真路上的“亂心”之困、“五病”之擾和“嗔毒”之害，採用什麽樣的實踐方式或手段，解決修真過程中所遇到的這些現實“心病”問題，則是全真道教門人所要急切考慮的重大問題，因爲畢竟“得道成仙之關鍵在於其所採用的方法或手段，而方法或手段則有所謂的‘法’和‘道’之分”。[①] 其中郝太古首先就批評了“降心法”中的“小法邪徑”，致使“全真之理，滅而不顯”。如言：

> 後學者多求小法邪徑，或用心引氣，或數息忘心，或運水火交馳，或究龍虎會合，萬端不可盡録，致使祖師全真之理，滅而不顯。[②]

他認爲要斷除“五病”之擾，首在降心，而降心之法，則須低下參訪、守本分、看經教、守静篤、修性命，且久久爲功，决不可“縱情恣性”。如言：

> 除此五病，低下參訪，必得其真。未能大静，且守本分，未通大理，常看經教，未能動人，只合守静。稍得薄緣，莫忘性命。[③]

清和真人尹志平則側重於以“以志爲帥”的修煉方式來“降心進道”，他認爲，志不立，則萬神不納，若“以志爲帥”，則“滿身之氣助之”：

> 修行人降心進道，專以志爲主，志不立者，至於一食非美，則胃中不納，是萬神不納也。有志者雖每惡食不爲病，志既壯而萬神從之，物亦隨之而變，不知其味惡也。人有萬神，非志不能帥，大志既行，如大帥之行也，滿身之氣皆助之，何事不能克勝。[④]

尹志平所言之“志”，借用了《孟子・公孫丑上》中關於“志”“心”與“氣”關係的論述，要求“持其志，無暴其氣”，即要通過“志”來控制自然生理，從而使心定。《孟子・公孫丑上》言：

---

① 參見郭武：《“煉法入道”小考》，《中國道教》2016 年第 6 期。
② 《道藏》第 32 册，第 439 頁。
③ 《道藏》第 32 册，第 438 ~ 439 頁。
④ 《道藏》第 33 册，第 177 頁。

> 夫志,氣之帥也;氣,體之充也。夫志至焉,氣次焉。故曰:"持其志,無暴其氣。""既曰'志至焉,氣次焉',又曰'持其志,無暴其氣'者,何也?"曰:"志壹則動氣,氣壹則動志也。今夫蹶者、趨者,是氣也,而反動其心。"

從上可以看出,孟子心目中的"志"之所以能率領"氣",乃在於"志"是價值判斷的"心"的展現,而"氣"則是指自然生理的生命力。一方面,孟子要求積極主動地去持有"心"或"志"的實踐性,並且要"無暴其氣",即要使得自然生理血氣受到"志"的控制;另一方面,則更强調"堅其心志","心"要足够堅定,否則"心"爲"氣"所控制、制禦,則"反動其心"。① 清和真人尹志平在接受孟子"持其志,無暴其氣"觀點的同時,更强調修真之士不要"泥於言而不爲用",且在修行之中當"立於中道",不要執於一端。如言:

> 經中之言,初欲得知,知而欲爲己用。若泥於言而不爲用,則反爲病。然經中之言,多反復不一,最要人明此。云强行者有志,有云弱其志。有云學則不是,有云不學亦不是。有云静則不是,復云動亦不是。反復抑揚,初無定義。惟恐學者過與不及,或着在一邊,左右扶救之,令立於中道。②

王常月在《龍門心法》中,則主張"忍辱降心","斷滅嗔心",並認爲忍辱之功,意即爲降伏其心,"忍辱之功,是名降伏。人能降伏其心者,可仙可佛,可聖可賢。不能降伏其心者,可鬼可魔,可妖可畜"。③ 而這種"忍辱降心,調煉神氣"的内丹修煉實踐,其實早在重陽真人立教之時,就已經成爲其門人的重要修行方式與方法,在《洞玄金玉集》卷十《忍忍忍》中,馬丹陽言師父重陽真人教他"忍"字真訣,且"忍"法實爲降住無明、降伏嗔心的"良因":

> 刃下挑心,心頭插刃,認來堪作良因。無明降住,有辱不生嗔。憶昔清河公藝,尚垂涕、書此和親。無争士,常行大善,不敢暫傷神。人猜,堊捏塑,

---

① "孟子的心説,是認爲心乃思官,心之職能爲思;對於心性關係,認爲性在於心。"參見張岱年著《中國哲學大綱》,北京:昆侖出版社,2010 年,第 264 頁。而全真道"降心法"就是要"定心",使心不動,欲念不起,無絲毫念想,因而孟子的"心説"容易爲全真道所接受。

② 《道藏》第 33 册,第 177 頁。

③ 《藏外道書》第 6 册,第 741 頁。

逢刀坦坦,遇藥申申。便是非不辯,强弱無論。師父重陽教我,消煙火、悟假修真。常忍耐,觸來勿競,端的做仙人。①

另外,根據《終南山祖庭仙真内傳》卷中記載,馬丹陽還將此真訣傳授給了弟子任守一,並且實有成效:

先生姓任氏,諱守一,道號自然子。……以新厥德徑,詣劉蔣祖庵丹陽宗師門下,求受道業,丹陽斥逐。至於數日,其心益堅。乃納之,俾就環堵供事。飲膳三載,之間服勞益謹,未嘗須臾少懈。丹陽憐之,指授真訣,教以忍辱降心,調煉神氣。久之心地虚明,漸有所得。②

可見,"忍辱降心,調煉神氣",亦須久久爲功,方能"心地虚明"。

雖然馬丹陽、任守一皆奉行"忍辱降心之法",而真正將"以忍辱之法,降伏其心"的内丹修煉方法發揚光大的是王常月。他認爲"忍辱滅嗔"之初學功夫,首要"斷除惡念":

欲絶嗔根,先降惡念。大衆,如何唤作惡念?這不能忍辱的,便是惡念。心中惡念在一日,還是一日惡人。惡人安能入道?③

其次要"堅固定力":

定力未固,所以日見夜思,忽生妄念,妄念一動,入夢成境,境中即現,報應分明。④

王常月認爲,要降伏其心,最重要的是要"自己發心,誓願自度,然後度人",並且要自己手持戒刀,"身披忍字","辱怨苦難,一切承受",方可"自然六欲不生,三毒消滅"。如言:

自己發心,辱怨苦難,一切承受,降伏此心。大衆,你們須要手執戒刀,鋒芒光亮,只殺自己,莫殺他人,身披忍字,即如鎧甲,逢人打罵恥辱,以至王

① 《道藏》第25册,第621頁。
② 《道藏》第19册,第525頁。
③ 《藏外道書》第6册,第739頁。
④ 《藏外道書》第6册,第739頁。

法刑傷,官事口舌,雷打火燒,水渰賊劫,狼啣虎咬,虫殘病毒,横言屈語,惡口謗言,敗壞聲名,毁壞事物,割截身體,害我性命,總係往因,定劫難逃。只可安心承受,順天合道,償還夙債,再莫生心,報怨嗔恨,自生不服之念。惟宜回想,我今受他欺者,畢竟我曾欺人,受他困者,我曾困他。遭刑遭難,遭害遇灾,悉因前生,自作自受。從前惡孽,隨心消散。自然六欲不生,三毒消滅,身心輕健,情性安和,苦惱痊平,冤仇和解。①

不僅如此,王常月進一步闡釋了"忍辱降心"的修煉實踐對命功修煉亦有幫助,他認爲,"忍則無明火滅,自然五臟清净。忍則華池水生,自然六腑調泰"。

忍辱則心平氣和,肝火不生,化作青華救苦。忍辱則心神慈善,化作南斗消灾。忍辱則肺液不枯,化作瑶池甘露。忍辱則腎精不耗,化變氣海靈泉。忍辱則脾土不燥,化作五行正氣,戊己刀圭自産。忍辱則法身不漏,化作莊嚴妙相,光明正大現前。②

我們可以看出,無論是尹志平的"以志爲帥"的降心功夫,還是王常月的"忍辱降心",皆須久久爲功,不可半途而廢,畢竟"降心"這一環節僅僅是全真道内丹修煉之開始,然"煉性""匹配五氣""混性命"等内煉環節皆須以自己所降之"定心"爲基礎。

三、全真道"降心法"所達之境界

從《西山群仙會真記》中所記載的"煉法入道""煉形化炁""煉炁成神""煉神合道""煉道入聖"中③,我們即可以看出,内丹修煉,環環相扣,每一環節的修煉皆須達到一定境界,而這個境界便是下一環節内煉之基礎。前面筆者已經指出,對於全真道修真之士而言,"心病"得降,"嗔心"得伏,方纔進道,要進行其他環節的内煉,必須要"降伏魔心,斷滅嗔心"。然而如何纔能知道自己之魔心、嗔心已經得到降伏呢?這便需要知道"降心"所達之境界。

---

① 《藏外道書》第6册,第740頁。

② 《藏外道書》第6册,第740頁。

③ 關於"煉法入道",可參見郭武《"煉法入道"小考》,《中國道教》2016年第6期。其他可直接參看唐施肩吾撰《西山群仙會真記》。

王重陽認爲,“降心之道”首要是“定心”,而心之湛然不動乃是定心:

> 凡論心之道,若常湛然,其心不動,昏昏默默,不見萬物,冥冥杳杳,不內不外,無絲毫念想,此是定心,不可降也。①

《全真月刊》編者對這種“定心”狀態進行了一番解釋,“心靈既不在腔内,也不在腔外,外不見萬物,内無絲毫念想生發,這就是定心了”。② 其實我們可以看出,王重陽所謂的“定心”境界,主要在於“絶思慮”“心不著物”,從而使得“意馬不外遊,心猿不内動”,此即“定心”之境界,而定心則心不須降。如《重陽全真集》卷九,王重陽所作《贈友入道頌》便聲明,若要隨他學道,必要“絶盡平生思慮”,要使得外緣不染,憂愁莫起,長懷平等之心③。如言:

> 若是要隨余去,絶盡平生思慮。心中物物不著,塵事般般休序。饑後麤細皆餐,寒來只消紙布。常睡莫起憂愁,如行休生恐怖。不得言是談非,不得辭辛道苦。長懷平等之心,人病須要救護。長把假身搜獲,永將内真正顧。直待消盡舊業,萬事般般勿做。行功堪可證明,有箇真師來度。④

而在其所作《四不得頌》中則要求修道降心,不得“意馬外遊,心猿内動”。⑤

因全真功夫,重在清静,“澄心遣欲,降心伏魔”,所要達到的境界是一種“真静”狀態,如《清静經》所言:“欲既不生,即是真静。真常應物,真常得性;常應常静,常清静矣。如此清静,漸入真道。”這種湛然清凈⑥的本心狀態,清和真人尹志平將其

---

① 《道藏》第 32 册,第 153 ~ 154 頁。

② 《重陽帝君立教十五論釋義》,《全真月刊》第 18 期。

③ 對於“平等”二字,趙衛東接受蕭進銘的看法,認爲“王重陽内丹思想的核心關鍵所在,正在於‘平等’二字……在重陽看來,修煉内丹,必須以無偏無倚、無執無著、清静無染的平等心作爲其根本基礎”。參見趙衛東:《金元全真道教史論》,濟南:齊魯書社,2010 年,第 100 頁。

④ 《道藏》第 25 册,第 740 頁。

⑤ 《道藏》第 25 册,第 740 頁。

⑥ “清凈”有時又作“清静”。關於二者的内涵,孫亦平教授有獨到的見解,孫教授認爲:“清静與清凈都是道教心性論對道性的界説,但却具有不同的内涵,‘清静’與‘變動’相聯繫,是對老莊道家思想的繼承與發展,主要説明道性具有玄深不測、寂然不動、感而遂通、無爲而無不爲等特性;‘清凈’與‘染欲’相對立,則是受到了佛教的影響,主要强調去除染欲、修復其性是‘返性還元’的主要進路。”參見孫亦平《清静與清凈:論唐代道教心性論的兩個致思向度——以杜光庭思想爲視角》,《哲學研究》2016 年第 9 期。按此論斷,全真道之“降心法”實則是通過“清心源,凈氣海,斷忘情,返正性”,達到一種“諸塵不染,諸念不起”的“清静”狀態。

命名爲“真心”[①],認爲初學者,須先悟自己之真心,使己之心湛然清净。元代神峰逍遥大師牛道淳在其所編著《析疑指迷論》中引清和真人尹志平語言:

> 清和真人有云:止念降心越念多,不降不止,逐浪隨波。如何即是? 答曰:凡初學道者,必先悟其真心。夫真心者,元無一物,等同太虚,本來清净,於此净中,一念忽起,頓然迴光,返本歸元,則湛然清净矣。[②]

以上可以看出,尹志平所谓的“真心”,本來清净。而這顆“真心”實際上也指“平常心”,如《清和真人北遊語録》卷一記載:

> 學道之人,不與物校,遇有事來,輕省過得,至於禍福壽夭,生死去來,交變乎前,而不動其心,則是出陰陽之外,居天之上也。如此則心得平常,物自齊矣。逍遥自在,遊於物之中,而不爲物所轉也。先必心上逍遥,然後齊得物。[③]

尹志平進一步向弟子解釋言,平常即真常,平常就是道,知常則明,並説明孔子的“中道”説,也即“平常”之義。人之所以不能達道,就是因爲心無主宰,志氣耗散。如言:

> 平常即真常也。心應萬變,不爲物遷,常應常静,漸入真道,平常是道也。世人所以不得平常者,爲心無主宰,情逐物流,其氣耗散於衆竅之中。孟子之説爲至,云志者氣之帥也。人能以志帥氣,不令耗散,則化成光明,積之成大光明。師父有云:大光明罩紫金蓮。蓮喻心也,神明處焉,必先平常而後能致此。孔子説中道,亦平常之義。又有云:佛性元無悟,衆生本不迷,平常用心處,即此是菩提。不知常,妄作凶,知常則明。[④]

另外,止念降心,不可以降之不止,就是説“降心”之法,亦有所止,不可一念既起,降之不下,而强制降遣,此非“降心之法”。真正的“降心”是自然而然的過

---

① 禪宗北宗中有“真心系”,聶清認爲,有學者誤會龍門派心性説與洪州宗相通。實際上,佛教北宗真心系都會有一個“依真起忘”的假定,在這種體系裏衹有一個心,那就是絶對的“真心”,其餘的一切都由此派生。而全真道多以“真心”爲“清净心”或“平常心”,從根源上講,全真道以心性爲清净可以上溯到老子,旁及儒學,貌似與禪宗接近衹是字面上的偶合,其實禪宗正派是反對清净心識的。參見聶清《全真道與禪宗心性思想比較》,趙衛東主編:《全真道研究》第4輯,濟南:齊魯書社,2015年,第197、204頁。

② 《道藏》第4册,第948~949頁。

③ 《道藏》第33册,第155頁。

④ 《道藏》第33册,第155~156頁。

程，自然心澄，自然神清，自然合道，若非如此，則“還自纏縛”，“終不得悟”。

一念既起，又起念降之，降之不下，生心遣之，降遣不已，還自纏縛。若不降遣，縱欲昏迷，轉不相應。故常知常覺，還自把捉，不知不覺，透入别殼。亦與託生的一般也。直待報盡方歸，馬乏人困，終不悟矣。[①]

郝太古認爲，衹要行住坐卧，常勤常降，則自然可以達到“三田結，二德備，道果立成”的修真境界。

欲入吾教，先要修心。心不外遊，自然神定，自然氣和，氣神既和，三田自結。三田既結，芝草自生。要得完備，勤謹而行。陰德伏鬼，陽德伏人。二德既備，道果立成。[②]

王常月因主張“忍辱降心”，所以他認爲降伏嗔心之後，能達到一種“一切能忍，一切能受”的境界，且最終“智光朗出，法身圓成”。

一切能忍，一切能受，不爲榮而生喜心，不爲辱而生嗔心。不任一切聲香味觸法，一切眼耳鼻舌身意，一切山河大地，一切草木昆虫，而生其心，則智光朗出，法身圓成。[③]

我們可以看出，諸位高道在闡述“降心”之後，在描述對所達之境界或狀態時，各有説法，或言“定心”，或言“真心”，或曰“法身”，然而它們都有一個共同狀態是獲得諸真認可的，那就是：心不外遊且湛然清静的本心狀態。

總之，全真道“降心法”所要達到的境界就是《清静經》所言的“自然六欲不生，三毒消滅”的“真静”狀態，和《太上大通經》所説的一種“對境忘境，不沉於六賊之魔；居塵出塵，不落於萬化之緣”的超然自持狀態。而要達到這種境界，則必須要在“降心”上久久爲功，或“以志爲帥”，或“忍辱以降”，這樣纔能修成“一顆真心”，進而丹結、道成。

（責任編輯：張曉立）

---

① 《道藏》第 4 册，第 949 頁。

② 《道藏》第 32 册，第 439 頁。

③ 《藏外道書》第 6 册，第 741 頁。

歷史檔案中的泰山靈應宮

□周　郢

摘要：泰山碧霞祠下廟靈應宮，由於文獻散佚，歷史沿革一直曖昧難明，今分別自中國第二歷史檔案館與山東省檔案館發現民國靈應宮修葺檔案，從中可考知其可能創始於明永樂間道士周思德，萬曆朝大舉拓建，入清之後，靈應宮繼續獲得清皇室之護持。民國初期，清隆裕太后大太監小德張與日僞華北政務委員會王揖唐等次第捐資重修。現存靈應宮案卷中，有大量建築圖紙及碑刻録文，爲研究泰山宫廟史提供了彌足珍貴的史料。

關鍵詞：泰山　碧霞元君　靈應宮　民國檔案

作者簡介：周郢，男，1970 年生，山東泰安人，現爲泰山學院泰山研究院研究員。

泰山爲碧霞元君信仰祖庭，自古相沿有"元君三廟"之説，即上廟岱頂碧霞祠，中廟紅門宫，下廟靈應宮。而三廟之中，尤以靈應宮規制最爲弘闊。惟由於文獻散佚，靈應宮歷史沿革一直曖昧難明，今分別自中國第二歷史檔案館與山東省檔案館發現民國時所纂《泰安靈應宮志略》[①]及日僞山東省公署《泰安靈應宮修葺案》[②]等史檔，可借以考證其廟之沿革與變遷。

一、明代創修與拓建

關於靈應宮之始，明萬曆時張邦紀《重修泰山靈應宮碑記》稱其舊名"天仙聖母祠"，而於其廟始之年，僅云"創造年久"，而無具體時間。故清人《泰山道里

① 《泰安靈應宮志略》，收録於《僞山東省公署呈請修葺聖賢陵廟及泰山靈應宮等古跡案》内，二史館全宗號二〇〇五，案卷號 245，以下本檔簡稱《靈應宮古跡案》。

② 《泰安靈應宮修葺案》，省檔案館全宗號 J101－22－0256－008。

記》謂“廟創無考”[①]。近代文獻上則有兩種説法。一是明永樂説:《泰安靈應宫志略》云:“父老傳聞,系明永樂間道士周思德奉敕創建也,考無實據,故從略。”周思德(1451—1539),字素庵,浙江錢塘(今杭州)人。因善行王靈官法,頗得成祖恩寵,爲其敕修天將廟以奉王靈官及主法祖師薩真君。成化中朝天宫竣工,周任提點,主持宫廷齋醮,儼然一朝國師。其編校《上清靈寶大成金書》,以規範道教齋醮道場,在各地道教科儀中被廣泛使用。另一是明正德説:民國李東辰《泰山祠廟紀歷》云:“靈應宫:在社首山東南。向祀碧霞元君,創建於明正德間,北京咸侯宫之香火院也。”[②]按明代有咸熙宫,在紫禁城西部,明嘉靖十四年(1535)改名咸安宫,爲太后及太妃、嬪等人的居所。咸侯宫或即咸熙宫之訛。這兩種説法,何種爲是,因缺乏第一手文獻,已難確考。但兩説都認定靈應宫之建與明内廷關聯密切,甚至稱其爲内宫“香火院”,應予關注。周汝昌先生曾釋“香火院”云:“什麽又是香火院?就是寺觀的費用,全由本府一家擔承——那形式常常是專撥給一項田産,所收租賦,即歸觀院所有,這就是一種‘家廟’的性質。”[③]入明以後,碧霞元君信仰赢得朝廷之認可,洪武以來,屢敕修岱頂碧霞祠。各處行祠亦漸次興建。正德二年(1507)且在泰安天書觀舊址設元君殿,武宗御製告文,遣御馬監太監苗逵詣殿致祭[④]。明内廷爲祭祀方便,在泰山脚下建立一座奉祀元君的皇家專廟,勢在必行。靈應宫之創,應肇源於此。

嘉靖以後,靈應宫已在衆多碑銘中留鐫其名。天書觀嘉靖十二年(1533)鑄鐵塔上有題名:“山東布政濟南府泰安州泰山靈應宫焚修住持李泰輝、劉崇瑾、李順□、王教臣、趙泰□;道士王希名、吴泰松(以下十五人略)。”又岱嶽區夏張朱家莊全真觀嘉靖二十三年(1544)《重修全真觀碑記》題名有“靈應宫住持米景孜”。又泰安天保鎮(今新泰天寶)嘉靖丙午年(1546)《重修廣生神祠創建牛王山地廟記》後署“前泰山靈應宫羽士敬庵子封尚欽題額”。

明中葉後泰山元君三廟格局逐漸形成,靈應宫成爲元君下廟。萬曆十九年(1591)李邦珍《重修東嶽高里山神祠記》稱:“南爲靈應宫,元君下廟也。”[⑤]由此聲名日著。

至隆慶時期,官府曾重修靈應宫宇,宫内有隆慶殘碑云:“(上殘)祠前右爲玉

---

① (清)聶鈫:《泰山道里記》,《四庫全書存目叢書》第242册,濟南:齊魯書社,1997年,第814頁。

② (民國)李東辰:《泰山祠廟紀歷》,山東省博物館藏原稿本。

③ 周汝昌:《紅樓小講》,北京:北京出版社,2016年,第196頁。

④ 明武宗:《御製碧霞元君告文碑》,今存靈應宫。

⑤ 李邦珍碑已佚,見於清宋思仁《泰山述記》卷四引。

女碧(下殘)……□□之一方之表鎮,……不□□宫既建,公旋擢去。……系公舊銜緣,此詢之張生重光(上殘)是所宜首崇而先葺之者何?令(上殘)次第議新之,爰相與度材,所自(上殘)廩公賸所設措一未請於公帑(上殘)九疇襄之。以隆慶六年十□十(上殘)月十三日,正殿三楹抱庭一楹(上殘)制稍增高闊焉。宫成,復偕李守(上殘)帝位像爲銅主,曰東華帝君……。"由於碑文殘缺過多,已難全面瞭解此次工役始末。但碑中有"玉女"及"宫"云云,系修元君廟祀無疑。碑中"旋擢去"之某"公",據後提及之"孔子登臨處坊"及"念庵先生"(羅洪先),疑指山東巡撫朱衡(朱衡在泰山建"孔子登臨處"坊,並請羅洪先題跋)。"李守"即李逢暘,雲南臨安衛人,隆慶四年(1570)至萬曆二年(1574)任泰安知州。[①]《泰山蒐玉集》卷首有"生員張重光編次"題名[②],又《北崖先生父子遺文》卷首圖版《李逢暘致祭李欽碑》後署"郡庠眷晚生張重光書丹"[③],與碑中之"張生重光"當爲一人。據此可知隆慶六年(1572)修葺靈應宫之役,主其事者有知州李逢暘與生員張重光等。

萬曆一朝,靈應宫迎來一場大拓建,《泰山道里記》云:"萬曆三十九年(1611)奉敕拓建,賜今額。有張邦紀碑。"[④]張邦紀[燕山左衛(今北京)人。萬曆進士,官至禮部侍郎]《重修泰山靈應宫碑記》碑石已佚,文存《張文懿公遺集》卷七[⑤],其碑詳實記述了拓建經過:"(高里山)其下又有辭香嶺,因四方朝山庶士無不至此辭香者。山舊有天仙聖母祠,慈仁普遍,法力森嚴慧炤,神光自然洞徹。人拜其下,輸心控訴。我無用威,無往不威。山勢若增其崔巍,地靈若資其繁薈者。其殿宇創造年久,修葺未易,非惟狹小,亦底傾頹。聖母聞之,請於皇上,乃捐内帑金錢修之。於是廣大其規摹,壯麗其制度,大殿遵其舊址,而配殿、山門、神庫、道房之類,井然咸具,焕然一新。甫興工而衆悦,再閱歲而告成。乃賜額曰'敕建護國靈應宫'。此一役也,始於萬曆三十一年(1603)三月朔,竣於三十三年(1605)四月十八日。"

根據碑記,此次拓建的發起者爲"聖母",其人即萬曆之母聖慈太后李氏。史稱李后"好佛"[⑥],實際上她與"西大乘教"等民間宗教有著更深的淵源。而"西大

---

① 萬曆《泰安州志》卷四《秩官志》。

② (明)袁稽:《泰山蒐玉集》卷一,《四庫全書存目叢書》第313册,第3頁。

③ (民國)李恩泰編:《北崖先生父子遺文》卷首圖版,泰安李氏敦睦堂1936年刊本。

④ (清)聶鈫:《泰山道里記》,《四庫全書存目叢書》第242册,第814頁。

⑤ (明)張邦紀:《張文懿公遺集》卷七,《四庫禁毁書叢刊》集部104册,北京:北京出版社,1997年,第77頁。

⑥ 《明史·后妃傳》,北京:中華書局,1972年,第3536頁。

乘教”尊奉碧霞元君,因此其神也得到慈聖太后的高度崇信。李氏成爲太后之後,便不斷諭發國帑,多次在涿州等地爲元君建廟修祀:“萬曆二年,慈聖太后立廟涿州,祀碧霞元君”①;“皇太后傳諭發帑金,修涿州碧霞元君廟”②。泰山靈應宫因屬元君祖庭之一,又爲皇宫之香火院,自然倍爲李后所關切,“請於皇上,乃捐内帑金錢修之”。此工因靡費巨大,而在明廷引發激烈論争:“帝將崇奉太后,詔建靈應宫,(工科給事中何)士晉以非禮力争,且曰:‘聖母所注念者,東宫出講,諸王早婚,與遺賢之登進也,乃諸臣屢請不應。而不時内降者,非中貴之營求,即鬼神之香火,何也?’帝皆不省。”③本次重修神宗“命馮、崔二太監往督厥工,而又崔、蕭二太監進天仙聖母聖駕”④,顯示了靈應廟工的皇家色彩。拓建後的靈應宫,佔地三十七畝,前後殿堂五楹。東至東更道,西至西更道,北至宫後門。全工告成,神宗特賜名“護國”廟額,稱之爲“敕建護國靈應之宫”。

據張碑所記,靈應宫拓建工興於萬曆三十一年(1603),而告成時間,《張文愨公遺集》録碑作萬曆三十三年(1605),《靈應宫古跡案》録同一碑文中則作萬曆三十五年(1607)。前者應爲事先預書工期,而後者應爲立碑時據實改刻(按除此點外,兩者文字尚有多處差異)。三十九年(1611)最後告成立碑。《岱覽》卷二十著録其碑云:“重修泰山靈應宫碑記。右贊善古燕張邦紀撰,太常寺少卿成紀胡忻書,英國公古瀛張惟賢篆。萬曆三十九年歲次辛亥孟夏十八日立。”⑤故泰山史志皆記作“萬曆三十九年拓建”。

拓建工後,明廷又頒宫《道藏》,以重其廟。《泰安靈應宫志略》云:“藏經樓……藏經系元板明補。”⑥明宫内眷宦官還曾募鑄銅鐘進獻。鐘鑄於萬曆三十四年(1606)九月,通高224厘米,腹圍338厘米,口徑130厘米,造型渾厚莊重。鐘肩部之蓮花瓣紋上鑄有《佛頂尊勝總持神咒》銘;鐘身上層分列四龍牌,分别鑄以“當今皇帝萬歲萬歲萬萬歲”“大明中宫皇孃孃王”“大明東宫皇太子”“大明慈聖宣文明肅賢端獻恭熹皇太后”;四周爲捐施者姓名,有東宫貴妃郭氏、榮惠宜妃、福王、福王妃鄒氏、榮昌大長公主、里安長公主、東宫皇貴妃王氏及内府各衙門太監、乾清宫近侍内宫監、各衙太監等。周環大字題鑄分别爲“佛日增輝”“法輪常

① 《明史·趙參魯傳》,北京:中華書局,1972年,第5824頁。
② 《明史·朱衡傳》,北京:中華書局,1972年,第5867頁。
③ 《明史·何士晉傳》,北京:中華書局,1972年,第6128頁。
④ 《靈應宫古跡案》録張邦紀碑文,《張文愨公遺集》録碑無此語。
⑤ (清)唐仲冕:《岱覽》卷二十《岱麓諸山》,清嘉慶刊本。
⑥ 《泰安靈應宫志略》,收録於《僞山東省公署呈請修葺聖賢陵廟及泰山靈應宫等古跡案》内。

轉”“皇圖永固”“帝道遐昌”。此鐘爲泰山現存最大最完美的金屬鳴鐘(今存岱廟),十分珍貴。

《泰安靈應宫志略》云:“神龕修於天啓。”知明末靈應宫仍有增構。

綜上所考,靈應宫之創建年代,應不遲於明朝中期。初爲皇宫香火院,與内廷關係甚密。萬曆拓建後日益鼎盛。清人《泰山紀勝》《泰山圖志》稱宫“明萬曆年建”,①皆是將拓建誤爲創建時間。②

二、清代移闕與遷像

入清之後,靈應宫仍繼續保持繁盛。今宫門東西石獅,分别鎸文云:“康熙五十□年四月初五日建立”,“本宫住持曹文莊、崔崇和、于文淵、牛智慧置”,《泰安靈應宫志略》並載宫有康熙年號石欄,其時當有重葺工役。該《志略》又云:“皇三子允祉書有‘靈應宫’匾額。”③按允祉爲康熙第三子,歷封誠郡王、和碩誠親王。從皇三子爲宫觀題額可知,此次靈應宫重建已獲得清皇室之護持(雍正朝允祉因與廢太子親睦被奪爵發配,故其爲靈應宫題額事在清代文獻中均予剔除)。乾隆朝高宗屢次巡幸泰山,乾隆三十五年(1770)四月,山東巡撫富明安爲迎南巡,於靈應宫東院恭建駐蹕亭,又稱“靈應宫座落”④。據《山東節次照常膳底檔》,高宗於乾隆三十六年(1771)二月二十五日“卯正二刻靈應宫進早膳”⑤。爲迎帝王臨幸,靈應宫被整修一新,時人唐仲冕在《重修元君廟記》中贊稱:“(元君)其祠不一,岱廟南有遥參亭,社首山有靈應宫,典祀亦盛。要皆朱甍楨欄,寢帷綺麗,翠柏窅窌,障其左右,於以象珠宫貝闕、瓊樓十二之華,於以擬琪花翠竹、舞鶴蹁躚之致。故二廟之深邃崇閎,與嶽頂祠幾埒。”⑥乾隆朝詩人屢有詠靈應宫詩,描摹了宫宇壯觀宏麗之景象。如張開東《靈應宫》:“繡郭西南路,平原靈應宫。危旛翔海鶴,古殿卧雲鴻。金闕青霄外,瓊臺翠柏中。徂徠山色近,東望最

① (清)孔貞瑄:《泰山紀勝》,《四庫全書存目叢書・史部》第255册,濟南:齊魯書社,1997年,第6頁;(清)朱孝純:《泰山圖志》卷四下《祠宇二》,清乾隆三十九年(1774)刊本。

② 2002年於泰城靈應宫崇臺舊址出土明正德二年(1507)皇帝遣苗逵致祭碑,係清末自天書觀移入,非宫舊物。與創宫時代無關。

③ 《泰安靈應宫志略》,收録於《僞山東省公署呈請修葺聖賢陵廟及泰山靈應宫等古跡案》内。

④ (清)金棨:《泰山志》卷三《盛典紀》,清嘉慶刊本。

⑤ 《山東節次照常膳底檔》,中國第一歷史檔案館藏。轉引自林永匡:《清代宫廷文化通史》,上海:上海文藝出版社,2014年,第253頁。

⑥ (清)唐仲冕:《重修元君廟記》,今存岱廟大殿院東側。

葱葱。"[①]沈廷芳《銅樓歌》:"泰安城外古道院,殿宇插漢何清幽。入門老樹互撑拄,中有突兀縹緲之飛樓。"[②]乾隆時刊《泰山全圖》中有《靈應宫圖》[③],可見其時輪奂廟貌。

靈應宫建制在清代有所改變。其一爲"金闕"移置宫中。"金闕"又稱"金殿",原立於岱頂碧霞祠中,後移遥參亭。清初李素《樸翁趙老伯老先生大人八旬初度敘》稱:"先是泰山之上有金殿,明季移入遥參亭,而州城再破(指順治變民滕天鳳等破泰安州城),伯(鄉宦趙弘文)曰:'木受金克也。'遂毅然請之上臺,移靈應宫中。"[④]自此銅殿成爲靈應宫中一大勝景。乾隆年詩人杭世駿有《泰安靈應宫銅殿是明神宗造》詩:"九天光景結瓏玲,八柱岧嶤聳泰青。環珮有時歸窟宅,風雷鎮日鎖窗欞。乾封雨禪邀天瑞,瓊笈琅函閟道經。古柏參覃遮不盡,滿階青霧晝冥冥。"[⑤]道光時銅荒,有司欲毁銅闕以鑄錢,咸豐間翰林院編修蔡壽祺《泰安靈應宫銅樓歌》中述及此議[⑥]。"既而以質粗不任熔冶,乃止"[⑦]。銅闕四壁似毁於此時(清末民初時銅闕四壁已"易以木",見《重修泰安縣志》卷二《輿地志・建置》)。清末英國傳教士法思遠遊靈應宫時,曾對銅闕鑄造工藝驚歎不已,稱:"在第二個庭院内,在高臺上立著一座銅樓,正如我們看到的一樣,這座銅樓原來在山頂的娘娘廟前,後來在1770年時不知是何原因被挪到這裏。它的構造和通常的木質建築一樣,但建築通體都被鍍以黄銅(除了門、窗、祭壇,没有一樣是其原有的)。屋頂是由四根銅柱支撑起來的,金闕四面裝有很重的銅製構件,毫無疑問,原來這裏是安裝銅製門窗的地方。梁上精美的花紋裝飾和屋頂的銅瓦,至今仍保持著當初鍍金的光澤,這種鍍金曾覆蓋整個銅樓。經過測量,銅樓有15英尺長、11.5英尺寬、約18英尺高。寺廟内是碧霞元君的銅像,端坐寶座,或在法壇上,並且在碧霞元君銅像的兩側有三個較小的銅像分别站在一個石頭基

---

① (清)張開東:《白蓴詩集》卷十二,《清代詩文集彙編》第333册,上海:上海古籍出版社,2011年,第530頁。

② 《泰安府志》卷二十三,清乾隆刊本。

③ 《泰山全圖》,上海圖書館藏乾隆刊本。

④ (清)趙弘文:《光碧堂稿》,清道光三十年翠瑞園刊本。

⑤ (清)杭世駿:《道古堂全集》卷三,清乾隆四十一年刻本。

⑥ (清)蔡壽祺:《夢緑草堂詩鈔》卷九《望雲集》,《清代詩文集彙編》第665册,上海:上海古籍出版社,2011年,第275頁。

⑦ (民國)徐凌霄等:《凌霄一士隨筆》第六十九《泰山碧霞宫、五哥廟及銅廟》,太原:山西古籍出版社,1997年,第75頁。

座上。”①

宮廟格局又一次大改變,爲清末九蓮、智上二菩薩像的“入住”。明萬曆帝尊其母慈聖李太后爲聖慈菩薩,崇禎又尊其母孝純劉太后爲智上菩薩,於天書觀建天慶宮,立像奉祀。入清宮殿因歲久失修,盡已傾圮,所奉菩薩像皆露處於外。咸豐五年(1855)泰安知縣張延齡遂將銅像移奉靈應宮中,延齡幕賓王相芬爲撰《敬遷九蓮、智上二菩薩像於靈應宮碑記》稱:“(天書觀)塔迤北遍地瓦礫,内有銅像二,侍立女像各四,外又有坐像,狀類美少年,亦範銅爲之。而此間又並無半椽,所有銅像皆露處。據邑志云:……前明萬曆即(天書)觀内建聖慈宮,尊孝定皇太后爲九蓮菩薩;崇禎建智上殿,尊孝純皇太后爲智上菩薩,皆範銅爲像。獨美少年像,土人呼爲某太子,無考。……乃者明社之墟,而聖慈宮、智上殿與之同歸陸沉,所謂九蓮、智上兩菩薩像,暴露荒郊。……余居停壽泉張明府,以世家子,奏績龔黄,所至有聲。歲庚戌春,簡命來守兹土……適公出,見菩薩像顛沛至此,曰:此守土者之責也。爰捐廉鳩工於靈應宮前殿,奉安菩薩寶座□(於)元君左右,如配享然。所謂某太子者,亦移置後殿東楹,如前殿儀。道衲慨然曰:興舉廢墜盛德,某忝系住持,敢不效□。於是廟之山門各工程,皆募化爲之,亦焕然一新云。”②二菩薩像移入後,其奉祀體制爲“前殿供奉天仙聖母碧霞元君,西向盤膝像爲九蓮菩薩,即明萬曆之母孝定皇太后也,東向盤膝像爲智上菩薩,即明崇禎之母孝純皇太后也。”③自此,兩菩薩像借住靈應宮百年之久(至1978年始移出)。俄國漢學家阿列克謝耶夫1907年遊廟曾記述所見景象:“碧霞元君周圍是一些巨大而美麗的青銅菩薩塑像,其裝束、髮式、衣服、姿勢都刻畫得惟妙惟肖。”④英國法思遠也記稱:“在大殿内是十一個巨大的銅像,有一個坐在中間的神龕内,在大殿兩端分别各有一個,另外是八個站著的侍者。在大廳兩端的兩座巨大的銅像分别代表的是萬曆和崇禎的母親,分别將其册封爲九蓮菩薩和智上菩薩。在寺廟的後殿内是另外一些坐像。這裏共有十二尊坐像,所有坐像都遠高於生活中的尺寸大小,不僅鑄造精良,而且雕刻精美。起初它們豎立在泰安西郊的汶陽橋附近天書觀内,自從二三十年前,這座廟宇窮困得無以爲繼時,它們被轉移到

---

① 〔英〕法思遠(Robert Conventry Forsyth)主編:《中國的聖省山東》,轉自馬修進、孟詩堯摘編《清末外國人眼中的泰山景觀》,《尋根》2014年第5期。

② (民國)王介藩輯:《岱粹抄存》卷二,《泰山叢書》本,曲阜師範大學圖書館1991年影印本。

③ 《泰安靈應宮志略》,收録於《僞山東省公署呈請修葺聖賢陵廟及泰山靈應宮等古跡案》内。

④ 〔俄〕阿列克謝耶夫著,閻國棟譯:《1907年中國紀行》,昆明:雲南人民出版社,2001年,第103頁。

現在的地方。"[①]民初繆潤紱嘗瞻像而慨然有懷："傑閣淩虚尚巋然，巍巍銅像自香煙。滄桑絶不關休戚，世最無情是上仙。（原注：靈應宮銅像甚偉，鑄自有明。）"[②]

三、民國兵燹與復建

民國初期，靈應宫屢遭受火災。《重修泰安縣志》卷二《建置》記靈應宫"前殿於民國五年毁於火，融化銅像二尊"[③]；又卷一《災祥》記"（民國）十二年十一月一日，靈應宫火"[④]。可謂禍不單行。中原大戰後，馬鴻逵部駐防泰安期間，靈應宫又遭軍隊破壞。王介藩《兵事日記》卷下云："（民國二十年，1931）二月二十一日，靈應宫大門前明建設，幾三百年，被軍人拆毁無蹤。"[⑤]時後殿、配殿、藏經樓、道院也多毁圮。《泰安靈應宫志略》稱："現今木龕、石欄已歸烏有……殿前爲東西配殿及藏經樓，均圮。藏經係元板，明補，民國初年尚存數十册，經十九年兵燹蕩然無存。道院四處，均在宫之四隅，僅存東北一院，殘破不堪。"[⑥]

不過就在這兵戈云擾之時，靈應宫却有幸得到修復。關於此事，民國趙新儒《泰山小史注》云："城西南靈應宫，亦明時大璫所建，久廢。民國二十年（1931）有清隆裕后大璫張某，捐資八千元重修之。"[⑦]按所云"清隆裕后大璫張某"，即名聞一時之大太監小德張（張蘭德，1876—1957，清朝末代太監總管）。小德張重修靈應宫，緣於民國二十年（1931）泰山之遊。小德張與駐防泰安之馬鴻逵父親馬福祥私交甚篤，鴻逵"幼年在西安行宫中一段時期，頗受他的愛護與照顧"[⑧]，故力邀其來遊泰安。其間張曾至靈應宫，見前殿敗廢，因發心重修。小德張養孫《太監小德張寓公生活》中憶其始末云："1931 年馬鴻逵駐軍泰安……約請祖父到山東旅遊，情不可却。……參拜岱廟時見廟殿頂端行將倒塌，當即許願修建。回到

① 〔英〕法思遠（Robert Conventry Forsyth）主編：《中國的聖省山東》，轉自馬修進、孟詩堯摘編《清末外國人眼中的泰山景觀》，《尋根》2014 年第 5 期。

② （清）繆潤紱：《遊農桑會、靈應宫、白鶴泉雜詠四絶句》，《含光堂詩集》，《泰山叢書》本，曲阜師大圖書館 1991 年影印本。

③ 民國《重修泰安縣志》卷二，民國十八年（1929）泰安縣志局鉛印本。

④ 民國《重修泰安縣志》卷一，民國十八年（1929）泰安縣志局鉛印本。

⑤ （民國）王介藩：《兵事日記》，《泰山叢書》本，曲阜師範大學圖書館 1991 年影印本。

⑥ 《泰安靈應宫志略》，收録於《僞山東省公署呈請修葺聖賢陵廟及泰山靈應宫等古跡案》内。

⑦ （民國）趙新儒：《新刻泰山小史》，民國二十一年（1932）泰安趙氏校刊本。

⑧ （民國）馬鴻逵：《馬少雲回憶録》之一〇四"偕小德張遊江南"，臺北：龍文出版社股份有限公司，1994 年，第 111 頁。

天津後他委派永德木廠經理于子遠帶著工匠去泰安監修寺廟頂端,易瓦頂爲鑄銅頂,耗資約兩萬元。竣工後,特請戊戌末一科山東舉人周召亭撰寫碑文,碑文落款:隱名氏弟子修建,至今遺跡猶存。"[1]按此文所述小德張修整泰山廟宇事基本可信,但誤將靈應宫寫成岱廟。小德張所立靈應宫碑已佚,幸碑文録存於《靈應宫古跡案》中,題爲《靈應宫保存古跡記》,中稱:"辛未仲春,道經岱麓,展謁靈應宫。訪其故址,法像皆銅鑄,慈容儼然。又精鑄一銅亭,雕鏤工巧,創制於萬曆中葉。越數百年,備極尊崇,歲久失修,殿宇傾圮。破瓦頽垣之下,荒煙蔓草之中,恍見莊嚴之相暴露孑日,受淋炙於曠野,心竊愍焉傷之。夫銅駝埋没,尚滋感泣;天龍護衛,寧忍淪棄?乃以兩朝之名勝,曾無一椽之憑依,荆棘塞途,蒿萊滿徑,凡屬含識,應共歎惋。況復案之碑碣,稽之志乘,考之東魯古跡,均有顯著之歷史,顧可不急謀保存者乎?適是時少雲馬總指揮建纛是邦,政洽民和,年豐歲稔,凡地方興革事宜,靡廢弗舉,爰述鄙意,深表同情,謹依中央政府保存古跡之明令,倡捐佽助,命工經營。芟刈其榛莽,廓除其蕪穢,聚法像於一堂,建數楹以復之。"碑末署"周興南撰文,富汝新書丹。中華民國二十年八月十三日,隱名居士等立石"[2]。根據小德張孫子追憶,知"隱名居士"即小德張的化名。撰者周興南(1879—1947),字召亭,莒城人。善篆籀,莒地之名碑多爲其手書。書者富汝新,曾任寧夏護軍使署副官,此時爲十五路軍將佐。靈應宫拓建出於明代宦官之手,而重建於遜清太監,亦是一段奇事。今靈應宫前殿面貌,應即小德張重修後之規制。

抗日戰争全面爆發,泰安淪陷,日僞設立泰安道尹公署加以統治,隸屬於華北政務委員會。1940 年 9 月,僞華北政務委員會委員長王揖唐抵山東視察,至泰安謁靈應宫,其時"殿宇僅有前殿及銅樓數楹尚存,餘均已傾圮"[3],爲籠絡人心,粉飾統治計,特捐洋一萬元,囑山東省長唐仰杜加以修復。爲此唐令山東省民政、建設廳派遣技師往泰安實地勘估,泰安道署並委人撰寫《泰安靈應宫志略》,抄存靈應宫碑石,繪製圖紙等,呈報於華北政委會。經王揖唐批復後,於民國三十一年(1942)八月興工重修,竣工於民國三十二年(1943)八月。完工後,立《重修靈應宫碑記》,今尚完好保存在宫院中。記稱:"廟在社首山東,爲元君下廟。明代萬曆年敕建,神像皆用銅鑄成。殿前銅亭一座,名曰崇臺,姿態莊嚴,雕鏤精

① 張仲忱:《我的祖父小德張》,天津:天津人民出版社,2016 年,第 196 頁。
② 《僞山東省公署呈請修葺聖賢陵廟及泰山靈應宫等古跡案》。
③ 《僞山東省公署呈請修葺聖賢陵廟及泰山靈應宫等古跡案》。

巧,誠稀世之珍品,宜愛護於不敝。衹以年久失修,殿宇傾圮,銅駝荆棘,感慨系之。歲癸未,華北政務委員會王前委員長揖唐,以悲天憫人之懷,抱尊古重道之心,慨捐鉅資,欽爲重修,省長唐公珍重古跡,督促尤殷。遂鳩工庀材,整殘補缺,美奂美輪,氣象一新。"末署"泰安道尹杜傑[江蘇泗州(今泗洪境)人,1943—1945任泰安道尹]撰文,泰安道尹公署秘書王佐書丹"。限於日僞時期財力(預算"需洋四千五百元"),僅對傾圮處"整殘補缺",從重修前呈交華北政委會之"平面圖"看,大殿、鐘樓都是原有規制,並未進行大的改造。部分建築規格且有所減縮,如"明代三開間的山門,修復成單開間"①。這是歷史上靈應宫最後一次重修。現存於中國第二歷史檔案館與山東省檔案館的"靈應宫案卷",便是這次工程的原始文案,對研究靈應宫史彌足珍貴。

(責任編輯:張　琰)

① 朱宏偉:《〈重修靈應宫碑記〉考略》,《岱宗學刊》2004年第3期。

借助與效用：泰山全真道與碧霞元君信仰關係述略

□張　琰

摘要：金世宗末年，全真道始傳入泰山地區。金元之際的戰亂，使泰山全真道高道流失，廟宇被毀，全真道在恢復自身力量的同時，吸納了活躍在泰山一帶的碧霞元君信仰。明清時期，碧霞元君信仰迅速發展，逐步成爲中國北方最具影響力的女神信仰。這一時期，泰山全真道爲拓展自身的生存空間，積極借助碧霞元君的影響力，同時也帶動了碧霞元君信仰的進一步發展。

關鍵詞：泰山全真道　碧霞元君　借助　效用

作者簡介：張琰，女，1979 年生，泰山學院泰山研究院副教授。

碧霞元君信仰是發端於泰山的民衆信仰，其原型爲泰山女神。原始先民對女性首領的崇拜爲女神的出現提供了條件，事實上，正如學者所指出的，在泰山神話發展的過程中，先後出現了數位泰山女神[①]，但是衹有泰山玉女流傳了下來，泰山玉女即碧霞元君的前身。岱頂玉女池及池畔之玉女石像，就是附會這一傳説的産物，是泰山玉女信仰的實證。在宋真宗東封泰山時易像、建龕、致祭的推動下，泰山玉女信仰得到了更爲廣泛的傳播，元祐時即有官員前往泰山祈雪。入金之後，碧霞元君信仰有了進一步發展，至遲到明昌元年(1190)，碧霞元君信仰已經傳播到皇室之中。金世宗末年，全真道開始傳入泰山地區。那麽，全真道傳入之後，對碧霞元君信仰有什麽影響，二者又發生了怎樣的互動？本文即致力於厘清歷史流變中的全真道與碧霞元君信仰的關係，以期揭示出二者的互動機制。

---

① 《泰山女神信仰與崇拜習俗考》認爲，泰山至少有三位出名的女神，她們是九天玄女、西王母和碧霞元君。見盧成軒、聶立申：《泰山女神信仰與崇拜習俗考》，《理論與現代化》2009 年第 6 期。

一、全真道入主泰山與碧霞元君信仰的發展

金世宗末年，全真道傳入泰山後即迅速發展，出現了一些著名道觀和高道大德，但金元之際戰亂使頗具規模的泰山全真道幾乎毀於一旦。戰後，全真道的復蘇得益於以世侯嚴實爲代表的當地官紳的支持，从而使得支離破碎的泰山全真道重整旗鼓。[①] 全真道入主泰山，对碧霞元君信仰的影響體現在以下幾個方面：

首先，從宗教場所看，玉仙祠改名昭真觀，成爲全真廟宇。儘管宋真宗東封之前，岱頂就有專門奉祀泰山玉女的場所，但是規模形制等不得而知，從宋真宗爲其置龕一事來看，應是甚爲簡陋。至金公主駙馬禮拜之時，祠已名爲玉仙祠，但是其規模神像等依然不知。金元之際，泰山宫觀祠宇毁於戰亂，東平世侯嚴實委託全真道士張志純修復之，《泰安阜上張氏先塋記》載此事甚詳：

> 其年七月，武惠公以書來召，因論泰安之爲郡，蓋前古帝王封禪之所。其宫衛，其輦輅，其祠宇，自經劫火之後，百不一存，良可悼惜。下官忝在其境，不粗爲修葺之，甚非所謂事神之義也。敢以大師道蔭爲我綱維是事，乃所願也。師傴僂致辭曰：某一空山食菜道人，何敢承當？武惠答以工匠之役，木石之資，與夫彩繪之費，我盡領之，師無讓焉。遂諾之。[②]

張志純不辱使命，有文獻記載稱：

> 經構迄今三十餘年無空日，故自絶頂大新玉女祠，倍於故殿三之二，取東海白玉石爲像，如人然，一稱殿之廣袤。天門舊無屋，又創立之。下至會真宫、玉帝殿及聖祖殿，方丈、廊廡、齋廚，皆不與焉。外則岱嶽、朝元等觀，皆增修有數，抑亦勞哉！若夫師之寢處衣食，與役夫等。是以人忘其死而成師之志，雖國朝爲之，亦不能齊一如此。有司聞之，特加崇真明道圓融大師之號，兼提點泰安州教門事。復於中統四年，蒙燕都大長春宫掌教誠明真人

---

① 張琰：《金元之際泰山全真道的興衰》，《中國道教》2010 年第 4 期。

② 杜仁傑：《泰安阜上張氏先塋記》，載陳垣編纂：《道家金石略》，北京：文物出版社，1988 年，第 497 頁。

專使齎奉聖訓,委師提舉修飾東嶽廟事。[①]

在張志純等人的努力下,岱頂玉女祠獲得第一次大規模的修建,重修之後的玉女祠改名昭真觀,至於取名昭真的原因,爲何改名,以及改名者爲誰等問題,《泰山玉女祠改名昭真觀的緣由考辨》一文進行了詳細的考證,在此不再贅述。[②]至此,昭真觀成爲全真道觀,從而擺脱了名不見經傳的尷尬。

其次,從宗教神祇看,元代全真道先把泰山玉女打造成玉女大仙,繼而在此基礎上爲之易名爲碧霞元君。儘管早期道教吸收泰山玉女爲一道教女神,但是此玉女不過是衆多玉女中的一個,未能脱穎而出。從現存記載來看,泰山玉女大都成群出現。早在金明昌年間,泰山玉女祠已有了玉仙祠的稱謂,但是並没有確鑿的資料證明泰山玉女此時已稱爲玉仙,直到元中後期秦子晉所編的《新編連相搜神廣記》[③]中,泰山玉女纔被稱爲玉仙,其言:"帝(東嶽大帝)一女:玉女大仙,即岱嶽太平頂玉仙娘娘也。"[④]《新編連相搜神廣記》爲三教合一的産物,開頭分别爲《儒教源流》《釋教源流》與《道教源流》,繼之爲五十餘位神仙的介紹,其中多道教神及俗神,間有幾位佛教及儒家人物。可見《新編連相搜神廣記》編纂之時,泰山玉女已有玉仙的稱呼。同一時期的《東嶽大生寶懺》亦稱之爲"玉仙","左右二丞相,張康二大聖,顯應千聖小王,永嘉夫人,玉仙娘娘"[⑤]。

與早期經籍相比較而言,《新編連相搜神廣記》塑造的泰山玉女有以下幾點不同:其一,《新編連相搜神廣記》首言泰山玉女爲東嶽大帝的女兒,爲其合法性做了詮釋。東嶽大帝有女的説法,始自晉張華《博物志》,其稱:"太公爲灌壇令,文王夢見婦人哭當道,問其故,答曰:'吾太山神女,嫁爲西海婦,吾行必以暴風

---

① 杜仁傑:《泰安阜上張氏先塋記》,載陳垣編纂:《道家金石略》,第 497 頁。

② 鄧東:《泰山玉女祠改名昭真觀的緣由考辨》,《山東科技大學學報(社會科學版)》2008 年第 4 期。

③ 據賈二强先生考證:"按此《搜神廣記》稱元作聖朝,又復有至元、大德、延祐年號,其成書應不早於元中期,又據其字體版式出元中後期建陽書坊間當不誤。"賈二强:《葉覆明刻〈三教源流搜神大全〉探源》,《古代文獻研究集林》第二集,西安:陝西師範大學出版社,1992 年,第 231 頁。

④ (元)秦子晉:《新編連相搜神廣記》,佚名:《繪圖三教源流搜神大全(外二種)》,上海:上海古籍出版社,2012 年,第 484 頁。

⑤ 《東嶽大生寶懺》,《道藏》第 10 册,北京:文物出版社、上海:上海書店、天津:天津古籍出版社,1988 年,第 625 ~ 626 頁。

雨。灌壇令當吾道,不敢以暴風疾雨過也。'"[①]干寶所撰《搜神記》卷四亦主此説:

> 文王以太公望爲灌壇令,期年,風不鳴條。文王夢一婦人甚麗,當道而哭,問其故,曰:"吾泰山之女,嫁爲東海婦。欲歸,今爲灌壇令當道,有德,廢我行。我行必有大風疾雨,大風疾雨是毁其德也。"[②]

可和上文相互印證。但是以上兩處所謂的東嶽大帝的女兒,與後來成爲碧霞元君的泰山玉女實無任何關係:《博物志》之泰山女爲西海婦,而今之碧霞元君儘管出身衆説紛紜,但絶無嫁人一説;《博物志》之泰山女性情暴躁,與今之碧霞元君相去甚遠。而《新編連相搜神廣記》則把傳説中的泰山女與泰山玉女合二爲一,使得泰山玉女成爲威名赫赫的東嶽大帝的女兒,這樣就無形中拉近了其與東嶽大帝的距離,使其擺脱了早期道教經典如《茅君九錫玉册文》《洞真太上紫度炎光神元變經》等所描述的東嶽大帝隨從的身份,從而給泰山玉女找到了一個尊貴的出身,這就爲其日後被各階層人士接受做好了鋪墊。其二,泰山玉女在上述二經中的名字爲"玉女大仙""玉仙娘娘",而不僅是東嶽大帝身邊那衆多玉女中的一個,從而更彰顯其主體性,一方面與岱頂玉仙祠更爲相應,另一方面使其道教意味更加濃厚。儘管《新編連相搜神廣記》裏神祇故事的具體來源不知,但是有一點是可以肯定的,即至遲在此書成書時,泰山玉女已經被納入這一體系之内。

接下來元代道士更進一步把玉女大仙塑造爲碧霞元君。"泰山玉女"何時名"天仙玉女碧霞元君"不但是當代碧霞元君信仰研究的熱點問題,而且早在清代,

① 張華《博物志》的這段文字,見於唐代徐堅等著《初學記》卷二、《太平御覽》卷三百九十七、唐代李冗《獨異志》卷上、北宋《太平廣記》卷二百九十一等文獻,與今本《博物志》稍有差異,今本《博物志》皆作"吾是東海神女,嫁於西海神童"[(晉)張華著,范寧校證:《博物志校證》,北京:中華書局,1980年,第84頁]。關於此,《中國道教》第三卷考證曰:"據王嘉《拾遺記》稱,張華最初撰著之《博物志》爲四百卷,晉武帝嫌其採言多浮妄,乃芟截爲十卷。其後,此十卷本佚亡,後人乃輯成爲今本。《四庫全書總目提要》云:南朝及唐人所引《博物志》文,多爲今本所無,唯《藝文類聚》《太平御覽》所引則往往相符。不僅如此,《太平御覽》除上卷引用此文外,又在其他卷次多處引用此段文,文字皆略有出入。卷一百九十五引作'我東山女,嫁爲西海婦';卷二百零九引作'吾泰山之神,嫁爲西海婦';卷三百九十七引作'吾是太嶽之女,嫁爲西海之婦';卷四百八十七引作'我東太山女,嫁作西海婦'。觀此衆多引文,皆與卷三百九十七所引'東嶽之女'很相近,而與今本之'東海神女'相去甚遠,故可認定《太平御覽》之引文近於張華原文,而今本則非是。縱然如此,《太平御覽》引《博物志》所記的泰山女仍然衹是一個泰山神女的影子,故衹能是泰山神女傳説的萌芽。"(卿希泰主編:《中國道教》,北京:知識出版社,1994年,第106頁。)

② (晉)干寶撰,錢振民點校:《搜神記》,長沙:嶽麓書社,2015年,第31頁。

就已經有多種有關其封號時間的説法傳世。歸結起來,有以下幾種:唐代説①、宋代説和明代説②,其中宋代封號的説法又有北宋説③、宋真宗封號説④和宋徽宗封號説⑤三種。僅從這衆多的觀點中就可以看出碧霞元君封號的時間問題在碧霞元君研究中的重要性。關於該問題,筆者認爲碧霞元君封號的時間爲元末。説碧霞元君封號起源於元代的證據在於《元始天尊説東嶽化身濟生度死拔罪解冤保命玄範誥咒妙經》,其中對碧霞元君"至心皈命禮"的陳述如下:

> 泰山頂上東嶽内宫,曩時現玉女之身,根本即帝真之相,應九炁而垂慈示相,冠百靈而智惠圓融,行滿十方,恩周億劫,位正天仙之號,册顯碧霞之封,掌嶽府之神兵,管人間之善惡,尋聲赴感,護國安民,大聖大慈至仁至孝天仙玉女廣靈慈惠恭順普濟保生真人、護國庇民宏德碧霞元君。⑥

之下又曰:"是時天尊説是偈,已各各稽首皈依頂禮……東嶽泰山天仙玉女碧霞元君。"⑦

此經兩次提到碧霞元君的稱呼,並且此中的"泰山頂上東嶽内宫""根本即帝真之相"等道出了碧霞元君與東嶽大帝的關係,而"曩時現玉女之身"則暗示了碧霞元君與泰山玉女一脈相承的傳承。又此經的東嶽"志心皈命禮"言:

> 赫天玄英之祖,金輪少海之宗,彌仙母夢日光生,紫府聖人東華弟,昔建

① "碧霞元君"封號源起於唐代之説的依據是劉禹錫的詩《送張煉師還東嶽》,裏面有"久事元君住翠微"之句,稱此説的人認爲此句詩裏面的元君就是碧霞元君,此説首發於乾隆皇帝。乾隆三十五年(1770)御製《重修碧霞元君廟碑記》云:"核之志乘,元君封號肇自有宋大中祥符間。……顧考劉禹錫《送張煉師還東嶽》詩,有'久事元君住翠微'之句,是唐以前故有元君之名,不自宋始。"[(清)唐仲冕編撰、孟昭水校點集注:《岱覽校點集注》,濟南:泰山出版社,2007年,第33頁。]此後學者大多附和此説。如清人聶劍光《泰山道里記》、韓錫胙《元君記》等都持此説。

② 學界大部分人持"碧霞元君"明代説,其觀點參見周郢《"碧霞元君"神號源起時代新考》,《民俗研究》2007年第3期;葉濤《論碧霞元君信仰的起源》,《民俗研究》2007年第3期。

③ 田承軍在《碧霞元君與碧霞元君廟》一文中據《東嶽元君香火社碑》,考訂碧霞元君的出現時間在北宋年間,其言:"北宋時期泰山就有了碧霞元君,而且當時碧霞元君信仰已非常成熟,山東東阿有了其香火社。"(田承軍:《碧霞元君與碧霞元君廟》,《史學月刊》2004年第4期。)

④ 碧霞元君宋真宗封號説的依據是清代張爾岐《蒿庵閒話》卷一所引《帝京景物略》(上海:商務印書館,1939年,第17頁),其文如下:"按稗史:元君者,漢時仁聖帝前有石琢金童玉女。至五代,殿圮像僕,童泐盡,女淪於池。宋真宗東封,還次御帳,滌手池内,一石人浮出水面,出而滌之,玉女也。命有司建祠奉之,號爲聖帝之女,封天仙玉女碧霞元君。後祠日加廣。"

⑤ 關於碧霞元君封號於崇寧五年説,最早的來源見清姚東升輯《釋神》和清李元春《益聞散録》。

⑥ 《元始天尊説東嶽化身濟生度死拔罪解冤保命玄範誥咒妙經》,《道藏》第34册,第731頁。

⑦ 《元始天尊説東嶽化身濟生度死拔罪解冤保命玄範誥咒妙經》,《道藏》第34册,第733頁。

功於長白，始受封於羲皇，初號泰華真人，漢明泰山元帥，唐會崇恩聖帝，聖朝敕字大生，位鎮坤維……①

據《元史·祭祀志》，至元二十八年(1291)加封泰山神"天齊大生仁聖帝"號，此經稱敕字"大生"的時間爲"聖朝"，若上考不誤②，則很有可能元代就有碧霞元君的稱號，衹不過明代碧霞元君信仰纔興盛起來。

那麽"天仙玉女碧霞元君"的獨特之處何在？元代道士爲何在稱泰山玉女"玉仙"之後又爲其改名"碧霞元君"？第一，以神譜而言，元代早期道士將泰山玉女擡爲玉女大仙，使之從供祀的附屬神轉化爲主神。但是他們對玉女大仙的塑造還不是很徹底，玉女大仙的稱號還衹是一個純粹道教神祇，與其他道教神並没有什麽區别，也没有什麽特别之處。這就爲其以後的發展造成了困難，而把玉女大仙改名爲碧霞元君，不但避免了這一困境，而且爲其以後發展創造了空間和機會。從這個意義上看，元末全真道士對碧霞元君名稱的確定可謂明中期以後該信仰興盛的關鍵所在。第二，以宗教性而言，泰山玉女還停留在詩情畫意的層次上，其宗教性不顯。而碧霞元君稱號則把二者結合了起來，一方面，"碧霞"保存了泰山玉女詩情畫意的一面，另一方面，"元君"稱謂充分彰顯了泰山女神的道教意藴。第三，以神格而言，泰山女神的神格在元代道士的努力下日漸完善。泰山玉女不過是一高居天上的仙人，更多具有文學的審美意藴；而玉女大仙則落入凡間，進駐泰山，成爲東嶽大帝之女，更具有煙火氣；碧霞元君則不同，她不但是東嶽大帝的女兒，而且成爲天下人的保護神，"掌嶽府之神兵，管人間之善惡"，"護國安民"。

宋代以降，碧霞元君信仰有了很大發展，岱頂有專門供奉其神像的祠宇，至金時皇室已有人信奉碧霞元君。在此情勢下，泰山玉女的來歷如何，其神職爲何等問題日漸爲人們關注。泰山全真道首先意識到這一問題，並試圖逐一回應。在宫觀組織上，其有意識地修建玉女祠，並把其納入全真道的管轄之内；在對玉女神的改造上，泰山玉女成爲東嶽大帝的女兒，獲得了存在的合法性，被稱爲"玉

① 《元始天尊説東嶽化身濟生度死拔罪解冤保命玄範誥咒妙經》，《道藏》第34册，第731頁。

② 《道藏分類解題》根據"大生"二字確定此書出現於元代(朱越利：《道藏分類解題》，北京：華夏出版社，1996年，第87頁)，但是《道藏提要》則據"大生"二字認爲此經出現於明代(任繼愈主編：《道藏提要》，北京：中國社會科學出版社，1991年，第392頁)，二者都是據"大生"二字加以確定，爲何有如此大的差距？原來《道藏提要》把"大生"看成明代加封給泰山神的稱號，故有此誤解。筆者認爲，僅僅據"大生"二字確定該經的出現時間證據不足，因爲之後出現的很多道經對泰山神的稱呼都是東嶽天齊大生仁聖帝。此經裹面的"聖朝"二字應是確定該經年代更爲有力的證據。

女大仙”,成爲道教的女神,繼而爲其改名“碧霞元君”,使其更具有道教的意蘊。

二、明代泰山全真道對碧霞元君信仰的弘傳

明初,朱元璋提倡祭祀復古[①],宣佈廢除泰山神歷代封號,泰山祀典局面遂爲之一變。在其政策影響下,東嶽祭祀向官方回歸,平民禮拜泰山神的活動被嚴令禁止,曾經興盛一時的東嶽廟會也戛然而止。由此,民間祭祀東嶽大帝的熱情逐漸轉移到碧霞元君身上,明代全真道士順勢而爲,造出相關道經兩部,促使碧霞元君信仰更爲興盛。之後,泰山全真道依託於碧霞元君信仰而獲得更廣闊的發展空間。明代全真道士編纂的碧霞經有《元始天尊説碧霞元君護國庇民普濟保生妙經》和《太上老君説天仙玉女碧霞元君護世弘濟妙經》兩部。前者現存兩個版本,即《續道藏》本和《道藏輯要》本,把兩個版本相互校勘之後,發現二者衹有個别字略有不同;後者無紙質存本,現刻於山東泰安東嶽廟的銅鐘之上。

《元始天尊説碧霞元君護國庇民普濟保生妙經》的出現年代不詳。《道藏分類解題》根據碧霞元君稱號始於明考訂其出現於明代[②]。但是如前所述,碧霞元君稱號元代就已經存在了,故按照此標準考訂的經籍出現時代就更有商榷之處了。檢索該經行文,無關於其創作年代的蛛絲馬跡,因而關於其出現時間的問題就無從著手。筆者認爲,從碧霞元君信仰發展的邏輯以及經文的内容來看,大體可以確定該經的出現年代爲明初至明代中期。

《元始天尊説碧霞元君護國庇民普濟保生妙經》是一部以碧霞元君爲名的道經,其言碧霞元君之來由、職司、誦經功德以及輔忠助孝,善惡果報之理。經中反復贊頌碧霞元君的神職,其中有關碧霞元君出身的問題值得引起我們的注意。《經》言:“是時元君已證太一青玄之位,觀見衆生,受此沉淪,悲慈不已,爲化女流,普度群生。於四月十八日,分真化炁,現是慈顔,陟降泰山,静居上境。”[③]文中“是時”爲“末世人民”在世之時,此時碧霞元君已修煉成真,至於修煉之前的狀況,一概不知,即與其説該經指明了碧霞元君的出身,莫如説它是在回避這一問題。由此亦可以看出,《元始天尊説碧霞元君護國庇民普濟保生妙經》寫作之時,人們對元君出身的説法不一,因而作者在撰寫此經時刻意回避這一問題,從而給

---

① 參見趙克生、于海湧:《明代淫祠之禁》,《社會科學輯刊》2003 年第 3 期;羅東陽:《從明代淫祠之禁看儒臣、皇權與民間社會》,《求是學刊》2006 年第 1 期。

② 參見朱越利:《道藏分類題解》“碧霞元君護國庇民普濟保生妙經”條,第 83 頁。

③ 《元始天尊説碧霞元君護國庇民普濟保生妙經》,《道藏》第 34 册,第 744 頁。

讀者造成先天神真的印象。碧霞元君信仰在明代初期由於復古政策的影響而日漸興盛,也衹有在此時,碧霞元君纔日漸走入社會各階層的視野。由此可推斷,《元始天尊説碧霞元君護國庇民普濟保生妙經》當寫於此時。

《太上老君説天仙玉女碧霞元君護世弘濟妙經》與《元始天尊説碧霞元君護國庇民普濟保生妙經》一樣,從該經中也找不到有關其産生時代的隻言片語。幸運的是,田野調查爲該經寫作時間的考訂提供了寶貴的資料。山東肥城小泰山發現一方《修葺娘娘行宫》碑,據其考訂:碑記中所載經文,爲藏外逸經《太上老君説天仙玉女碧霞元君護世弘濟妙經》(以下簡稱《弘濟妙經》)的節略本。根據此節略本,以及其他關於碧霞元君經籍的相關研究,大體可以把《弘濟妙經》的出現時間大體可限定在明初至嘉靖二十七年(1548)之間。①

此兩部道經對碧霞元君信仰的影響何在?

第一,此兩部經把碧霞元君的神職擴大到無所不管的地步。《元始天尊説碧霞元君護國庇民普濟保生妙經》描述碧霞元君的神職如下:

> 安民護國,警世敦元,輔忠助孝,翼正扶賢,保生益算,延嗣綿綿,消災化難,度厄除愆,驅瘟攝毒,剪祟和冤,嶽庭官將,號令威嚴,不仁不義,忤逆凶頑,不尊正道,化微塵煙,敢有咒詛,押送酆山,魂系幽司,萬劫不原,下民有禱,無願不全,大慈應感,溥濟人天。②

《太上老君説天仙玉女碧霞元君護世弘濟妙經》則説:

> 敕封玉女,護世威嚴。神兵侍衛,鬼官俟宣。誅鋤奸盜,扶危濟險。平治水火,降福消愆。清寧宇宙,仁慈而憐。從善者奉,逆我者亶。人間祀仰,天地齊年。何災不滅,何福不遷?遵承帝命,永劫綿綿。包含岱嶽,玄之又玄。③

上至國家社稷,下至平民百姓生活中的方方面面,如興國廣嗣、輔忠助孝、保生延壽、誅奸鋤盜、降福消愆等,都可以由碧霞元君來管理。

第二,此兩部經對碧霞元君的出身、神職等方面做出了具體的規定。元代雖然確立了碧霞元君的封號,但是對其出身等問題没有交待。此兩部經則不然,對

① 參見張琰、秦國帥:《新發現的碧霞元君弘濟經碑初探》,《泰山學院學報》2011年第1期。

② 《元始天尊説碧霞元君護國庇民普濟保生妙經》,《道藏》第34册,第745頁。

③ 《太上老君説天仙玉女碧霞元君護世弘濟妙經》,現存泰安東嶽廟銅鐘上。

元君的方方面面進行了介紹。

第三,此兩部經對碧霞元君形象的塑造爲碧霞元君信仰在明代中期之後的興盛奠定了基礎。一方面,此形象被朝廷所接受,從而使得碧霞元君信仰上達天聽,自正統十年(1445)始,不斷下詔重修碧霞元君祖庭昭真觀;至明憲宗即位,"遣廷臣以祀方嶽,又時命中貴有事於(昭真)祠"①,開啓了致祭元君的先例;成化十九年(1483)重修昭真祠後,憲宗賜額爲"碧霞靈應宮",首次以朝廷的名義對碧霞元君封號進行肯定;萬曆年間,朝廷對泰山碧霞祠的修建和致祭更是頻繁,甚至萬曆皇帝在其母百年之後,讓其陪祀元君左右;崇禎年間,明朝即將滅亡之際,末代皇帝還不忘爲其母在泰山建宫陪祀②。皇室的崇奉進一步推動了碧霞元君信仰的發展,終於演化出了"自碧霞宫興,而世之香火東嶽者咸奔走元君。近數百里,遠即數千里。每歲瓣香嶽頂數十萬衆,施捨金錢幣亦數十萬,而碧霞香火視他嶽盛矣"③的狀態。另一方面,道教塑造的碧霞元君的慈母形象爲下層民衆所接受,"四方以進香來謁元君者,輒號泣如赤子久離父母膝下者"④。與此同時,元君廟祀亦由泰山漸向周邊傳播,成爲普及全國的民衆信仰。直至碧霞元君信仰高於東嶽大帝之上,恰如明人謝肇淛所論:"古之祠泰山者爲嶽也,今之祠泰山者爲元君也。"⑤

第四,明代道經與元代的不同之處在於,碧霞元君已經完全獨立於東嶽大帝而存在,如這兩部經没有一處提到碧霞元君和東嶽大帝的關係。考究其原因,無疑與東嶽大帝祭祀向官方回歸有關。

明代中後期以降,碧霞元君信仰異常興盛,上至皇親國戚,下至黎民百姓,無不匍匐於碧霞元君殿堂之下。但是,這一時期朝廷對碧霞元君的祭祀,是皇家祭祀,而不是國家祭祀。至清代,碧霞元君信仰纔發展爲國家祭祀,載入祀典,有人甚至把清朝國家祭祀碧霞元君和帝王封禪泰山相比較,如咸豐六年(1856)《重修萬仙樓碑記》中即云:"碧霞元君之廟……我朝東封之典尤隆,每孟夏有欽頒香供,由省派大員躬代往祭。"⑥至此,碧霞元君信仰在清代發展爲國家祭祀,與民間

---

① 尹龍:《重修泰山頂廟記》,弘治《泰安州志》卷六《文》。

② 《岱覽》《泰山道里記》《岱史》《泰山志》等文獻均記載了崇禎皇帝於崇禎十四年(1641)在天書觀建智上菩薩殿供奉其母一事。

③ 王錫爵:《東嶽碧霞宫碑》,《中國地方志集成・山東府縣志輯》第 64 册,南京:鳳凰出版社、上海:上海書店、成都:巴蜀書社,2004 年,第 688 頁。

④ 《巡撫都御史何起鳴宣諭》,《泰山文獻集成》第二卷,濟南:泰山出版社,2005 年,第 107 頁。

⑤ 謝肇淛:《五雜俎》卷四《地理部二》,上海:上海書店,2001 年,第 66 頁。

⑥ 袁明英主編:《泰山石刻》第 3 卷,北京:中華書局,2007 年,第 727 頁。

的距离進一步拉大。

三、民間碧霞元君信仰對泰山全真道的輔助

明清時期,尤其以明中後期尤爲明顯,碧霞元君成爲泰山全真道積極接觸並予以接納的對象,爲其裝塑神像、重修廟宇、編寫道經,碧霞元君儼然成爲全真道神譜中的神靈。同時,伴隨著皇室以及國家祀典對碧霞元君的接納和擡高,泰山地區的全真道也獲得了長足的發展。究其原因,這與全真道對碧霞元君信仰的接納不無關係,通過對碧霞元君信仰的接納,借助碧霞元君在民衆中的影響力,全真道一方面爲自身的發展提供了衆多的信衆和較爲豐裕的經濟來源,另一方面也促進了自身道派的延續和擴展。

在泰山現存碑刻中,保存有大量民衆參與碧霞元君廟會活動的記載,在對泰安地區民間信仰情況所做的統計表格中,民衆對碧霞元君的供奉比率占56.6%,範圍包括碧霞祠、東嶽廟、紅門宫、萬仙樓、後石塢元君廟、靈應宫、三陽觀、無極廟、天書觀、遥參亭等,幾乎遍及泰山的每個角落。民衆的廣泛崇拜爲全真道帶來了巨大的經濟收入,《明隆慶五年修建元君行宫記碑》載:“時道人朱孝同、王金寶、李守清相視既久,欲建元君行宫,恐力弗勝,往謀於郡。善士邵汝儀、劉貴、李宗儒、徐仲德等輩諸君,遂欣然捐貲賂地,又募一郡之人各出私帑,以助工成。”① 士紳和郡人都積極地出資創建碧霞元君行宫;《清雍正十二年重修三陽洞天泰山行宫記碑》載三陽觀碧霞元君殿久歷年所,住持道人“(王)禮聖慟念物力之維□,不惜跋涉,叩化衆善信,捐資重修”②,重修碧霞元君殿客觀上爲全真道的發展注入了相當的經濟實力;《清道光二十五年香會善信掛紅袍記碑》載,由於碧霞元君神像彩色剥落,“今有高興官莊孫貴等,自嘉慶年間,約香會一道,迄今屈指計之,大約有五百餘名,各出貲財,敬製洋紅緞袍一件,獻於碧霞元君”③;三陽觀現存《大清國山東□□□東平州各等縣信士題名碑》記載,信衆在此作靈寶清醮三次,民衆的參與無疑給三陽觀住持昝復明帶來了一定的經濟收入;《民國五年“碧霞元君舊座下”記碑》由於碑體漫漶,碑文内容幾乎無法辨認,但在題名當中幾乎每個信衆都捐錢輸力,參與到重修碧霞元君神像的過程中來。但所有這些活動

---

① 明隆慶五年修建元君行宫碑記碑。

② 清雍正十二年重修三陽洞天泰山行宫記碑。

③ 清道光二十五年香會善信掛紅袍記碑。

都是以碧霞元君的名義來舉行的，雖然這些重修活動都是由全真道來主持的，全真道傳統的信仰形態如“五祖”“七真”等，並没有被提及，或者僅是以這些神靈的名義進行廟宇的重修活動。

重修活動中神靈的不同典型地反映了全真道與民間信仰的此消彼長關係。明清以降，碧霞元君具有全國性的影響力，尤其是在作爲其源生地的泰山，碧霞元君更具有非同一般的影響力，甚至與碧霞元君本身毫不相關的兵災、時政等事件，在當地民衆的心中都能够與碧霞元君發生千絲萬縷的聯繫，如現存《民國二十四年濟南府西關信衆建醮記碑》載：

> 兹有濟南善男信女香社人等，前因“五三”慘案，默祝神佑，事經兵凶，果獲平安。即於民國二十一年，同赴岱頂敬獻大匾一塊，萬民傘一把，袍五身，旗幟等件。雖經報答，覺不足以慰神靈，又擬於民國二十四年三月十五日，在紅門碧霞宫前建醮立石，以志不忘神庥云。

在“五三”慘案中幸獲平安的濟南善男信女們看來，他們之所以獲得平安，是由於碧霞元君的保佑，並因此而兩次酬答碧霞元君，對她的保佑之功念念不忘，從中亦可以想見碧霞元君在當地民衆中的影響力。在與碧霞元君的勢力對比中，全真道信仰處於弱勢，在歷次重修活動中，全真道都淡化自身的信仰色彩，以碧霞元君之名進行重修，表明了碧霞元君信仰在泰山地區全真道的生存和發展中起到了重大作用。但同時，全真道爲碧霞元君編造道經，神化其身份，賦予了碧霞元君以正統性和宗教性，使碧霞元君更具有神秘性的色彩，提高了碧霞元君在民衆心目中的地位。

結語

全真道自金元之際入主泰山以來，不斷與活躍在泰山一帶的碧霞元君信仰發生互動。從全真道的角度而言，其通過對衆多民間信仰神靈的吸收和接納，豐富了自身的信仰和神靈體系，同時，由於民間信仰在民衆中的巨大影響力，也使全真道由此而獲得了穩定的經濟來源；從民間信仰的角度而言，全真道所具有的官方合法性，使民間信仰的衆多神靈得到保護，同時，由於全真道的參與，這些神靈具有了更加神聖和神秘的起源和身份。在此種意義上，全真道與民間信仰之間的融合促進了二者的共同發展。

凡是出現在全真道觀中的民间信仰神靈都與全真道有著極爲密切的關聯。這些神靈在民衆生活中擁有巨大的影響力,它在带給全真道穩定的經濟來源的同時,也不可避免地使全真道的功能得以擴大和泛化,祈子求嗣、延福保安、療病祛疾等民衆的現實需求,都由全真道來予以承擔,甚至戰亂時期佑護民衆平安,戰後對民衆恐懼心理的撫慰,也由全真道及其神靈來負責。由於對各種民間信仰神靈的接納,全真道對社會生活的影響已經滲透到每個角落,幾乎在每個階層的社會生活中都可以或隱或顯地發現全真道的身影。

(責任編輯:王培峰)

嶗山黄石宫研究

——兼論"十方黄庭觀"爲黄石宫中宫

□張義生

摘要:嶗山北部黄石宫,於元初建成,明代爲一方名勝,但在清代中期傾圮損毀殆盡。黄石宫建置規模龐大,有上、中、下三宫,較爲著名者爲下宫,存有多處石刻,中宫和上宫則湮没無聞。崔真人、孫玄清和耿義蘭等高道曾在黄石宫修行。依據新發現"十方黄庭觀"所處位置及相關石刻,可推斷其爲黄石宫中宫。黄石宫將中宫"黄庭觀"作爲十方叢林,爲嶗山收留和培養了大批道教人才,且與明朝宫廷有直接的聯繫,獲得了朝廷和地方政府的支持,這都證明黄石宫是元代以後嶗山重要的道教宫觀。

關鍵詞:黄石宫　十方黄庭觀　崔真人　孫玄清　耿義蘭

作者簡介:張義生,男,1981年生,山東即墨人。南京大學哲學博士,青島大學馬克思主義學院講師。

在今嶗山北部華陰南山脚下、嶗山水庫岸北,有一處道教宫觀遺址——黄石宫。因其地近即墨,且爲遊人入嶗北綫必經之地,自元代以來一直是嶗山重要的全真道宫觀。但它在清代中期傾圮損毁殆盡,僅遺存多處摩崖石刻。對於其歷史,史籍多語焉不詳。在黄石宫東北、王喬崮南麓又發現有"十方黄庭觀"遺址,此觀與黄石宫如此接近,二者關係如何,頗待詳考。本文在研究黄石宫創立發展的基礎上,結合山志及黄石宫、黄庭觀多處現存石刻,力圖揭示黄石宫與黄庭觀的聯繫,以及黄石宫對嶗山道教發展的影響和貢獻。

一、黄石宫的興廢

關於黄石宫創立的時間,明末即墨名宦黄宗昌在《嶗山志》中説:"黄石宫有上宫、下宫。在華樓迤北十里許山之巔，元時建。”[1]後來周至元《嶗山志》及藍水《嶗山古今談》皆沿用此説。

黄石宫尚存元代石刻一處，内容如下：

> 前膠州同治遷密州都判見任膠」州□□□□□□□□□捕長官奉」全真采立弟子同夫人胡大二石」至元五年立」[2]

此處的至元五年，應該是元世祖至元年號，爲公元 1268 年。又有“庚寅年立”石刻一處，應爲元初上石，内容如下：

> □□□□□陽□節度使」李□夫人趙□善□傳妙□」太守趙門金夫人孫妙善馮□堅」庚寅年立」修武校尉即墨縣」水陸寨巡檢奉」全真弟子張德昌」同妻李真善上石」[3]

其中的官職如“節度使”在元代已經基本廢置不用，“修武校尉”爲金元時所用官職名稱，所以此處石刻很可能是元初上石，石刻中如“節度使”等官員可能是在金朝的官職。據此推測，庚寅年很有可能是元世祖至元二十七年(1290)。因爲如果是 1230 年，當時山東尚處於金統治中，與史志記載黄石宫建於元代的歷史不符；如果是 1350 年，則石刻中“節度使”等官員應早已去世。

還有一處無紀年石刻，但從内容看也應爲元初上石，内容如下：

> 宣授管軍千户相副膠州把城萬户前萊州軍」民鎮撫兼兵馬鈐轄奉」全真弟子任潤同夫人孫氏」武略將軍前萊州掖縣主簿見膠州管」軍奉全真弟子王受同夫人甯氏」宣授膠州管軍千户征授海州節度使」全真弟子于通同夫人張氏百户于淮百户王德」

這裏同樣出現了“節度使”，因此也很可能是金元時石刻。從以上三處石刻可以看出，黄石宫在元初已經初具規模，而且有較多的地方官吏成爲黄石宫的信

① 苑秀麗、劉懷榮校注：《嶗山志校注》，北京：人民出版社，2015 年，第 58 頁。

② 王瑞竹編著：《嶗山題刻今存》，青島：中國海洋大學出版社，2016 年，第 136 頁。根據實地考察，此處“采立弟子”應爲“弟子□政”、“大二”應爲“氏上”。

③ 王瑞竹編著：《嶗山題刻今存》，第 134 頁。根據實地考察，此處石刻識讀存在多處錯誤，現重新整理如下：“□禄大夫山陽□節度使」李□夫人趙□善□傳妙安」太守趙□□夫人孫妙善馮□□」庚寅年立」修武校尉即墨縣」水陸寨巡檢奉」全真弟子張德昌」同妻李真善上石」”。

徒和弟子,這與元初社會全真道流行的史實是吻合的。黄石宫也很可能在元初特殊宗教政策的保護下,還得到了地方政府和官吏的資助。但還有一問題需要注意,在"庚寅年立"石刻西部有"清虚庵"三個大字摩崖石刻,字徑約40厘米,此名並未見於歷代嶗山志和即墨縣志中。既然以黄石宫爲名,又何以出現了"清虚庵"石刻?是"清虚庵"爲黄石宫曾用之名?還是"清虚庵"爲黄石宫之一部分?從現存資料來看,上述兩種猜測都無法證實或者證僞,衹能存疑[①]。

及至明代,黄石宫已經成爲嶗山地區比較著名的宫觀,出現在多人的遊記中。如嘉靖十二年陳沂在《鼇山記》中記載:"所未至者,五龍嶺、下清宫、黄石宫也。"[②]這表明他雖未至黄石宫,但已知其爲嶗山著名宫觀。隆慶二年鄒善在《遊嶗山記》中説:"復穿黄石洞,遊黄石宫,相顧慨伐樹者之愚。與造石槨何異?"[③]時任山東提學的鄒善遊覽了黄石宫,且注意到了黄石宫附近砍伐過度的問題。這一問題,在萬曆時由地方政府出面予以解決,如今存一處護林石刻,内容如下:

> 即墨知縣許□查得黄石宫」大小松樹兩千七百六十株雜」樹二千株大栢樹二株仰□」道士□附近保正看守」□□□伐者以盜官」物論」萬曆六年六月廿二日立」縣行」[④]

時間爲萬曆六年,正是許鋌到任即墨的年份,與史實吻合。當時,海印寺案尚未發生,嶗山道教似乎還未引起萬曆皇帝的注意,但黄石宫仍然得到了即墨當地政府的庇護,特予以保護山林。

明萬曆萊陽進士高出在《嶗山記》中記載:"華樓之對者,黄石宫也。……石竹澗。澗旁一寺……東踰複嶺,溯而上里許,徑絶,門於石中空谷。人仰趾漸高而不傴,殆百餘武,亦嶗第一徑。出之,又數盤,而得黄石宫。宫中道士皆出,不見一人。酌柏下泉而還,就舁於馗。"[⑤]遊記中提到了海印寺案,遊嶗應在萬曆二十八年以後。

---

① 從元初所存石刻看,可能金元時期就有宫觀的存在,但名字並未詳述,有可能初名清虚庵,後改爲黄石宫。而黄石宫又有上、中、下三宫,也有清虚庵爲下宫的可能。在《嶗山續志》中的《有元故崇真利物明道真人道行碑》中述元代高道劉志堅曾"東至即墨之鼇山,私喜機會在是矣。即山路南窩石窖立志,虎狼旁午,人皆危之。……今清虚庵是其處也。"(黄肇顎:《嶗山續志》,濟南:山東省地圖出版社,2008年,第153頁。)石刻作於泰定三年(1326),此時尚存清虚庵其名。

② 苑秀麗、劉懷榮校注:《嶗山志校注》,第121頁。

③ 苑秀麗、劉懷榮校注:《嶗山志校注》,第124頁。

④ 此處石刻爲實地考察所得。《嶗山題刻今存》識讀較少,僅作參考。

⑤ 苑秀麗、劉懷榮校注:《嶗山志校注》,第133頁。

明後期紹興陶允嘉在《遊嶗山記》中載:“捨輿徒步,有石塞途,中空如甕。從甕中入,轉折而上爲玉皇殿。古柏繆千,碑碣甚古,石罅有泉曰玉液。石壁如屏,色正黄,内有小洞,因名黄石,與圯上事無涉也。逼隘無足觀,所得不足償所勞矣。”[①]此記同樣提到了海印寺案。

崇禎七年曹臣《嶗山周遊記》記載:“喜馬上遂望華樓,秀崿刺天,不禁指舞。訪趙氏隱居,擷裾慧炬院。院建隋開皇中,孤僧小結存繫而已。供有栴檀佛,大部藏經,蓋廢海印寺移來者。折而左陟,爲黄石下宫,酌月宫門臺上。”[②]

明末萊陽進士張允掄的《遊嶗山西境記》載:“過河北東行,歷華陰村,望黄石宫,在翠微間。緣石磴上,有大洞阨中路,穿洞過,復上躋,乃達宫所。古柏一株,老幹四五棱,亭亭聳上,是前代物。宫後銅壁山;壁下黄石洞、玉液泉,俗傳圯上老人曾宅其中。”[③]

以上明末士人遊覽嶗山黄石宫的記載,都説明黄石宫在明末尚保存完好。這種情況在明清之際發生了變化,黄石宫開始辦學。據清康熙時即墨文人紀潤在《勞山記》中載:“予性癖山水,幼時,從王師肄業黄石宫,後遷於上下華樓。……轉而東,由王官樓後登黄石宫,有奇壁流泉,北背有高山,前面有大河,河南即華樓大頂。舉目一望,四面山色令人神往氣爽。目空天地,不知有人間世矣。仍有上宫、下宫,可以略目。”[④]此時黄石宫上宫、下宫仍存,但已經開始作爲學校使用。

雍正時之李寅賓在《馬山志》中敘及所藏《道藏》重校時説:“今鼇山之太清、黄石二宫,棲霞之太虚觀,聖水之玉虚觀,去此皆百餘里,苟有一二同志,相與請諸其人,抄寫數年,補完此書,亦玄門中一有功弟子也。”[⑤]從此可以看出,雍正時黄石宫仍然是膠東地區規模比較大的著名宫觀,其中道士文化水平也比較高。

到了清中後期,黄石宫已經傾圮無存。咸豐二年膠州歲貢王大來在《再遊嶗山記》載:“村居越數日,登村北諸山。遊黄石宫,宫已久廢。”[⑥]咸豐十年《三遊嶗山記》中載:“黄石宫以奇偉勝。至於松濤湧翠,草色黏空,穿雲則身披玉絮,臨水則魄濯冰壺。……黄石宫並失,遺址惟見殘碑斷碣,蕪穢荒煙蔓草之中。”[⑦]

光緒十五年高密孫鳳雲在《遊嶗續紀》中載:“十三日,詢黄石宫處。店主曰:

---

① 苑秀麗、劉懷榮校注:《嶗山志校注》,第 137 頁。

② 周至元編:《嶗山志》,濟南:齊魯書社,1993 年,第 247 頁。

③ 周至元編:《嶗山志》,第 262 頁。

④ 藍水著:《嶗山古今談》,青島:嶗山縣縣志辦公室編,1985 年,第 97 頁。

⑤ 李寅賓:《馬山志》,青島:青島市新聞出版局,1996 年,第 35 頁。

⑥ 黄肇顎:《嶗山續志》,濟南:山東省地圖出版社,2008 年,第 24 頁。

⑦ 黄肇顎:《嶗山續志》,第 24 頁。

廟宇傾圮,百有餘年。……十四日,自華陰至楊家村,遥望康公祠,松竹陰翳,黄石宫、石竹澗,院宇無存。"[1]按孫氏記載,從光緒十五年上推百年,則在1789年前,爲乾隆後期。从雍正至乾隆,短短幾十年間,黄石宫就從規模巨大的著名宫觀,迅速衰落傾圮,雖頗爲可疑,但又没有切實資料來進行解釋。

光緒十八年衛廩生藥峻德《遊嶗紀略》所載情況相同:"北上爲慧矩院、黄石宫故址,今惟老君洞老君像在焉。"[2]

以上明清遊記所載,均證明在明清之際,黄石宫已經從專門的宗教活動場所開始兼具學校的功能,並最終在乾隆時傾圮,直到清末宫觀幾乎無存。

二、黄石宫的建置

黄石宫的規模從元代開始,至於何時達到頂峰,通過史籍所載已難以確定。但通過明、清山志等記載,還是可以看出,明末清初黄石宫的規模仍然比較大,兹將明、清山志中涉及黄石宫建置的相關記載抄録如下。

黄宗昌《嶗山志》在《名勝》中記載:"小徑崎嶇,自下而上凡三級,下、中、上分焉。徑頗狹,當徑者,洞也。人從洞中出入,過洞爲下黄石。廟前古柏偉甚,土半封,饒幽倩而少寬平。絶壁下有黄石洞,洞石色黄,其所得名者也,非有圯橋老人也。折而上,而東,而北,爲中黄石,千尋石壁,峰巒回環,下有泉清冽,大旱不涸。再北上里許,爲上黄石,老君堂在焉。居高而俯視者,可以審所處矣。"[3]

黄肇顎《嶗山續志》收録明末萊陽舉人宋連《山遊記》中記載:"是日至黄石宫。宫居高地狹,余所不樂。峭壁之下,有黄石老人洞,或曰,老人藏修於此也。或曰,非也。山石色黄,故以名宫,老人洞因焉。説近是。逶迤而東過數峰,爲中黄石,北二三里,再上爲上黄石。"[4]

《嶗山續志》收録清康雍時期膠州進士王紘《迎真記》中説:"迎真者,黄石宫之脚庵。由其北登山,徑隧拗折,行二三里,漸巉岩。老松夾磴,可攀而駐。路絶處,豁然一竅,大崮累其上,嵌口若門。俯首入,鞠躬東北轉,約數步,復有徑可續。前人名爲九曲洞,其口爲雲門洞。上丈餘有坦場,場建三清廟,列古柏二,闊二三圍,不記年。廟後小壁一洞,有老人石像,或以爲赤松子,刻其口上曰'赤松

① 黄肇顎:《嶗山續志》,第45頁。
② 黄肇顎:《嶗山續志》,第70頁。
③ 苑秀麗、劉懷榮校注:《嶗山志校注》,第33頁。
④ 黄肇顎:《嶗山續志》,第17頁。

子洞’。東上爲留侯洞,二洞參差相鄰。廟西羽士舍,背負峻壁,簷垂前覆,層疊似堆雲。縹苔披緑,山樹鬱蔥,其上通體黄光映人,因名黄石。石頂懸泉細流,浸浸下滴,日食不涸,色白若米漬,味殊甘美,名玉液。羊棗一株,枝幹修善若琢,攬不盈握,歲結數十實,倒生壁半流縫,根俱上發,穿石如帶,不枯亦不縟,無知其生何時者。此山東連上黄石,極巔爲老子堂,嶕嶢切雲。”①

清高密李顯翯《遊嶗山記》載:“北望諸山,黄石宫、老君堂在焉。”②

《嶗山續志》的《總志·綱領》中記載:“墓東三里爲王喬崮,又南五里許爲鳳凰峰。峰之南麓爲慧矩院。又南三里爲西蓮臺。又東北三里爲華陰。又東北三里爲下黄石。又東北二里爲中黄石。再北上里許爲上黄石。”③

今人藍水《嶗山古今談》中有“黄石宫故址”一條記載:“元建,在黄色岩下故名,舊分三院。黄志所謂當徑者洞,今已不存,宫亦圮,衹一黄色岩。中級泉未涸。上級老君堂已就圮。”④

通過上述記載,我們可以發現黄石宫實際上有下宫、中宫和上宫三處,還有脚庵迎真庵一處。現在所見黄石宫遺址是其下宫。王紘的《迎真記》所述較詳,下宫主要有三清廟、古柏兩株、赤松子洞、留侯洞、九曲洞、雲門洞、玉液岩,廟西爲道士居舍,今並不見赤松子洞,疑爲今黄石洞。前文陶允嘉在《遊嶗山記》中,還記載有玉皇殿。現僅存古柏兩株、留侯洞、玉液岩,其他均傾圮或難以確定。

關於黄石宫中宫,記載頗少,黄宗昌敘其貌爲“千尋石壁,峰巒回環,下有泉清冽,大旱不涸”。藍水言有泉還未乾涸,看來中宫有巨石圍護,又有泉水。

關於黄石宫上宫,黄宗昌記載有老君堂,王紘記載有老子堂,皆奉祀老子,因是道教宫觀,老君堂應爲其名。

黄石宫的上、中、下三宫,以下宫最爲著名,文人雅士到訪尤多。中宫和上宫因山路崎嶇,少有遊客上達,對其記載也較爲疏略。

三、黄石宫的高道

黄石宫既爲嶗山著名道教宫觀,自然多有高道於此棲止,但因其在清中後期已經傾圮,現存石刻又没有出現道士的名字,所以記載黄石宫高道的資料少之又

---

① 黄肇顎:《嶗山續志》,第 135 頁。

② 黄肇顎:《嶗山續志》,第 18 頁。

③ 黄肇顎:《嶗山續志》,第 1 頁。

④ 藍水:《嶗山古今談》,第 41 頁。

少,但我們仍然可以從山志和道教典籍中查到曾經在黄石宫修煉的高道。

其一,崔真人。明代黄宗昌在《嶗山志・仙釋》中所列舉之高道並不多,依次爲欒正子長、劉若拙、丘處機、劉志堅、徐復陽、張三丰、齊本守、崔真人,多爲道教史上的著名道士,唯有最後一人"崔真人"默默無名。黄宗昌如此記載:

> 崔道人修真黄石宫,避人。與其徒結茅古跡島,自耕食。島在山南海中百餘里,常爲蟒穴。崔始居而蟒來,以頭塞户,瞪目三日。崔語之曰:"有宿怨當食我,無則久居此何爲?"旋去,隱不復見。世傳其事,謂道力足以勝之也。①

黄肇顎在《嶗山續志》中也承接《嶗山志》載:"宫,崔道人修真處也。顔其周山之石色尚黄,故稱黄石宫。上有赤松子洞,留侯洞,玉液泉。宫祀三清,今圮。崔載前志。"②此外,同治《即墨縣志》和今人周至元、藍水的著作均未提及崔道人。以黄宗昌編寫《嶗山志》之精審,能將"崔道人"列入其中,想必其人具有與開宗立派之高道比肩的德行和才能。而崔道人正是在黄石宫修道,從其居於海島,不懼巨蟒,也可見其道行之深,道俗傳頌。但囿於資料限制,對於崔道人的生平及道派,皆難以進行考證,無從瞭解。但從黄宗昌所列嶗山高道順序看,是依照時間先後進行排序的,崔真人在嶗山修行應在明末齊本守之後。

其二,孫玄清。在明霞洞《孫真人紫陽疏》和上清宫《孫真人修真題記》所存兩處有關孫玄清的石刻中,並未提到孫玄清曾在黄石宫修道,僅提及其師爲"斗篷張"。但是清咸豐梁教無的《玄門必讀》却這樣記載:

> 嶗山祖姓孫名玄清,號海嶽山人,乃龍門派邱祖第四代徒孫,系山東青州府壽光縣孫家巷人,於明弘治九年八月二十三日降生。在嶗山明霞洞出家,初拜李顯陀爲師。後至鐵茶山雲光洞得遇通源子,指點五行前後升降出入天門運籌之法。又至即墨縣得遇太和真人,引至黄石宫修行,時方十九歲,蒙傳授三花聚頂、五氣朝元。在黄石宫苦煉二十餘年,後遇斗篷張真人,共談修真,秘傳内藥諸口訣,一旦豁然貫通,復回明霞洞重修。嘉靖二十一年,抽鉛添汞,悟證身心。至嘉靖三十七年,到京白雲觀坐鉢堂一載,大著靈異。適京中大旱,求雨有功,蒙聖旨大加恩賞,封護國天師左贊教主紫陽真

---

① 苑秀麗、劉懷榮校注:《嶗山志校注》,第 84 頁。
② 黄肇顎:《嶗山續志》,第 133 ~ 134 頁。

人。享壽七十三歲,隆慶三年六月二十六日上升。[①]

金山派祖師曾至此宮修行言之鑿鑿,且是因爲遇到太和真人,引至黄石宫。此處的太和真人,很可能是另一"徐復陽"。因爲根據黄宗昌《嶗山志》及《即墨縣志》的記載,徐復陽爲元代人,本不應見到明嘉靖的孫玄清。但是《太清宫志》中却認爲徐爲明代人。

徐祖諱復陽,字光明,號太和子,又號通靈,萊州府掖縣人,明成化十二年丙申二月十四日誕生。幼年失目,精巫卜,遊食各方。至即墨縣,遇李真人,諱來先,字靈山,號凝真子,昌邑縣人,係邱祖門下,早成道果。遂引徐公至鶴山遇真庵,苦行工作數年後,求道於李真人,蒙授秘訣,一念純真,行持多年。一日閑步至山嶺,足踐池内,試之爲清泉,掬而飲之,籍盡面垢,忽覺二目内照,大悦。回白李真人,真人曰:"道成目自了,汝功行未滿,故尚爾。澗内有遺錢十二枚,汝試摸之,得錢足數,功滿行成矣。"乃日往摸,經三年得錢十一枚,所缺一錢,久不可得。一日於尋摸之際,聞人呼,隨音覓去,得一池。掬水洗面,雙目頓明,見一錢置於池邊,因名其池曰洗臉明目盆,澗曰摸錢澗。遂住本山仙鶴洞,面壁九載。後遇張三丰師,得其真傳,而道行益進。繼則潛修明霞洞及本宫,後仍歸鶴山仙鶴洞。道成遺留法派曰鶴山派,亦曰勞山派。明嘉靖三十五年五月二十日飛升,世壽七十九歲,敕封中元永壽太和真君。[②]

按《太清宫志》記載,徐復陽生於成化,卒於嘉靖,與孫玄清生卒時間存在重疊。極有可能此時出現了一僞託徐復陽之名的道士,正是他將孫玄清引至黄石宫修行。

其三,耿義蘭。太清宫在明萬曆時凋零破敗,被憨山和尚購買建立海印寺,後因争議而産生訴訟,官司一直打到了御前,萬曆皇帝最終下旨毁寺復宫,太清宫因此聲名顯赫,天下聞名。而海印寺案中,耿義蘭無疑是中興太清宫功勞最大的高道,太清宫特立像崇祀。他也曾居於黄石宫修行。根據《太清宫志》記載:

耿真人諱義蘭,字芝山,號飛霞,又號靈應子,高密人。明正德四年己

---

① 蕭天石主編:《道藏精華·玄門必讀》第9集,第40册,臺北:自由出版社,1983年,第250~251頁。

② 高明見編著:《道教海上名山——東海嶗山》,北京:宗教文化出版社,2007年,第238~239頁。

巳九月十八日誕生，幼而聰敏，專務儒業，登嘉靖進士第。性清廉，喜淡泊，好山水，慕玄風，適有勞山太清宫道士高禮岩者，訪華山路經高邑，耿公遇之，相談投緣，邀至家拜爲師，道名義蘭。留住月餘，諧師同至華山，住庵十餘年，得趙静虚真人傳道，修行數載。辭師入都，住白雲觀叢林，参訪道理。未幾即回勞山，隱居慈光洞、黄石宫等處。於萬曆十三年忽來勢僧，假稱奉旨，將本宫道士劉真湖等逐出，打死住持張德容，碑記神像盡抛於海，改太清宫爲海印寺，又白占山場數處。耿真人乃出，與本宫同志道士賈性全、劉真湖、張復仁、覃尋先等，協力抗争。至十九年，耿真人獲朝覲，上控理直，於二十三年始得提審判。二十八年蒙降旨復宫，頒道藏經，敕封耿公爲扶教真人。於萬曆末年十月十五飛升，世壽一百一十歲，葬於太清宫三皇殿前。①

從記載看，耿義蘭在拜師高禮岩②後，還曾隱居於黄石宫，這極有可能是太清宫傾頽，衹能暫時居住在黄石宫，後因海印寺案而出山與憨山争訟，並最終贏得了這場事關嶗山佛道之争的重要官司，奠定了明代中後期太清宫在嶗山的重要地位，也提升了嶗山道教在整個道教中的地位。

從居於黄石宫的多位高道可以看出，黄石宫對道教人才的容納與培養，影響了整個嶗山道教的發展壯大，其貢獻不容小覷。這其中既有開創金山派的祖師孫玄清，又有中興太清宫的高道耿義蘭，這足以證明黄石宫確爲嶗山十分重要且規模較大的宫觀。從另一個角度看，黄石宫既容留龍門派弟子，又容留隨山派弟子，除了其規模較大，可以允許道士掛單，是否還有其他原因，如黄石宫是否爲“十方叢林”，針對這些疑問，筆者的田野調查正可作爲證據。

四、“十方黄庭觀”：黄石宫中宫

嶗山現存宫觀，並無直接以“十方”命名的叢林，而考之嶗山歷史上的十方叢林，則有今北宅街道大嶗社區北山之“十方神清庵”，惜已在抗日戰争中被日軍毁壞殆盡。通過田野考察，我們發現在嶗山北部存在一處不見於史志的十方叢林宫觀遺跡，名爲“十方黄庭觀”。

---

① 高明見編著：《道教海上名山——東海嶗山》，第238頁。

② 此處頗爲可疑，從記載看，太清宫隨山派道士多爲真、性、復字輩第七、八、九代道士，而禮、義字輩則爲第十四、十五輩道士，相差最大爲八代，最小爲五代，似不應如此。

（一）黄庭觀遺址及石刻介紹

在今嶗山北部王喬崮南麓、城陽南坡村北，位於黄石宫舊址東北，有一座廢棄的古道觀——黄庭觀，並不見於黄宗昌和周至元之《嶗山志》，亦不見於黄肇顎之《嶗山續志》，甚至在文人遊記和詩文中也查找不到它的相關記載。現在根據田野調查，簡單介紹下該遺址的大體情況和所發現的石刻内容。

此道觀處於王喬崮南麓西側山溝中，距離山頂約有百米距離。從下攀爬，首先會發現一些墳塚，當地村民認爲是道士墓葬。

道觀山門在山溝東側，山門東之高石上有“青龍嶺”三字，西之矮石上有“白虎崑”三字，山門附近一巨石上部有“太山石敢當”五字。進山門西側之巨石上有“雲水洞”三字，左側有“周魯書”三字，六字大小相同。再往西走，可見斷壁殘垣等遺跡存於巨石之陽，也有石碾和其他石構件。遺址西，也即山溝西側之巨石下有“十方黄庭觀”五字，其中“十方”二字位於右側。以上字皆楷書陰刻。

順遺址繼續上行，巨石阻斷，可見上有建築痕跡，其中巨石下部有一石刻，文字漫漶，能識讀内容爲：

> 欽奉太監王進忠係」陝西西安□□潼縣人欽奉」皇命□□□住持吕一陽石匠張恩」萬曆二十三年四月初一日」

字皆楷書陰刻，整體以長方形陰刻綫框起。

（二）周魯“雲水洞”石刻與黄庭觀

黄庭觀所存石刻，較有研究價值者，一爲“雲水洞”題字石刻，一爲萬曆二十三年石刻，這兩處石刻所涉及人物及年代有助於我們瞭解黄庭觀的歷史。

“雲水洞”石刻題字者爲“周魯”，周魯何人？在嶗山諸多現存摩崖石刻中，尚有周魯十餘處題字，此又可分爲兩類，一類爲周魯個人單獨上石石刻，一類爲與他人共同上石石刻。黄庭觀所存“雲水洞」周魯書」”屬於第一種情況，此類石刻多爲詩歌或名勝題名，僅具名於後，不寫年月，如鶴山滚龍洞有其七言詩《題七登石樓》：“數數頻來似有情，青山與我久要盟。戰袍脱却渾無事，一曲瑶琴樂太平。”署名爲“武進士周魯作”。明霞洞後玄真洞口石壁上亦有其詩作：“白雲留住須忘歸，名利縈人兩俱非。莫笑山僧茅屋小，萬山環翠畫中圍。”署名爲“武舉周魯”。除此之外多爲名勝題字，黄庭觀之石刻即是，而像黄石宫、華樓宫周魯石刻多爲此類。王喬崮還存有“登州周魯”四字的大字摩崖石刻，這一類石刻内容過簡，對於瞭解周魯提供不了太多有價值的信息。另一類石刻爲與他人共同上石石刻,其中較多的是明山東參政陳沂遊覽嶗山時,周魯作爲陪同隨行官員上石之石刻,僅一處位於華樓山的"明即墨把總」孫鏜」周魯」"石刻。而陪同陳沂遊覽嶗山之事,均載於歷代山志,陳沂《鼇山記》曰:

嘉靖癸巳秋,余按縣至自膠,聞藍侍御玉甫悉山之勝,云土人不易到,不能自過,期楊允中達甫不至。越二日,與玉甫出東郭三十里,由三標山出海上。……一道宫曰"遇真庵"。後有洞,洞旁巨石爔道人丘長春大書"鶴山洞",余亦勒同遊歲月。……明日題其夾石處曰"面壁洞",紀同玉甫來遊事及侍從之名。……至是,山遊凡五日,行三百餘里。玉甫所計,行蹤止宿,不失尺寸。其弟囦、因於窮絶處設幹餱、酹茗、楮筆、丹墨具在。從行兵吏雖疲足不前,而興亦不淺。①

從陳沂遊記看,確有武官隨行,且具名隨行上石石刻共遇真庵和面壁洞兩處,現存的石刻證明了這一點。其中今遇真宫石刻内容爲:

嘉靖癸巳秋」九月廿四日石」亭陳沂同」北泉藍田來」指揮朱繼祖」千户周魯鎮」撫姚命鳳典」史劉豪承」差趙雲鳳」侍行」

面壁洞石刻内容爲:

嘉靖癸巳九月」翰林侍講陳沂」御史藍田同來」千户周魯典史」劉豪承差趙」雲鳳侍行」石工林」

後有篆書"面壁澗"三字,題名楷書"石亭"。

從陳沂之遊記,可以斷定周魯曾作爲隨行,護衛陳遊覽嶗山。但陳是在膠州巡查縣政時,聽聞嶗山勝景,遂至即墨,由當地名宦藍田予以接待安排,並陪同遍遊嶗山。藍田、周魯作爲地方名宦和武官,應在日常交往及此次遊山中,結下了深厚的情誼,或許可以通過藍田來進一步瞭解周魯。我們通過查閱藍田之《藍侍御集》,確實發現了與周魯相關的《安人孟氏墓志銘》,内容如下:

余聞登州周安人之賢久矣,安人之夫周君,諱瑄,卒時維生一子,曰俊,尚幼,安人欲以身殉之,族黨曰:死節易,字孤難。安人何爲其難者乎?安人

① 苑秀麗、劉懷榮校注:《嶗山志校注》,第116~121頁。

曰：諾。抱其孤俊，相恃爲命，窮苦困厄，人所不堪。俊稍長，遣從知名士問學，夜課以書，必漏下三十刻，乃止。三赴秋闈不第，始命之承蔭，後齊魯流賊作，俊捧檄討之，安人曰：戰陣不勇，非孝也。俊乃追賊於平度州之徐里村，力戰而死。安人哭曰：吾兒得死所矣。令甲死事者當晉一官，而幕府不録。安人哭曰：吾兒得死所矣，録與不録，非吾所計也。聞者益賢之，俊亦止生一子，曰魯，尚幼，其婦王氏未幾亦卒，安人字魯如字俊也。稍長亦遣從知名士問學，乃登嘉靖丙戌科武舉高第，晉武德將軍，正千户，安人曰：吾他日可以見吾夫吾子于九原矣。然教而進之者益力，雖父師莫之加也。魯之婦蔣氏，亦早卒，生一子，曰文忠，甫三歲矣。安人字之如字魯，患其身之衰且憊也。魯兩總即墨營事，又移總登州營事，五品之禄，稍豐裕矣。而安人處之其儉薄猶如昔時也。嗚呼，風俗頽壞久矣，自縉紳大夫多不能保其節，況婦人乎？安人無圖史之專，無禮樂之教，而分義自明者，安人之賢，不可及也。故能左右其夫及其子孫，以能有家，光其先緒，周氏再振於登州者，安人啓之也。里巷之婦，能爲安人所爲，則微可使興，辱可使榮，而死生之道不愧矣。安人姓孟氏，諱真，年十七而歸，於三十七而嫠居，嫠居四十七年，年八十有四而考終，實嘉靖丁酉六月二十有七日，十二月十五日，合葬於其夫白石崗之原，禮也。孫女三，懷柔主簿李祚、蓬萊學士吴鐸、張通判子紳，其婿也。魯繼娶于欒，生子曰文恕。安人之行，其姻党閻長史鳳翔狀之。魯持以乞銘，余觀近世銘婦人者，率皆屏捆内常事細行，依效褒敘之，無以傳信於世，故余於安人之銘，不敢依擬古事，亦不用褒敘常禮，只摭其大者一二書之，未知可傳於世否耶？銘曰：維世澤以傳兮，維世禄以延兮，維世祝以綿兮，維安人之賢兮。①

從這篇周魯之祖母孟真的墓志銘來看，周魯之祖母寡居四十七年，享壽八十四，卒於嘉靖丁酉年，即公元 1537 年，則周祖母生於 1453 年，即景泰四年。祖父周瑄應爲武官，喪於 1490 年，即弘治三年。父親周俊承蔭祖父武職，在與流賊戰鬥中犧牲。此次戰鬥應爲正德六年，即 1511 年，《(同治)即墨縣志》載：正德“六年春，流賊劉六等猝起北海，所至皆破，獨墨城七攻不克，賊憤甚，乃夜襲陷即墨營，將領李勳死之，復圍城，知縣高允中督衆拒守，射死賊僞大王朱輔，遂遁去”②。

---

① (明)藍田：《藍侍御集》卷五，明萬曆十五年(1587)刻本。

② (清)林溥修，(清)周翕鐄纂：《(同治)即墨縣志》，載姜小青輯：《中國地方志集成・山東府縣志輯》第 47 册，南京：鳳凰出版社，2004 年，第 292 頁。

《(道光)重修平度州志》亦載:“武宗正德六年,流賊劉六等來寇燬州治。”[①]周魯之父應是在劉六亂軍攻打平度時戰死,時周魯尚幼,推斷其應生於1500年前後。

後周魯登嘉靖丙戌科武舉高第,即嘉靖五年(1526)中武進士,《增修登州府志》卷四十四《武進士》“蓬萊縣”載明代首位武進士就是嘉靖丙戌科周魯,因此嶗山很多署名“武舉周魯”“武進士周魯”的石刻,都應是在1526年之後上石。但石刻中又有“把總”之稱,爲正七品武官,在周魯中武舉後,藍田述其“晉武德將軍,正千户”,是正五品武官,則很可能在中武舉之前周魯已經承蔭其父職在即墨營爲官“把總”[②]。陳沂遊嶗之癸巳年爲嘉靖十二年(1533),其時周魯仍在即墨營任職,符合藍田所説“兩總即墨營事”,而之後調任登州營,正是藍所謂“又移總登州營事”。周魯請求藍田所作祖母之墓志銘,就是他在登州營任職時之事。因此周魯在即墨營任職時,多次遊覽嶗山並上石石刻,基本應在嘉靖初年至嘉靖十五年之間。

由此推斷,這方黄庭觀所存最早的“雲水洞”石刻不可能早於嘉靖初年,而黄庭觀至少在正德、嘉靖時已經具有規模,成爲一方風景名勝。

(三)萬曆二十三年石刻與黄庭觀

此石刻的時間和人物都非常關鍵,時間在萬曆二十三年,正是明神宗審理海印寺案之時,而其中涉及太監王進忠奉萬曆皇帝之命到此。嶗山在明代受到朝廷的關注和優待,根據山志的記載,多是在海印寺案之後,神宗下令毁寺復宫,並頒賜《道藏》,當時辦差送經的太監爲何堂。此時奉旨到黄庭觀的太監爲王進忠,查閲《明史》,並不見其記載,而在《明實録》的《神宗實録》和《熹宗實録》中查到了三處資料。

其一,萬曆二十五年四月,在刑部左侍郎吕坤的奏疏中提到“如近日李吉等本非把持也,必欲擬軍;張澤等預支局料也,必欲追銀;天財庫本無揭瓦也,少監王進忠等必欲坐盗,此皆真屈真枉”[③]。

吕坤,字叔簡,一字心吾、新吾,自號抱獨居士,他剛正不阿,爲政清廉,與沈鯉、郭正域被譽爲萬曆三大賢,《呻吟語》爲其代表作。從奏疏中看,他爲少監王

---

① (清)保忠、吴慈修,(清)李圖、王大掄纂:《(道光)重修平度州志》,載姜小青輯:《中國地方志集成・山東府縣志輯》第43册,第366頁。

② 據《(同治)即墨縣志》卷十一載“宣德八年,移即墨營縣北十里,添設把總”。參見林溥修,周翕□纂:《(同治)即墨縣志》,載姜小青輯:《中國地方志集成・山東府縣志輯》第47册,第289頁。

③ “中研院”歷史語言研究所校勘:《明神宗實録》,見《明實録》第58册,上海:上海書店,1984年,第5779~5780頁。

進忠開脱,稱其並未盜竊天財庫。天財庫爲明宫廷財政庫,設在皇城之内,此時王進忠很可能任職於天財庫,纔會發生這種案件。

其二,萬曆二十九年八月,司禮監太監田義劾奏“本監監官楊宇、典簿張登,私放内監官王進忠等,奉旨著法司提問擬罪,爾等堂上官不能率屬守法,本當究處,姑饒這遭,著策勵供職”①。

田義,陝西西安府人,萬曆二十四年(1596)掌司禮監印,他彈劾太監私放内監官王進忠,不過最終没有深究。王進忠此時又觸犯刑律,私放所爲何事並未提及。

其三,天啓元年五月己酉,“上遣文書房官王進忠齎御劄,諭大學士劉一燝:朕自登極以來,倚毗方殷,且國家多事之秋,奴氛未靖,正賴卿宏猷匡贊,共濟時艱,豈可以浮言介意,杜門不出,忍令卿灋,拮据獨勞乎?況典禮在即,卿系捧册大臣,豈可偃居私寓?宜遵屢旨速出入閣佐理,以副朕延佇至意。特諭卿知”②。這時王進忠已經進入文書房任職,更加接近明朝廷的權力中心。

以上三處出現於《明實録》中對太監王進忠的記載,可以看出王進忠是明中後期内廷比較重要的太監,他在萬曆時負責天財庫,天啓時已經出任文書房官,獲得了萬曆和天啓兩代帝王的信任。王進忠到嶗山黄庭觀所留存的這一處石刻,清晰表明他奉萬曆皇命而來,但因文字漫漶,難以弄清其目的和任務,是否與海印寺案有關不得而知。但至少證明,在萬曆時,黄庭觀與宫廷是存在著密切聯繫的。我們甚至可以據此大膽推斷,曾經居於黄石宫的耿義蘭,能够因海印寺案進京訴訟,並最終爲神宗皇帝所知曉,很可能黄庭觀參與其中且發揮了一定的作用。

至於石刻中的另一重要姓名——黄庭觀住持吕一陽,考之“一”字輩道士,在全真宗派中,一字輩比較靠前的,有龍門派“一陽來復本”,有華山派“至一無上道”,有龍門支派金山派“玄至一無上”,而明霞洞石刻中明確寫明金山派一字輩道士僅有于一泰和劉一品,因此吕一陽衹能是龍門派或華山派道士,當時他任十方黄庭觀住持。

從以上對黄庭觀的分析研究可以看出,它在嘉靖時已經成爲一方勝景,士人多來遊觀,且與明宫廷具有直接的聯繫,又是嶗山比較少見的十方叢林,曾有吕一陽住持。但黄庭觀是否是獨立存在的十方叢林呢?從上述對黄石宫建置的研

① “中研院”歷史語言研究所校勘:《明神宗實録》,見《明實録》第59册,第6757頁。
② “中研院”歷史語言研究所校勘:《明熹宗實録》,見《明實録》第66册,第499頁。

究看,根据黄庭觀所處的位置以及現存遺跡特點[①]可以判斷,它應爲黄石宫中宫。“十方黄庭觀”的發現及研究至少説明:其一,黄石宫上、中、下三宫確實存在,且以中宫作“十方叢林”,很好地解決了各宗派道士入住黄石宫的問題,孫玄清和耿義蘭很可能都是住在中宫黄庭觀内。其二,黄石宫中宫“黄庭觀”與明朝宫廷存在直接聯繫,黄石宫從建立開始獲得了地方官吏的支持和信奉,至萬曆時已經獲得了皇權的支持,這爲太清宫“海印寺案”的勝訴打下了堅實的基礎,太清宫的中興離不開整個嶗山道教及黄石宫的支持。其三,黄石宫實際上是元代以後嶗山重要的道教宫觀,它扼守入嶗必經通道,擁有地方官吏的支持和文人雅士的欣賞,頗具規模,道士衆多。

(本文爲教育部人文社會科學研究青年基金項目“嶗山道教文化資源挖掘、整理與研究”階段性成果,項目編號:14YJC730007)

(責任編輯:趙衛東)

① 原因有二:其一,所處位置爲黄石宫下宫東北,非山巔;其二,萬曆二十三年石刻所刻之巨石與黄宗昌所述吻合。

清代湖北全真道發展略説

□田茂泉

摘要:清代王常月在朝廷的支持下在湖北武當山公開傳戒,加之武當山太子坡、武漢長春觀、漢陽元妙觀等地高道的闡教弘道,全真道呈現出了良好的發展勢頭。本文以清代方志資料爲主,輔以金石、山志、宫觀志及其他文獻,對清代湖北武當山、武漢長春觀、鍾祥元佑宫的全真道發展和知名高道的情况作了重點介紹,對漢陽元妙觀、武漢木蘭山、蕲州元妙觀、崇陽朝陽洞的全真道發展或道士修行狀况也有介紹。在此基礎上,可以析出清代湖北全真道發展的四個特點:知名道士衆多;宫觀創修爲主軸;向周邊地區輻射;龍門派强勢發展。

關鍵詞:清代　湖北　全真道　發展

作者簡介:田茂泉,1978年生,男,哲學博士,魯東大學歷史與文化學院講師,碩士生導師。

湖北武當山在金代就有全真道士的活動蹤跡,元世祖平江南後,全真道以武當山爲基點大舉南傳。① 明代,由於正一道受明王朝寵遇而在政治上處於主導地位,全真道的發展一度受挫。② 時至清代,隨著王常月在北京白雲觀公開傳戒,以及隨之而來的龍門派影響的迅速擴大,湖北地區的全真道以龍門派爲主力,呈現出良好的發展勢頭。下面以清代方志資料爲主,輔以金石、山志、宫觀志及其他文獻,對清代湖北全真道的發展作簡要勾勒,重點介紹湖北武當山、武漢長春觀、鍾祥元佑宫的道觀復修和道士情况,對湖北其他知名道觀和修行道士也有介紹,繼而對湖北全真道發展的總體特點作初步分析。

---

① 卿希泰主編:《中國道教史》(修訂本)第3卷,成都:四川人民出版社,1996年,第363頁。

② 梅莉:《清代武當山全真龍門派的中興與武當山宫觀的復修》,熊鐵基、麥子飛主編:《全真道與老莊學國際學術研討會論文集》上册,武漢:華中師範大學出版社,2009年,第316頁。

一、武當山

武當山，一名太嶽太和山，相傳爲道教尊神真武大帝修行得道之處。自元初汪真常等全真道士入山修復五龍觀之後，武當山成爲全真道在江南的最大據點。[①] 元平南宋，武當山在金丹道南宗和全真道北宗的合併過程中發揮了重要的橋樑作用。[②] 有明一代，由於明成祖尊崇真武大帝而大事營建武當宮觀，武當山道教盛極一時；當然，正一道因受朝廷寵遇而在其中佔據了主導地位。[③]

1. 武當山宮觀在清代初中期和晚期兩個階段的培修

清初，武當山道教宮觀在龍門派第四代弟子白玄福[④]及其徒裔的努力下陸續修復。康熙元年(1662)，白玄福在鄖陽撫治王來任的幫助下重修武當山中部的太子坡復真觀，歷六年告成；康熙二十三年(1684)，在地方總兵官蔡元的倡議和官員的資助下，龍門派第五代弟子張静明、第六代弟子張真源以及第七代弟子王常安等再次募化、重修了毁於康熙十三年(1674)吴逆之亂中的復真觀，工程於康熙二十九年(1690)告竣。[⑤] 清代中期，復真觀又歷經多次培修，尤以乾隆二十年(1755)的維修規模爲最大，小規模維修次數更多。

---

① 王光德、楊立志：《武當道教史略》，北京：華文出版社，1993 年，第 123 ~ 124 頁；郭武：《丘處機學案》，濟南：齊魯書社，2011 年，第 118 頁。據德寶仁(Pierre-Henry De Bruyn)考證，五龍觀是五龍派的主要據點。五龍派從古代的五龍崇拜發展而來，其產生可溯至唐代，但在 1275 年全真道士修復五龍觀之後，這一派系就湮没無聞了。參見 Pierre-Henry De Bruyn, "Le Wudang shan: Histoire des récits fondateurs," Ph. D. Diss., *Université de Paris* Ⅶ, 1997, pp. 98 ~ 99, 111. 莫尼卡(Monica Esposito)在其作品中曾引用德寶仁的這一考據，參見 Monica Esposito, "The Longmen School and Its Controversial History During the Qing Dynasty," in Monica Esposito, *Facets of Qing Daoism*, Wil / Paris: UniversityMedia, 2016, p. 105. 有關唐代五龍祠(觀)興建的原因，有學者考察後認爲是因祈雨而建，參見張華、鄭勇華：《武當山五龍宫興建起因略探》，《弘道》2012 年第 2 期。

② 卿希泰主編：《中國道教史》(修訂本)第 3 卷，第 363 ~ 382 頁。

③ 卿希泰、唐大潮：《道教史》，南京：江蘇人民出版社，2006 年，第 289 ~ 293 頁。

④ 白玄福，爲避康熙帝名諱，或作鉉福，或改作元福，西秦(陝西)人。出生書香門第，以明經擢職，後去職入武當山七真洞修道，七十一歲羽化。參見《古今圖書集成・博物彙編・神異典》卷二百八十八《方士部》，上海：中華書局，1934 年影印本，第 512 册，第 36 頁。

⑤ 詳見康熙二十九年張煉志撰《重修復真觀開十方叢林碑記》和同一年蔡元撰《重修復真觀暨神路碑記》兩統碑文，參見梅莉：《清代武當山全真龍門派的中興與武當山宫觀的復修》，熊鐵基、麥子飛主編：《全真道與老莊學國際學術研討會論文集》上册，第 309 ~ 311 頁。

在白玄福、楊常炫[①]以及白玄福徒裔的共同努力下,康熙二十年(1681),武當山"八宫二觀"之一的元和觀被闢爲全真道十方叢林;康熙二十九年(1690),復真觀又在蔡太智的宣導和白玄福一系的支持下,開闢爲十方叢林。這就爲全真道在武當山的大發展以及向全國各地的傳播奠定了基礎。

康熙年間,王常月曾到武當山弘道,並在玉虚宫開壇傳戒,對武當山龍門派的發展促動很大;[②]加之白玄福及其弟子的苦心經營,全真道龍門派在武當山的勢力逐漸壯大。張煉志撰於康熙二十九年(1690)的《重修復真觀開十方叢林碑記》載録有道士:白玄福、張静明、張真源、王常安、蔡太知、王常文、齊守山、郭太明,孫真和、張真坤、金真蕊、王真禄、唐常恒、王常璽、淩常順、唐常榮、張常義、馮常寧、袁守□、許守初、齊守教、趙守聯、甄守忌、趙守一、張煉志共二十五位。按照龍門派字詩[③],"玄""静""真""常""守""太"爲龍門第四至九代弟子。蔡元撰於同一年的《重修復真觀暨神路碑記》又多"文常順"一人,爲龍門派第七代弟子。[④]

清咸豐年間,武當山附近戰亂頻仍,數以百計的宫觀毀於兵燹。同治、光

---

① 楊常炫,山西人,崇禎庚辰(1640)進士,明末棄官入道,登華山,後遷嵩山,再遷武當山北岩,與白玄福相友善。參見尹志華:《清代全真道歷史新探》,香港:香港中文大學出版社,2014年,第58頁。

② 王光德、楊立志《武當道教史略》推論王常月到武當山是在康熙十一年(1672)左右,卿希泰主編《中國道教史》推斷的時間是康熙七年(1668)秋至康熙十三年(1674)之間,參見王光德、楊立志:《武當道教史略》,第238頁;卿希泰主編:《中國道教史》(修訂本)第4卷,成都:四川人民出版社,1996年,第130頁。後來的研究印證了以上的推論。尹志華談到,王澐在《漫遊紀略》中提到他在康熙十二年(1673)在武當復真觀遇到王常月,印證了這一説法,參見王澐:《漫遊紀略》,《筆記小説大觀》,揚州:廣陵古籍刻印社,1983年,第17册,第16頁;尹志華:《清代全真道歷史新探》,第58~59頁。另外,《道藏輯要》收有龍起潛撰於康熙十三年(1674)的《初真戒律序》,其中談到"今朝謁武當,幸遇師傳戒於玉虚宫中",則王常月在1674年還在武當山,參見《重刊道藏輯要》張集七,清光緒三十二年(1906)成都二仙庵刻本,第27頁。

③ 龍門派宗祖丘處機,其派字詩前二十字爲:道德通玄静,真常守太清。一陽來復本,合教永圓明。有關龍門派字詩,參見 Oyanagi Shigeta, *Hakuunkan shi*, Tokyo: Tōhō bunka gakuin Tōkyō kenkyūjo, 1934, p. 94;五十嵐賢隆:《道教叢林太清宫志》,郭曉峰、王晶譯,濟南:齊魯書社,2015年,第61~62頁;李養正編著:《新編北京白雲觀志》,北京:宗教文化出版社,2002年,第438頁;王卡:《諸真宗派源流校讀記·附録》,熊鐵基、麥子飛主編:《全真道與老莊學國際學術研討會論文集》上册,第65頁。有關龍門派字詩的由來,伍守虚在《天仙正理直論》中認爲,前二十字是丘處機在燕京東龍門山時所作;郭武認爲,前二十字欽賜未必不是事實,或者也可能是爲進獻帝王而作。參見伍守陽:《天仙正理直論》,《重刊道藏輯要》畢集四,第52頁;郭武:《丘處機學案》,第113頁。有關龍門派字詩的基礎性探討,參見 Mori Yuria, "Zenshinkyō ryūmonha keifu kō," in Dōkyō bunka kenkyūkai, ed., *Dōkyō bunka e no tenbō*, Tokyo: Hirakawa, 1994, pp. 181~211.

④ 《重修復真觀開十方叢林碑記》《重修復真觀暨神路碑記》兩統碑文現存武當山太子坡。也可參見梅莉:《清代武當山全真龍門派的中興與武當山宫觀的復修》,熊鐵基、麥子飛主編:《全真道與老莊學國際學術研討會論文集》上册,第309~311頁。

緒年間,武當全真道士楊來旺(? —1885)苦心募化,將紫霄宫、太和宫、南岩宫等殿宇修葺一新。[①] 光緒二十七年(1901),南岩宫被開闢爲全真道十方叢林。[②]

楊來旺,本名楊生玉,陝西榆林府人,後入武當山修道。《(道光)榆林府志》載:

> 楊生玉,號來旺,邑庠生,住東鄉大坪。親歿,絶愛欲,入太和山,蓄髮茹素。攝元蹤,素知醫,囊丸散刀圭,赤足遠遊,日行百餘里。遇鄉村僻處,療疾施藥,並苦口勸善。募修南岩,十餘年始成。光緒十一年六月卒,年六十二。[③]

在楊來旺及其弟子王復渺、苗復清,徒孫徐本善、羅本仁、鄒本立等[④]的共同努力下,同治間武當山道教歷浩劫後再次復興,且使全真道龍門派成爲武當山道教的主體。[⑤] "來""復""本"分别爲龍門派第十三、十四、十五代弟子。

2. 武當山全真道向其他地區輻射

清初武當山宫觀被闢爲全真道"十方叢林",大大推動了武當山全真道向全國尤其是湖北周邊地區的輻射和傳播。

陝西方向,武當山全真道龍門派在華山、龍門洞的培修過程中起到了重要作用。清代,武當山全真道龍門派弟子如白一貫、胡真海、賈合靈、張明山等,先後入華山培修道觀,創立法派,使龍門派逐漸成爲華山道教的主流派系。[⑥] 被後世全真道尊爲祖庭的隴縣新集鄉隴山龍門洞,也在清初由龍門派第八代弟子曾守雲、田守存,與隱居山中的原固原鎮總兵張顯中一起發起了重修工程,後來又有龍門派第十代苗清陽、第十五代黄本善等來此繼續創修宫觀。[⑦]

甘肅境内,平涼崆峒山的培修也有賴於武當山龍門派法裔。康熙十三年

---

① 熊賓等修,趙夔等纂:《續修太嶽太和山志》,石光明等主編:《中華山水志叢刊・山志卷》,北京:綫裝書局,2004 年,第 29 册,第 90 頁。在楊來旺及其弟子的努力下,原本正一道佔據主導地位的局面,逐漸被全真道龍門派主導的局面所取代。參見卿希泰主編:《中國道教史》(修訂本)第 4 卷,第 131 頁。

② 熊賓等修,趙夔等纂:《續修太嶽太和山志》,石光明等主編:《中華山水志叢刊・山志卷》,第 29 册,第 73 頁。

③ (清)李熙嶺纂修:《(道光)榆林府志》,清道光二十一年(1841)刻本,何建明主編:《中國地方志佛道教文獻匯纂・人物卷》,北京:國家圖書館出版社,2012 年,第 129 册,第 335 頁。

④ 尹志華:《清代全真道歷史新探》,第 313 ~ 314 頁。

⑤ 卿希泰主編:《中國道教史》(修訂本)第 4 卷,第 304 頁。

⑥ 樊光春:《陝西道教兩千年》,西安:三秦出版社,2001 年,第 175 頁。

⑦ 張賓林、肖琦:《道教玄秘——丘處機與龍門仙境》,西安:三秦出版社,2005 年,第 56 頁。

(1674),崆峒山宫觀因平涼兵變而毁壞。苗清陽應當地官民之請,率四位弟子自陝西龍門洞來到崆峒山,重修殿宇,重整教務。此後近三百年間傳於崆峒山的龍門派系統皆其徒裔。苗清陽一脈傳承源於出自武當山的曾守雲,故苗清陽一系龍門派也是淵源於武當山的。[①]

四川方向,來自武當山的陳清覺、張清夜、穆清風三人對四川道教影響巨大,以至於"今蜀之道冠,皆家之法嗣"[②]。陳清覺創立了"丹臺碧洞宗",創立二仙庵道院;張清夜推動青羊宫開闢爲全真道十方叢林;穆清風康熙年間在成都梓潼宫開壇傳戒,都大大促進了蜀中全真道的拓展。

武當山全真道對江浙一帶有重要影響。如活動於長春觀的潘九陽後成爲浙江寧波府佑聖觀和淮城孚佑宫的開山祖師。[③] 武當山出家的華山派貝本恒後爲餘杭人延請而住持洞霄宫。[④]

武當山全真道對雲南道教也有影響。清代前期,雲南麗江木土司曾派人到武當山學道,並請回《皇經》、神像,供奉於玉龍雪山岩脚院中。[⑤] 康熙年間,湖北武當山全真道人沈妙章在雲南巍寶山建青霞觀,規模宏大,結構精巧。[⑥]

3. 方志所載其他知名的武當道士

後來入四川開創"龍門碧洞宗"的陳清覺、住持武侯祠的著名道士張清夜,都曾在武當山修道。陳清覺在明末"棄官入武當,從詹公太林講求養生術"[⑦],後來入蜀開闢新的龍門支派"丹臺碧洞宗"。張清夜"至武當山太子坡,從余太源爲道士"[⑧],後入蜀中住持武侯祠,並推動青羊宫成爲全真道"十方叢林"[⑨]。

---

① 田茂泉:《清代道教"龍門中興"研究:以秦隴鄂蜀魯及東北爲中心的考察》,北京:民主與建設出版社,2016 年,第 244 ~ 245 頁。

② 蒙文通輯校:《道書輯校十種》,《蒙文通文集》第 6 卷,成都:巴蜀書社,2001 年,第 1199 頁。

③ (民國)李理安纂輯:《長春觀志》,胡道静等編:《藏外道書》第 33 册,成都:巴蜀書社,1994 年,第 851 頁。

④ (清)陳銘珪:《長春道教源流》,胡道静等編:《藏外道書》第 31 册,成都:巴蜀書社,1994 年,第 136 頁。

⑤ 王光德、楊立志:《武當道教史略》,第 243 頁。

⑥ 郭武:《道教與雲南文化——道教在雲南的傳播、演變及影響》,昆明:雲南大學出版社,2000 年,第 379 頁。

⑦ (民國)葉大鏘等修,羅駿生纂:《灌縣志》,民國二十二年(1933)鉛印本,何建明主編:《中國地方志佛道教文獻匯纂 · 人物卷》,第 114 册,第 155 頁。

⑧ 蒙文通輯校:《道書輯校十種》,《蒙文通文集》第 6 卷,第 1203 頁。

⑨ 有關張清夜推動武侯祠發展並將其闢爲"十方叢林"之事,參見蒙文通輯校:《道書輯校十種》,《蒙文通文集》第 6 卷,第 1204 頁;卿希泰主編:《中國道教史》(修訂本)第 4 卷,第 141 頁;田茂泉:《清代道教"龍門中興"研究:以秦隴鄂蜀魯及東北爲中心的考察》,第 264 ~ 267 頁;田茂泉:《清代四川全真道發展略説》,《宗教學研究》2015 年第 1 期。

武漢長春觀的著名道士潘九陽、何合春也都曾修道於武當山中,詳見下文"武漢長春觀"部分。

方志所見,修道於武當山的道士還有程道人、段雲陽、王本鑑等。程道人是山東歷城人,段雲陽來自陝西,王本鑑則是湖廣本地人。

程道人,山東歷城人,清初入武當山修道。《(同治)江夏縣志》引王阮亭《池北偶談》云:

> 無名字,其髮縮結,人以縮頭道人呼之。長鬢班白,短須及腦,後頂盡黑,髮多且長,齒析白完固,面似七十歲人,飲食步履如少壯。自言程姓,歷城人也,生嘉靖三十年,萬曆初即入雲夢山爲道士……國初,至普陀後,住中州,往來懷慶南陽間。順治中來武當,已復去。逾年重來,結茅七星樹側。[①]

段雲陽(?—1741),陝西人,後入武當山净樂宫修行。《(同治)江夏縣志》引《太和紀略》云:

> 段雲陽,西安人,住净樂宫,開齋堂。州牧延請禱雨無不立應。乾隆辛酉,年八十三,先示徒以歸期,及期,垂青絲尺許,趺坐而逝。[②]

又有湖廣本地人王本鑑(?—1778)修道武當山,後入陝西神木,住持當地河神廟:

> 王道士,名本鑑,湖廣人,幼習舉業,中年慕道,入武當山修煉。乾隆年至神木,寓河神廟,年已八十,豐神瀟灑,與文人談史鑑事,甚有義理。且能知人休咎,好施予。戊戌歲,與邑人作别,告期羽化。[③]

另據民國《太嶽太和山志》卷四《仙真》,清末有黄清一、黄永元、徐永恒、黄

---

① (清)王廷楨修,彭崧毓纂:《(同治)江夏縣志》,清同治八年(1869)刻本,何建明主編:《中國地方志佛道教文獻匯纂·人物卷》,第91册,第107~108頁。

② (清)王廷楨修,彭崧毓纂:《(同治)江夏縣志》,清同治八年(1869)刻本,何建明主編:《中國地方志佛道教文獻匯纂·人物卷》,第91册,第100頁。

③ (清)李熙齡纂修:《(道光)榆林府志》,清道光二十一年(1841)刻本,何建明主編:《中國地方志佛道教文獻匯纂·人物卷》,第129册,第282頁。

至純、張復振、劉復保、盧合琳等修道武當山中。[①]

二、武漢長春觀

武漢長春觀位於武昌大東門外、蛇山之尾雙峰山麓，“名著三鎮，風景清幽”[②]。建成之後多次被毁，又多次復修，但基址始終未改。據《(乾隆)江夏縣志》記載，長春觀經康熙二十六年(1687)重建之後，廟宇壯麗，神像莊嚴，爲湖北一省之冠。[③]

清道光間，長春觀的發展漸入鼎盛，其時道衆多達數百人。咸豐初，武漢成爲太平軍和清軍争奪的要地，長春觀亦被兵燹，道士四散，觀内所存文獻資料爲之蕩然[④]。此後有何合春主持重建長春觀。

何合春，先爲船户，爲人陷害而入長春觀爲道士。每天到山後白鶴泉挑水三十擔，數年間漸漸知道修真大旨，閑則跪於靈官殿前懺悔。同治二年(1863)，何合春繼崔教淳任長春觀監院。[⑤] 同治三年(1864)，在湖廣總督官文和江南提督李世忠的大力支持下，他在短短兩年内重建長春觀，重振昔日叢林之風。[⑥] 長春觀不僅恢復了舊觀，而且它在晚清的發展勢頭超越了漢陽元妙觀和武昌武當宫，成爲晚清武漢乃至中南地區一座主要的全真叢林。[⑦] 同治四年(1865)，張宗璿在武漢長春觀開壇傳戒。[⑧]

清代初中期活動於長春觀的著名道士還有潘九陽、徐鶴嶺、貝本恒、郭陽曉、

---

① 卿希泰主編:《中國道教史》(修訂本)第4卷,第304～305頁;尹志華:《清代全真道歷史新探》,第315頁。

② (民國)李理安纂輯:《長春觀志》,胡道静等編:《藏外道書》第33册,成都:巴蜀書社,1994年,第846頁。

③ (清)陳元京修,范述之等纂:《(乾隆)江夏縣志》,清乾隆五十九年(1794)刻本,何建明主編:《中國地方志佛道教文獻匯纂·人物卷》,第91册,第21頁。

④ (民國)李理安纂輯:《長春觀志》,胡道静等編:《藏外道書》第33册,第846頁。

⑤ (民國)李理安纂輯:《長春觀志》,胡道静等編:《藏外道書》第33册,第872頁。有關何合春修復長春觀的詳細情況,參見梅莉、張朗:《晚清武漢長春觀的崛起》,趙衛東主編:《全真道研究》第3輯,濟南:齊魯書社,2014年,第28～32頁。

⑥ (民國)李理安纂輯:《長春觀志》,胡道静等編:《藏外道書》第33册,第872頁。梅莉據《重建長春觀大殿功德碑序》推斷,何合春至遲在同治二年(1863)到長春觀,《長春觀志》認爲是同治三年(1864)的記載或有誤。參見梅莉、張朗:《晚清武漢長春觀的崛起》,趙衛東主編:《全真道研究》第3輯,第30頁。另外,《荆楚佛寺道觀》也説何合春於同治二年自武當山來長春觀,但未提所據,參見孫君恒編著:《荆楚佛寺道觀》,武漢:武漢出版社,2012年,第137頁。

⑦ 梅莉、張朗:《晚清武漢長春觀的崛起》,趙衛東主編:《全真道研究》第3輯,第26～41頁。

⑧ 尹志華:《清代全真道傳戒初探》,趙衛東主編:《全真道研究》第1輯,濟南:齊魯書社,2011年,第268頁。

蔡鐵耕等人。

潘九陽,世居郎陽北門外,父母亡故後入武當山加冠。後入武昌,居長春觀,祈雨立驗。他喜歡吟詠經懺,編輯《道藏》中超生拔苦祈禱之文而成《廣成集要》。① 潘九陽還撰有《九陽醮聯》,内容涵蓋了祝神、保扶弭災、壽誕、火醮、薦亡、對壇、清齋等道教科儀的各個方面。② 他還是浙江寧波府(今浙江寧波市)佑聖觀和淮城(今江蘇省淮安市淮安區淮城鎮)孚佑宫的開山祖師。③

徐鶴嶺,清初隱於黄冠,曾入年羹堯幕府,後入長春觀,頗著神異。嘗入天台山,父母亡故後居止於長春觀,惟事文昌化筆。收藏有《懷抱秦鏡心悟》秘本。④《金蓋心燈》引《鉢鑑續》謂,徐鶴嶺姓徐名太焕,字道光,自號鶴嶺子,常州無錫人,嘗入金蓋山,又在冠山從吕雲隱(派名守璞)受三大戒。之後隱天台山,後不知所之。⑤ 按照龍門派字詩,吕雲隱爲龍門派第八代,徐鶴嶺(派名太焕)爲龍門派第九代。

貝本恒(1688—1758),字常吉,淮陽人,十七歲至武當山出家,師從華山派袁正遇。⑥ 乾隆乙丑(1745),餘杭人延請其住持洞霄宫。⑦ 按華山派字詩⑧,袁正遇爲第十四代,貝本恒爲第十五代。

郭陽曉,號住住生,陝西西安諸生,精吐納之術,師從雲大辯⑨。後入畢沅幕,

---

① 李理安編纂的《長春觀志》收録有李理安在武漢上真宫所見的潘九陽醮聯多種,足見潘氏文采之炫麗。如其中有贊雷尊醮聯:"運心三界本無私,東震發生,純粹包含梵氣;臨下萬天威有赫,南離炳瑞,光芒應現昌祥";保扶弭災醮聯:"潔己修齋,仰冀覃思如練水;誠心建醮,惟祈賜福似滄溟";慶壽誕醮聯:"福海波中湧出一輪清浄月;壽山嶺上飛來萬朵吉祥雲"。三副醮聯,分别參見民國李理安纂輯:《長春觀志》,胡道静等編:《藏外道書》第 33 册,第 853、857、857 頁。

② (民國)李理安纂輯:《長春觀志》,胡道静等編:《藏外道書》第 33 册,第 851 ~ 864 頁。

③ (民國)李理安纂輯:《長春觀志》,胡道静等編:《藏外道書》第 33 册,第 851 頁。

④ (民國)李理安纂輯:《長春觀志》,胡道静等編:《藏外道書》第 33 册,第 865 頁。

⑤ (清)閔一得:《金蓋心燈》,胡道静等編:《藏外道書》第 31 册,第 227 ~ 228 頁。

⑥ 嘉慶《餘杭縣志》卷三十《方外傳・道家》,《中國方志叢書》,臺北:成文出版社,1970 年,第 56 號,第 2 册,第 461 頁。

⑦ (清)陳銘珪:《長春道教源流》,胡道静等編:《藏外道書》第 31 册,第 136 頁。

⑧ 華山派宗祖郝大通,其派字詩前二十字爲:"至一無上道,崇教演全真。沖和德正本,仁義禮智信。"參見 Oyanagi Shigeta, *Hakuunkan shi*, Tokyo: Tōhō bunka gakuin Tōkyō kenkyūjo, 1934, p. 95;五十嵐賢隆:《道教叢林太清宫志》,郭曉峰、王晶譯,第 59 頁;李養正編著:《新編北京白雲觀志》,第 440 頁;王卡:《諸真宗派源流校讀記・附録》,熊鐵基、麥子飛主編:《全真道與老莊學國際學術研討會論文集》上册,第 66 ~ 67 頁。

⑨ 雲大辯,姓王,自號活死人。參見清閔一得撰《金蓋心燈》卷六(上)之《活死人傳》,胡道静等編:《藏外道書》第 31 册,第 285 頁。

居於長春觀。① 按《金蓋心燈》,雲大辯與郭陽曉分别爲"龍門西竺心宗"②第十一、十二代弟子。

蔡鐵耕,吴江人,博學擅詩,入畢沅幕後從郭陽曉學養生之術。後易道服,與道友雲遊名山大川,入鶴林道院。以《文昌帝君陰騭文》每一句爲一題,賦貼體詩八韻爲之作注。③

清代中後期,長春觀出現了鞠復智、崔教淳、徐教廣等著名道士。

《(同治)江夏縣志》載有龍門派第十四代弟子鞠復智:

> 鞠復智,長春觀道士也。觀中寄棲冠帔道士之衆恒數百人,復智募糧贍之。一日糧絶,鞠謂衆曰:"吾無術以活衆,甘餓死,不他往,衆可散而求食也。"衆曰:"觀主平日活我輩,今忍捨之去耶? 願與同斃耳。"鞠曰:"果爾,則閉門毋出入。"如是者三日,猶誦經不絶聲。忽有叩門送米者,衆賴以蘇。聞者謂之爲天祐云。④

崔教淳,在九宫山出家,師陳某,後任長春觀監院四十年。其時,長春觀鼎盛一時。⑤

徐教廣,山東泰安肥城人,出身行伍,歷官至管帶營官。因剿匪兵丁擾民而被免職,遂決意出家,投奉化縣無量宫爲道士。雲遊至長春觀,適逢前任監院汪宗德羽化,被衆人推爲監院。徐教廣功績頗著,最有名的是在武昌制軍的支持下,經兩廣總督憲諭,取得了洪山後墓塋二十畝、千子港墓塋五畝、道林園田五十畝的免賦權。⑥

---

① (民國)李理安纂輯:《長春觀志》,《藏外道書》第 33 册,第 867 頁;(清)閔一得:《金蓋心燈》,《藏外道書》第 31 册,第 290 頁。郭陽曉此後的行跡,二文本言之有異:李理安《長春觀志》(《藏外道書》第 33 册,第 867 頁)言其又入長春觀,而後入槎山;《金蓋心燈》(《藏外道書》第 31 册,第 290 頁)則言其又入金蓋山,後入冠山。未知二者孰是孰非。

② 有關龍門派西竺心宗,參見《金蓋心燈》之《道譜源流圖》,胡道静等編:《藏外道書》第 31 册,第 169 頁。有關西竺心宗人物傳記,參見《金蓋心燈》卷六(上),胡道静等編:《藏外道書》第 31 册,第 277 ~ 290 頁。有關龍門派西竺心宗的基礎性研究,參見 Monica Esposito, "An Example of Doaist and Tantric Interaction During the Qing Dynasty: The Longmen Xizhu Xinzong," in Monica Esposito, *Facets of Qing Daoism*, Wil / Paris: UniversityMedia, 2016, pp. 239 ~ 304.

③ (民國)李理安纂輯:《長春觀志》,胡道静等編:《藏外道書》第 33 册,第 867 頁。

④ (清)王廷楨修,彭崧毓纂:《江夏縣志》,清同治八年(1869)刻本,何建明主編:《中國地方志佛道教文獻匯纂・人物卷》,第 91 册,第 23 頁。

⑤ (民國)李理安纂輯:《長春觀志》,胡道静等編:《藏外道書》第 33 册,第 872 頁。

⑥ (民國)李理安纂輯:《長春觀志》,胡道静等編:《藏外道書》第 33 册,第 872 頁。

三、鍾祥元佑宮

鍾祥縣元佑宮位於今湖北省鍾祥市郢中鎮東南隅龍山脚下的鏡月湖畔。清代,有知名道士陳真一、杜守義、梁清格、陳復玧、袁復琨等焚修於此。其中,陳真一在清初倡議、主持了鍾祥元佑宮的修復工程,居功甚偉。梁清格則不僅琴技卓絶,而且是有清一代著名的道士詩人。

陳真一,陝西人,生活在順治、康熙間。他培修元佑宮的因緣,《(乾隆)鍾祥縣志》言之甚詳:

> 真一陳道人者,陝西人也,初爲總鎮王兵官。順治二年,夢三巨人索其首。次日,過元佑宫,見三清神像焚毁如夢中形。遂大感悟,棄妻子,傾貲數百金誓修復之。捨身爲道士,赤足單衣,風雨寒暑遠近險阻無所憚。修葺殆復舊觀焉。後至滇中。一日謂弟子曰:"吾將逝矣。"端坐而化。弟子杜守義火其骸歸。[①]

陳真一有弟子杜守義,按龍門派字詩,陳真一若爲龍門派第六代,則杜守義當爲其徒孫,方志記載或有差誤。

此後,傳續至龍門派第十代"清"字輩,鍾祥元佑宮出現了著名的詩人、音樂家梁清格,他師從京城大興(今北京市大興區)的著名琴師徐越千,琴技卓絶,詩文亦佳。《(宣統)湖北通志》《(乾隆)鍾祥縣志》《(同治)鍾祥縣志》皆有其傳。清宣統《湖北通志》云:

> 梁清格,字書城,鍾祥人。少爲元佑宫道士,端雅清介,有士君子之行。遊京師,學琴於大興徐越千,遂工其技。晚年被酒爲人一彈,人多不解,自怡而已。年八十餘,神采如壯歲。所爲詩多内養自得之言。[②]

由此可知,梁清格師從古琴大家徐越千,琴技超卓。《(同治)鍾祥縣志》有蒲圻張開東作"郢中聽琴歌",談到梁清格藝術水準之高超:

---

① (清)高世榮修,(清)李蓮纂:《(乾隆)鍾祥縣志》,清乾隆六年(1741)刻本,何建明主編:《中國地方志佛道教文獻匯纂・人物卷》,第92册,第32頁。

② (清)吕調元、劉永恩修,(清)張仲炘、楊承禧纂:《(宣統)湖北通志》,清宣統三年(1911)修,民國十年(1921)刻本,何建明主編:《中國地方志佛道教文獻匯纂・人物卷》,第90册,第183頁。

郢州琴譜中州調，元佑道士得微妙。
道士梁氏字書城，往往獨抱懷古情。
南遊偶經江都宰，適逢琴師千載會。
琴師大興徐越千，道士再拜覓真傳。[①]

此外，梁清格還是清代著名的詩人，他的詩歌清麗天然，不事雕琢。《中國歷代詩文别集聯合書目》收録梁清格詩集一卷。[②] 徐世昌《晚晴簃詩匯》收録有梁清格詩一首。[③] 他常常與儒生文人相唱和。[④]

梁清格"數傳後有弟子陳復琉、袁復琨，皆捨身元佑宫"[⑤]。陳復琉、袁復琨，《(同治)鍾祥縣志》有傳：

陳復琉、袁復琨，均元佑觀道士，性勤儉，善居積。道光年間，殿柱牆垣各就朽壞重建之，截木易石，整舊復新。更置田，供歲修，誠善繼人也。宫左元妙觀、利涉橋，均募化重修，古跡永存云。[⑥]

按龍門派字詩，梁清格爲第十代，陳復琉、袁復琨爲第十四代，陳、袁二道士爲梁清格四傳弟子。

四、湖北其他地區的宫觀及道士

另外，漢陽元妙觀、武漢木蘭山、蘄州元妙觀、崇陽縣朝陽洞都有全真道士隱居修行。

---

① (清)孫福海等纂修：《(同治)鍾祥縣志》，清同治六年(1867)刻本，何建明主編：《中國地方志佛道教文獻匯纂·人物卷》，第92册，第97頁。

② 周彦文等編輯：《中國歷代詩文别集聯合書目》第14輯，臺北：聯合報文化基金會國學文獻館，1985年，第129頁。

③ 梁氏此詩名《天台山中》："雲從山中來，我向雲中去。雲飛不可留，欲訪藏丹處。"參見民國徐世昌：《晚晴簃詩匯》卷一百九十三，北京：中華書局，1990年，第8904頁。

④ 乾隆《鍾祥縣志》載有楊郢川學士贈梁清格長律一首："八十黄眉見采莖，三門雙柱獨神清。擔歸海嶽横肩杖，煮去年光折脚鐺。樂我壺中偕大隱，嗤人夢裏逐浮名。閉關盡日聞啼鳥，群作丁當杵臼聲。"參見清張琴修，杜光德纂：《(乾隆)鍾祥縣志》，清乾隆六十年(1795)刻本，何建明主編：《中國地方志佛道教文獻匯纂·人物卷》，第92册，第53～54頁。

⑤ (清)趙鵬飛修，(清)李權纂：《鍾祥縣志》，民國二十六年(1937)鉛印本，何建明主編：《中國地方志佛道教文獻匯纂·人物卷》，第92册，第98頁。

⑥ (清)孫福海等纂修：《(同治)鍾祥縣志》，清同治六年(1867)刻本，何建明主編：《中國地方志佛道教文獻匯纂·人物卷》，第92册，第89頁。

1. 漢陽元妙觀

漢陽元妙觀位於今武漢市漢陽區西大街,始建於宋太祖乾德五年(967),是武漢地區開山最早的一座道教宫觀。[1] 清初,爲避康熙帝“玄燁”名諱,改稱“元妙觀”,一直沿用至今。

清代,有著名道士吴柏庵修行於元妙觀。民國《夏口縣志》有其小傳:

吴柏庵煉士,本黄陂籍,生長應城縣,性聰穎,喜讀書,有宿慧。邃於《老子》,常斥以丹經注《老子》者爲非,詆之甚力。尤通經義,所著有《論語章句》《詩經雙聲疊韻解》。歷住武漢諸名觀,所在睨視儕輩,恒與之落落難合也。……後居漢陽玄妙觀,無疾端逝。[2]

吴道士嗜讀書,通經義,在内丹盛行的清代,反對以内丹注解《老子》,其思想品格卓爾不群。

2. 武漢木蘭山

元代之前,衹有正一道士活動於木蘭山。元代全真道傳入木蘭山後,出現了正一、全真並存的局面。明末清初以後,全真道龍門派在木蘭山更爲活躍,並逐漸將正一道士融合入全真道。發展到民國時期,木蘭山上的宫觀、道士已皆屬龍門派。[3] 雍正(1723—1735)、乾隆(1736—1795)間有季道人修煉於木蘭山西峰,《(同治)黄陂縣志》云:

季道人,雍正間豫章舉人,季姓,逸其名。屢試春官不第,部檢楚中縣令,恥干謁,久不得任。棄職爲道士服,浪遊武湖灄源山中,一時縉紳大夫文人墨士靡不樂與之交者。晚乃構居木蘭山之西峰,自號蒼岩(按,或云季本姓李,名君岩——原注)。日恒閉門僵卧,落拓詼諧,率有神異,人咸以仙呼之。叩以行止禍福,則不應,漫於嬉笑怒駡,因人以適其趣,實隱有所指而

① 黄宗勝:《道教叢林漢陽元妙觀》,中國人民政治協商會議武漢市漢陽區委員會文史資料徵集委員會編著:《漢陽文史資料》第3輯,1989年,第130頁。

② (民國)侯祖佘、吕寅東纂:《夏口縣志》,民國九年(1920)刻本,何建明主編:《中國地方志佛道教文獻匯纂・人物卷》,第90册,第301~302頁。

③ 梅莉:《明清以來湖北武漢木蘭山真武信仰》,趙衛東主編:《全真道研究》第2輯,濟南:齊魯書社,2011年,第313~314頁。木蘭山一直是佛道並存,至今仍然如此,參見孫君恒編著:《荆楚佛寺道觀》,武漢:武漢出版社,2012年,第140~141頁。

立驗。①

觀其行止，當爲内煉有得的全真道士。

3. 蘄州元妙觀

蘄州元妙觀有李卧雲、易來成（號丹九）等棲居焚修。《（乾隆）蘄州志》云：

卧雲道人，明宗室，易姓李，住元妙觀。工詩，不存稿，僅雁字詩百首，州人士傳誦之。

易來成（丹九道人——原注），姓易名來成，陜西人，由麻姑洞來住元妙觀。工詩，運腕臨帖。預知化期，著有《崑崖集》。②

4. 崇陽縣朝陽洞

相傳宋代有玄一真人（？—1188）修道於崇陽縣朝陽洞。③ 清代，則有黄煉一修道其中。《（同治）崇陽縣志》有載：

家南山中，自幼懷出世志，種藝龍泉，冬月擷崖間草果吞之。能辟穀。嘉慶初剪萊朝陽洞，建興宫宇，爲岩棲勝境。嘗坐洞旁石室，夜半石崩，安然無恙。遊匡廬，遇異人傳内煉術，目光甚明，白日見天星，暗室辨細字。老年肌膚充實，不見衰容。一夕，無疾終。④

另外，尚有活動在湖北、陜西交界以募建道觀聞名的劉正綱：

鄖西道人，乾隆間往來秦楚之交，常於鄖西著有靈異，募修觀宇甚多，若鄖西之西南、鄖縣之西鄉壇樹廟、靈官、五峰等寺，皆其所建也。相傳道人募化十方，常牽虎隨之，不與者虎即嘯之，以故得建廟多處。後不知所終。⑤

---

① （清）劉昌緒修，（清）徐瀛纂：《（同治）黄陂縣志》，清同治十年（1871）刻本，何建明主編：《中國地方志佛道教文獻匯纂·人物卷》，第90册，第313頁。

② （清）錢鋆修，（清）周茂建、程大中纂：《（乾隆）蘄州志》，清乾隆二十年（1755）刻本，何建明主編：《中國地方志佛道教文獻匯纂·人物卷》，第93册，第289册。

③ 《（同治）崇陽縣志》載：玄一真人，朝陽洞道士，宋淳熙戊申（1188）羽化於此，壁間留詩云："還丹已就去升天，石室留來幾萬年。欲問真人何處去，蓬萊頂上會神仙。"參見《（同治）崇陽縣志》卷八《人物志上·道釋》，《中國地方志集成·湖北府縣之輯34》，南京：江蘇古籍出版社，2001年，第309～310頁。

④ （清）高佐廷修，（清）傅燮鼎纂：《（同治）崇陽縣志》，清同治五年（1866）刻本，何建明主編：《中國地方志佛道教文獻匯纂·人物卷》，第94册，第170頁。

⑤ （清）吕調元、劉永恩修，（清）張仲炘、楊承禧纂：《（宣統）湖北通志》，清宣統三年（1911）修，何建明主編：《中國地方志佛道教文獻匯纂·人物卷》，第90册，第205～206册。

五、湖北全真道發展的特點

綜而觀之，清代湖北全真道的發展呈現出四個特點：一是知名道士多，且知識層次較高；二是宫觀的創修在清代湖北全真道發展中佔有突出位置；三是湖北全真道向周邊乃至全國各地的輻射作用顯著；四是龍門派在清代湖北全真道中發展迅猛，日漸重要。

透過方志可以窺知，活動於湖北地區的知名全真道士衆多，這與武當山特殊的地理位置不無關係。另外，這些道士大多有較高的傳統文化素養。如楊來旺本是陝西榆林府邑庠生，潘九陽撰有《九陽醮聯》，梁清格常與儒家士大夫唱和，吴柏庵甚至注解《論語》和《詩經》，出身書香世家的白玄福曾以明經擢職，等等。

宫觀的創修在清代湖北全真道的發展過程中佔有重要地位。白玄福及其弟子在清初修復武當山太子坡復真觀，陳真一在清初修復鍾祥元佑宫，何合春在晚清修復武漢長春觀，都是其中的典型代表。所以如此，也跟湖北特定的地理位置和歷史境遇有關——湖北地區不僅在明末清初多遭戰亂，而且也是晚清太平軍和清軍交鋒的重要戰場，太平軍將道教宫觀"目爲妖廟"[①]，所到之處動輒焚毀。這都對湖北全真道宫觀造成了很大破壞。

作爲清朝的中部地區，湖北全真道對全國其他地區全真道的發展起到了巨大的輻射作用。如前文所述，太子坡道士陳清覺、張清夜入川，對四川乃至雲南地區全真道的發展起到了重要推動作用；西北方向，湖北的龍門派道士相繼入華山、平涼崆峒山及隴縣龍門洞等地，對陝西、甘肅的道教發展提振很大；江浙一帶，潘九陽、貝本恒分别在淮城和餘杭創立宫觀，對東南全真道影響甚巨。

龍門派的强勢發展成爲湖北全真道發展的重要方面。儘管全真道各派系在湖北地區都有傳播，但龍門派已漸成湖北地區全真道發展的主流。如在楊來旺修復武當宫觀之時，龍門派已在武當山佔據了絶對的主導地位。武漢木蘭山在清代也逐漸爲龍門派所控制，漢陽元妙觀、鍾祥元佑宫更是龍門派的天下。

概言之，雖然明代正一道在湖北道教中曾佔據主導地位，但在清代，全真道以龍門派爲主力的大發展局面勢不可擋。在此過程中，大量的道教宫觀得以修復或創建，知名道士不斷湧現；尤其是著名的音樂、文學道士梁清格和善撰醮聯、

---

① 佚名：《武昌兵燹紀略》，中國史學會編：《中國近代史資料叢刊：太平天國》，上海：神州國光社，1952 年，第 4 册，第 571 頁。

精通科儀的道士潘九陽,爲清代湖北乃至全國全真道的强力發展書寫了濃墨重彩又别具一格的一頁。

(本文係國家社科基金一般項目“意大利學者莫尼卡有關清代道教著述的翻譯與研究”階段性成果,項目編號:17BZJ039)

(責任編輯:王培峰)

武當山騫林樹、騫林茶的道茶文獻與丹道實踐

□賴賢宗

摘要：關於騫林樹的早期記載，一般學者運用的乃是《雲笈七籤》卷二十三，此書是北宋真宗天禧年間(1017—1021)張君房編。但是同樣的文字早已經出現在東晉時代(317—419)的《上清黄氣陽精三道順行經》，所以"騫林樹"的文獻記載實際上比現在一般所知道的早了七百年，而且可以確證千百年來一直是在内丹術的月華法、月魄法的修煉脈絡中提到"騫林樹"。

關鍵詞：武當山　騫林樹　騫林茶　道茶　月魄法

作者簡介：賴賢宗，臺灣臺北大學中文系教授，民俗藝術與文化資産研究所所長。

導　論

騫林樹是在東晉與北宋就被著録的道家著名古木仙樹，見於北宋《雲笈七籤》卷二十三與東晉時代的《上清黄氣陽精三道順行經》。騫林樹與月魄法的修煉息息相關，騫林樹在道教文化史中已有千年的歷史。騫林樹在明代是代表國之祥瑞的太和山的國寶樹，具有一千年歷史的騫林樹是據文獻記載具有五百年歷史的武當道茶騫林茶所依託的道家神木。騫林樹與騫林茶共同涉及的丹道修煉是月魄法，其也具有千年以上的歷史。關於茶的神話最早可以追溯到神農與尹喜(關尹子)，而武當山乃是傳説中的尹喜歸隱修仙之處。騫林、騫樹在武當文化史中的最早記載是1291年(元世祖至元辛卯年)成書的劉道明《武當福地總真集》卷上的"大頂天柱峰"一條，稍晚則出現了武當山騫林茶的記載，可以説騫林茶是中國最古老而且仍然存在至今的道茶。以1291年(或稍晚)至2018年來計算，騫林茶在中華文化史中被認定爲茶寶、仙茶、道茶已經有七百多年的歷史。

1994 年初版的新修《武當山志》説，關於"騫林茶""茶性"的記載，最早的文史資料是馬端臨(1254—1324)的《文獻通考》，此乃是因轉引而有的錯誤，因在網絡及其他出版品中常被引用，故在此文中加以更正。

1994 年初版的新修《武當山志》認爲，《文獻通考》中已經有"太和山出騫林茶，初泡極苦澀，至三四次泡，清香特異，以爲茶寶"的記載。① 其實此一段文字未出現於《文獻通考》，而是出現於《群芳譜》。據李謹思《通考序》稱，《文獻通考》著成於丁未之歲，即元成宗大德十一年(1307)。若是騫林茶的最早文史記録出於《文獻通考》，則其時間點是 1307 年，距離現在已經有七百多年的歷史。

最後，本文對於發展武當道茶的措施在結論中作出幾點呼籲。武當山地區的李曉梅副教授和筆者在另文之中發表了對於現存騫林茶的田野調查(2013年)。現存的騫林茶茶樹乃是發展武當道茶所涉及的物質基礎，原來據説已經失傳的騫林茶茶樹古木又在武當山現蹤，令人振奮。② 筆者此文則是整理武當道茶所涉及的古代文史資料，闡明"騫林樹""騫林茶"的丹道背景。希望能够引起相關部門重視，發展武當道茶，並且正視丹道文化是武當道茶的精神内涵。

騫林樹所指涉的是丹道修煉之中的月華法、月魄法，因此，騫林茶是在月華法、月魄法的脈絡中而成爲道茶的。騫林樹是吸收月華而轉化昇華成爲仙藥的神木，因此它與"蟾光""玄武龜蛇""嫦娥""玉兔""丹桂"等丹道意象有關。但是，騫林樹在歷史中始終披掛著神秘面紗，其蹤跡若隱若現，不像"丹桂"成爲家家通曉的仙道比喻與生活世界中的親切對象。現在，或許武當山特有的騫林樹及騫林茶在歷史中正走進一個轉捩點，也就是真正走進歷史與人類的生活世界之中，將開始在人間散發普世的太和之光，並行道天下。是否真能如此？有待於我們一起來努力。

一、武當山尹喜岩的道茶神話故事

關於武當道茶的神話故事"神農氏與茶"，此一民間流傳的神話之説法可以參考潘世東《漢水文化論綱》的相關研究。例如神農在湖北省的鄖陽茶店，發現了"茶可以解百毒"的傳説。③ 潘世東根據神話傳説以及一些文史資料，提到神農

① 武當山志編纂委員會編：《武當山志》，北京：新華出版社，1994 年，第 36 頁。

② 楊立志、李曉梅：《武當道茶文化》，北京：中國農業出版社，2017 年。

③ 潘世東：《漢水文化論綱》，武漢：湖北人民出版社，2008 年，第 492 頁。

氏在湖北省十堰及其周邊地區不僅發現了茶,也發明了石花(吃了以後可以觀察食用百草入人體經脈的情況)以及靈芝。此外,在神農架、神農頂仍然流傳著許多神農與茶的神話故事,這些都屬於民間流傳的文學性傳説。

朱權編《天皇至道太清玉册》卷八《醮獻祭品章》説:"按《通靈秘要》,醮獻祭物,各有異名,開列於後:……茶,周昭王時,老子出函谷關,令尹喜迎之於家,首獻茗,此茶之始。老子曰:食是茶者,皆汝之道徒也。後世俗凡客至家者,必先獻茶,此其始。茗者,茶也。一曰茶,二曰檟,三曰蔎,四曰茗,五曰荈。"①《天皇至道太清玉册》成書於明代,此一記載應該不屬於歷史事實,而是屬於神話詩學的文學故事。就好像佛教界傳説,達摩祖師面壁坐禪的時候,摘下眼皮拋擲於地而發芽長成茶樹。道教界則塑造此一神話將老子説成是茶祖。神話詩學有以神話的神聖儀式的重複詩作,傳達宇宙的神聖感,以及借此顯發人在宇宙中的地位,點化詩境,創造詩意,有其功能。神話所傳達的乃是實存的真理,而不是歷史的真理。神話作爲一種文化流傳物必須如此來理解,尹喜道茶也要如此來理解。

方升(明代嘉靖十五年)《大嶽志略》説:"入蜀,歸棲於武當山三天門石壁下。今名曰尹喜岩。"②據此,則尹喜在函谷關與老子學道,相約見於成都的青羊宫會面來勘驗修學所得。此後,尹喜就歸隱在武當山深入修煉,一直到了道,成爲丹道中文始派的開創者。《大嶽志略》這個説法加上前述尹喜獻茶給老子的傳説,爲武當道茶的起源鋪上一層丹道仙學的神秘色彩。

《天皇至道太清玉册》所説的茶是醮獻祭品,此説也記載於《尚書・顧命》與《周禮・地官》。《尚書・顧命》"王三宿,三祭,三詫","詫"就是茶。關於"三詫"的意思:周康王(前1067—前1042)用茶三次灑在地上,以及奉茶來祭祀先祖周成王。周人的信仰以爲去世的先王列祖都已經配天,也就是和天帝一樣榮耀於天上,並關懷地上的子民,可見得茶在中國西周初年就已經是一種神聖的飲品,用以祭祖,可以通天。又,《周禮》已經有茶的記載,《周禮》中的内容分載天、地、春、夏、秋、冬六官。此中的《地官》説:"掌茶,掌以時聚茶,以供喪事。"因爲

① 《道藏》第36册,上海:上海書店、北京:文物出版社、天津:天津古籍出版社,1988年,第445頁。除了茶之外,在《通靈秘要》中,豆腐也是醮獻祭物,而且與淮南王的丹道修煉有關。《天皇至道太清玉册》卷八又云:"豆腐,淮南王得飛騰變化之道,煉五金成寶,化八石爲水,得草木製化之理,乃作豆腐。其時長安豆一斗值千錢。今世之齋素者,皆用之,其詩曰:舉家學得淮南術。後世人喫豆腐,自淮南王始之。"(《道藏》第36册,第445頁)

② 《大嶽志略》,《武當山歷代志書集注》(一),武漢:湖北科學技術出版社,2003年,第479頁。

茶是在祭祖時的一種神聖飲料,所以必須設立專職人員來管理,這是中國最早的國家設立的茶園以及茶官(管理茶園的專門官吏)。《周禮》是中國的一部古代官制典籍,乃寫作於春秋時期(前770—前476)並且補充與定型於戰國時期,近代考證則多認爲此書是漢朝初期時士人有所本而託名所作。《周官》一經託名作者於周公,乃是關於中國周代的政治組織學的一本最早著作。由此處記載"掌茶,掌以時聚茶,以供喪事"也可以得知,在西周時候已經有國家管理的"以時聚茶"的專業採茶與製茶的活動,以及茶儀在中國周代就被王室使用於喪事祭儀中,這是中國茶儀的最早記載。①

二、東晉乃至宋元道教文獻中的"騫林樹"

關於騫林樹的早期文獻記載,一般學者運用的有《雲笈七籤》卷二十三所説的:"〔月暉之圓〕有七寶浴池,八騫之林……比十七日至二十九日,於騫林樹下,採三氣之華,拂日月之光也。"②此中,騫林樹是仙境的標志,與道家吸收月魄的修煉有關。《雲笈七籤》乃是北宋道教類書,後被收於《正統道藏》太玄部,此書是北宋真宗天禧年間(1017—1021)由道士張君房編寫,張君房是岳州安陸人(今湖北)③。這一條記載是關於騫林樹的最早文獻記載。《雲笈七籤》此處涉及的是天象,也是内景的修煉術。這是關於月魄的道家修煉,也就是十七日至二十九日,騫林樹下採納三氣精華。《雲笈七籤》並没有特别指明騫林樹是茶樹。所以這裏記載的乃是道教傳説中的騫林樹,而没有標明爲"騫林茶",更没有説這就是武當山的騫林茶。然而,張君房是岳州安陸人(湖北)人,説他熟悉武當山的道家仙學各種記載與神話傳説乃是合理的。所以,《雲笈七籤》這裏所説的騫林樹或許乃是武當山的騫林樹,乃是將騫林茶樹寫進了吐納採補月華之修煉方法中。或者,是先有騫林樹之説,然後纔有人將武當山的古茶樹理解成爲道教文獻中常提到的廣寒宫中的騫林樹。

總之,北宋《雲笈七籤》卷二十三所説的"於騫林樹下,採三氣之華,拂日月之光"已經以採氣煉氣的觀點提到"騫林樹"。但是這並不是關於"騫林樹"以及與此相關的日魂月魄的修煉方法之最早的文獻記載。唐李商隱《寓懷》詩已經説道

---

① 潘世東:《漢水文化論綱》,武漢:湖北人民出版社,2008年,第492頁。

② 《道藏》第22册,第172~173頁。

③ 岳州安陸轄境相當今湖北省鍾祥、京山、天門、潛江等市縣地。茶聖陸羽爲天門人。

“騫樹無勞援，神禾豈用耘”①。而根據筆者的考察，東晉時代(317—419)的《上清黄氣陽精三道順行經》已經出現了“騫林”及其與道家行氣修煉的關係之記載，如此來看關於騫林樹的文史材料的記載要從《雲笈七籤》再往前上推七百年到東晉，筆者底下就此加以論述。

從東晉時代開始，“騫林”此一名稱之出現乃是在道家上清派吸收日月精華的採納月華(月魄)的修煉傳統的脈絡中，此一月華法在後代也稱之爲“蟾光”“偃月爐”，在南派與北派之中乃是重要的丹道修煉方法，對於這一點當代學者也缺乏研究。

上清派的道經《上清黄氣陽精三道順行經》記録了“騫林”，此與吸收月魄的修煉有關。此經内容主要講述修煉“順行三道之要、黄氣陽精之道”，配合天象，吸收日月精華而修道，所謂的“順行三道”即日、月、七曜運行之道。《上清黄氣陽精三道順行經》又名《藏天隱月》，此經是早期上清派經典之一，約出於東晉南朝。據説此經的經文乃高上玉帝口授給南極上元君，後來由西城王君傳授至上清派的創建者之一南嶽山的魏夫人。與此類似的有《真誥》卷五説：“道有黄氣陽精藏天隱月”②，這是茅山宗上清派關於日魂月魄採藥修煉的較早記載。③ 著名早期上清派經典《真誥》爲隱居茅山的南朝著名道士陶弘景編。所以，宋代的《雲笈七籤》卷二十三所記載的“於騫林樹下，採三氣之華，拂日月之光”，應該追溯到東晉南朝上清派的道經《上清黄氣陽精三道順行經》與《真誥》。但是，這裏並没有將騫林樹的存在場所指涉到武當山，而是説騫林樹林存在於月宫之中，以内丹、仙學的修煉來説，所謂的月宫騫林乃是指涉修煉中所呈現的身體内景的洞天福地。

---

① (唐)李商隱著，(清)馮浩箋注：《玉溪生詩集箋注》，上海：上海古籍出版社，1979年，第341頁。

② 《真誥》卷五：“君曰：道有除六天之文三天正法，在世。君曰：道有黄氣陽精藏天隱月。君曰：道有三元布經道真之圖。”上清派重要經典《真誥》爲陶弘景編，大約成書於梁武帝天監年間(502—519)。《正統道藏》本分作二十卷。根據《真誥敘録》，《真誥》本來是東晉楊羲(331—386)、許穆(305—376)、許翽(341—370)等人的通靈記録，主要是晉哀帝興寧二年(364)，南嶽魏夫人及上清諸仙真下降，以上清諸經及仙真傳記，授與上清經典三十一卷及諸真傳記、修行雜事等，經過陶弘景的搜集與整理，陶弘景隱居茅山編成《真誥》一書。此後茅山成爲上清派的中心，進入上清派發展的新階段。

③ 胡孚琛主編：《中華道教大辭典》(北京：中國社會科學出版社，1995年)，第238頁：《上清黄氣陽精三道順行經》又名《藏天隱月》，是早期上清派經典之一，約出於東晉南朝。《真誥》卷五稱：“道有黄氣陽精藏天隱月。”道經目録《上清大洞真經目著録》記載：“上清黄氣陽精三道順行一卷”，就是此經。今《正統道藏》收有此經一卷本，收入洞真部本文類，此外《無上秘要》《三洞珠囊》等著名道書亦常引用此經。經文乃高上玉帝口授給南極上元君，後由西城王君授南嶽魏夫人。南嶽魏夫人是上清派的創建者之一。《上清黄氣陽精三道順行經》内容主要講述修煉“順行三道之要、黄氣陽精之道”，配合天象，吸收日月精華而修道。此經所謂“黄氣陽精”，即日月之精氣。“順行三道”即日、月、七曜運行之道。此經經文詳述日月順行，分爲四時八節來敘述，而七曜運行之道與日月相同。修道者應於四時八節分別存思日、月、七曜之神，並且吞服黄氣陽精，吸收月魄日魂，久修此道可消災而成仙。

即使“騫林樹”是指在人間大地上的具體地點，以《真誥》《上清黄氣陽精三道順行經》等上清派經典的成書地點是在南嶽、茅山來説，所謂的騫林樹的最初存在場所並不是武當山。武當山所謂的騫樹、騫林本來衹是野生的植物物種，存在於山林中有數千年之久，而被道士以道經中的傳説而命名爲騫樹。以現在的材料看來，武當山所謂的騫樹、騫林的命名最早的記載是劉道明《武當福地總真集》(1291 年，元世祖至元辛卯年)的“大頂天柱峰”一條。而記録騫樹之樹葉製成騫林茶茶性的則是元代道士羅霆震《武當紀勝集》收録的《甜茶》一詩。以現存文獻記載看來，武當山的奇木祥林被命名爲“騫樹(騫林)”以及“騫林茶”的名稱都始於元代。而茅山上清派道經《真誥》《上清黄氣陽精三道順行經》在東晉就已經記載了“騫林”以及與“騫林”相關的月魄法，此中羅霆震《武當紀勝集》收録有《三茅真君殿》①一詩也是值得注意的。或許在元代之前的宋代武當山的道士就已經有茅山宗上清派月魄法之修煉，而因之將武當山的這片奇木祥林命名爲“騫林”，並將其樹葉所製成的茶命名爲“騫林茶”，此一推測當具有相當的合理性。

武當山建立道觀之始乃是貞觀年間興建五龍祠(五龍觀)，因在東晉之後，所以武當山的騫樹(騫林)以及騫林茶相對於東晉時代關於騫林以及月魄法的記載都是後起的。然而，“騫樹(騫林)”本來是東晉時代的月魄法修行之處，或説是《黄庭經》修煉系統之中所説的身體内景的洞天福地，在元、明兩代因爲武當山的奇木祥林被命名爲“騫樹(騫林)”而有了具體場所，乃至於在明朝永樂年間“騫林應祥”成爲國家之太和祥瑞之象徵，而因此“騫林茶”道茶成爲明代兩百年來的貢茶。

武當山的騫林與騫林茶受到重視的前提條件是武當山與玄天上帝的神聖性，以及武當山此一樹種所具有的仙靈品格，以及道教文化史中關於“騫林”的文化積澱，此中的重要元素内丹的月魄法需要依託騫林這樣的場所。永樂年間玉虚宫提點任自垣將“月魄法”由茅山帶到武當山並提倡之，他和第四十四代天師張西璧(張宇清)等人於永樂年間提倡月魄法的内丹實修，並且結合道友、文友大大頌揚了與此一修煉緊密相關的騫樹(騫林)、騫林茶，以及與此相關的蟾光法、月魄法(任自垣《蟾宇圜中》、張宇清《蟾宇詩》等詩歌)。起源於茅山上清派道經《真誥》《上清黄氣陽精三道順行經》的月魄法，中經宋代的《雲笈七籤》，在後來的南派與北派的内丹實修之中被稱爲“蟾光”與“偃月爐”等，歷來是重要的丹鼎

---

① 羅霆震《武當紀勝集》收録的《三茅真君殿》一條説：“赤城戲罷跨龍來，兄弟相聯自衮臺。榮甚西班增焜耀，主人金闕倚天開。”

派修行法訣。而“騫樹(騫林)”被具象化而且具有國家等級的加以宣揚(明朝)的實體指涉則是在武當山,乃至於依此而産生了武當山“騫林茶”此一中國最重要的道茶,而且放在尹喜以茶來作爲道脈傳承的象徵之傳説脈絡來看,以“武當山騫林茶”作爲道茶之祖當之無愧。

到了明代永樂年間,茅山宗上清派關於日魂月魄的採藥修煉法訣,便經由在茅山精修二十餘年的任自垣帶到武當山。收入於《敕建大嶽太和山志》的《蟾宇圜中》,乃是任自垣作於永樂二十二年(1424)的十六首五言詩,披露了入圜專修的月魄、蟾光的採藥功法之實踐。

東晉時代的《上清黄氣陽精三道順行經》有下列一段與前述《雲笈七籤》所説相當類似的文本,也説到“太素以十七日至二十九日,於騫林之下,採三氣之華,拂日月之光”。《上清黄氣陽精三道順行經》説:“太素以十七日至二十九日,於騫林之下,採三氣之華,拂日月之光,故月度虧,其光微。玄景運行,亦五風梵其網也。故制日月星宿,遊行虚無,初不休息。……右紫書丹字,月魂隱音,皆書月中西境騫樹之林,結自然之書也。”[①]雖然,《上清黄氣陽精三道順行經》此處之所説是”騫林之下”而不是“騫林樹下”,和《雲笈七籤》卷二十三明確記載是“騫林樹”有所不同。但是,“騫林”既然是“林”就是“樹”,或者説“騫林”就是“騫樹之林”的意思,而且也提到“月魂隱音,皆書月中西境騫樹之林”,乃是“騫樹之林”,這是不會有疑義的。況且,《上清黄氣陽精三道順行經》此處所説的“以十七日至二十九日,於騫林之下,採三氣之華,拂日月之光”和《雲笈七籤》卷二十三所記録的“比十七日至二十九日,於騫林樹下,採三氣之華,拂日月之光”二者幾乎完全一樣,所以可以斷定《上清黄氣陽精三道順行經》此處所説的騫林就是《雲笈七籤》的騫林樹。《雲笈七籤》是北宋高道張君房所編集的類書(依照辭條類别而編輯的百科全書),他應該是參考了東晉《上清黄氣陽精三道順行經》或是與此相關的文本,而對於東晉以來關於“騫林樹”以及與此相關的採納月華的行氣修煉之法(月魄法、蟾光法)加以收録整理而成。

第四十四代天師張西璧(張宇清)於永樂二十二年(1424)八月奉明成祖之命來玉虚宫建羅天大醮七晝夜,停留武當山期間作《送吴繼祖五龍宫提點》的詩作,其中提到了太和峰、金頂周邊的”騫樹”:“太和峰高幾千仞,神光隱現白雲深。黄金殿通玄旗柱,碧玉臺高騫樹陰。月窟知微留客待,石函文始著予詢。萬年盛業

① 《道藏》第1册,第826~828頁。

尊名嶽,天上人間感聖心。"[①]此詩記載了在武當山大頂附近的騫林樹("碧玉臺高騫樹陰")。"月窟知微留客待,石函文始著予詢",這是在丹道的修煉脈絡之中提到了騫林樹。月窟是指騫林樹所生長的月宮廣寒宮,同時也指修煉丹道月華法時的偃月爐。"石函文始"則是指關尹子(尹喜)之文始派所遺留的丹訣,傳説關尹子(尹喜)在武當山隱修而成道,尹喜傳授茶葉以爲道脈之表徵而被尊稱爲道茶之祖,此一傳説的發生地正是在武當山,所以武當騫林道茶作爲道茶之祖具有各方面的證據。

天師張西璧此詩和任自垣《敕建大嶽太和山志》卷十三《金石》第十篇關於建武當山宫廟有"騫林應祥"的記載相隔衹有十一年,後者發生在明永樂十一年(1413)。天師在丹道修煉脈絡中提到了騫林樹,丹道修煉與騫林樹的關係乃是十分值得注意的。

三、武當文化史中的"騫林茶"文獻

1291年(元世祖至元辛卯年)成書的劉道明《武當福地總真集》卷上"大頂天柱峰"一條記載:"大頂天柱峰……南峭壁下,有池如井,名曰天池,龍神所居。前代以祈禱屢應,進封大頂廣潤龍王,今石刻昭然。下有松蘿、芳騫林樹等木。"[②]此處指出在大頂南峭壁下的天池附近有芳騫林樹(騫林茶樹)。元代《武當福地總真集》卷中"奇草靈木"一節記載:"芳騫樹,葉青而秀,木大而高,根株皆自然藤蘿交裹之勢,與畫者無比。武當有二,大頂與五龍接待庵澗濱。"[③]《武當福地總真集》此處是最早對武當山騫林樹及其所在地具體位置的記載,其地點據説是在"大頂與五龍接待庵澗濱",文中描述其形狀相貌"木大而高",指出此茶乃是喬木型的茶樹,"根株皆自然藤蘿交裹之勢",和李曉梅與筆者考察騫林樹(騫林茶樹)時所見者一致。

同屬於元代道士的雲麓樵翁羅霆震所撰的《武當紀勝集》作於元代中葉,也收有對武當山騫林樹的歌詠,《騫林樹》一詩説:"七寶林中上界奇,枝枝翡翠葉琉璃。若非大頂居天上,安得靈根獨有之。"[④]這一首詩乃是對於武當山大頂天柱峰

① (明)任自垣:《敕建大嶽太和山志》卷十五,收於《武當山明代志書集注》,北京:中國地圖出版社,2006年,第152頁。

② (元)劉道明:《武當福地總真集》,《道藏》第19册,第648頁。

③ (元)劉道明:《武當福地總真集》,《道藏》第19册,第658頁。

④ (元)羅霆震:《武當紀勝集》,《道藏》第19册,第678頁。

芳騫樹(騫林樹)之歌詠,此處乃是呼應十一世紀成書的《雲笈七籤》卷二十三所説的“(月暉之圓)有七寶浴池,八騫之林……比十七日至二十九日,於騫林樹下,採三氣之華,拂日月之光也。”如此也反過來證明《雲笈七籤》卷二十三所説的“八騫之林”就是指騫林樹。

羅霆震《武當紀勝集》收録的《甜茶》一詩説:“修真苦淡味仙靈,自種雲腴摘玉英。亘古與人甘齒頰,春風百萬憶蒼生。”[①]這裏所説的是騫林茶,“春風百萬憶蒼生”所説的乃道茶的品格與道人之胸懷。但是,騫林茶的味道是先苦後清真,就像是修道的過程,乃是先苦後甜,而最後領悟一味等味的仙靈之味,也就是詩中所謂的“修真苦淡味仙靈”。這是元代關於武當山騫林茶的記載,也是最早的關於武當山騫林茶茶性的記載,这明顯是將之作爲道茶來加以歌詠的。

成書於明宣宗宣德六年(1431)的任自垣著《敕建大嶽太和山志》一書也記載:“芳騫樹,葉青而秀,木大而高,根株皆自然藤蘿交裹之勢,與畫者無比。武當山有二,大頂與五龍接待庵澗濱,生而且奇,與他處則不同也。”[②]任自垣此處關於騫林樹的記載是沿用了劉道明《武當福地總真集》的資料,不同之處祇有加上了後面十一個字(“生而且奇,與他處則不同也”),這是説大頂與五龍接待庵澗濱二處所生的騫林樹的樣貌很“奇”特,與其他武當山各地的騫林樹有所不同。

關於大頂芳騫林樹確切位置的記載,任自垣《敕建大嶽太和山志》的記載是百分之百沿用《武當福地總真集》,如下:“大頂天柱峰……南峭壁下,有池如井,名曰天池,龍神所居。前代以祈禱屢應,進封大頂廣潤龍王,今石刻昭然。下有松蘿、芳騫林樹等木。”[③]任自垣此處關於騫林樹的記載是完全沿用了劉道明《武當福地總真集》卷上的資料,《敕建大嶽太和山志》此處文本具體指出在大頂南峭壁下天池之下有芳騫林樹。石刻是指記録當時此處的龍神被進封爲大頂廣潤龍王的石碑,今日已經找不到了。

劉道明在至元二十三年(1286)擔任武當山都提點。任自垣則是欽差太常寺寺丞。可見得從1291至1431年的141年之間,在《武當山志》最重要的這兩個古本之中,大頂與五龍接待庵澗濱所生的騫林樹都是確實存在,分別記録

① (元)羅霆震:《武當紀勝集》,《道藏》第19册,第679頁。

② (明)任自垣:《敕建大嶽太和山志》卷十五,收於《武當山明代志書集注》,第107頁。

③ (明)任自垣:《敕建大嶽太和山志》,《武當山歷代志書集注》(一),武漢:湖北科學技術出版社,2003年,第204頁。

在“大頂”與“奇草靈木”兩處,而且在呈獻給皇家的正式山志之中來加以嚴整的記録。

筆者 2013 年曾來武當山考察,據研究者的報告,這裏記載的大頂的騫林樹、芳騫樹在前幾年還存在,但是最近經過十堰市李曉梅教授的田野調查,目前此處的芳騫樹已經被盜採,剩下的祇有地上的大洞而已。

騫林葉是道茶、仙茶,曾經在武當山顯其靈瑞,在下面的故事中,記載了武當山曾經有“騫林樹數百餘株”,當時居民曾經親眼目睹。一般研究者皆引用任自垣《敕建大嶽太和山志》卷十三的記載,明永樂十一年(1413)建武當山宫廟有“騫林應祥”的情景,實際上是另有所本。騫林應祥最早的詳細記録應該在永樂十六年(1418)十二月的《大明玄天上帝瑞應圖録》一書,《騫林應祥》全文如下:

> 世傳:武當山騫林葉能愈諸疾,自昔以來人皆敬重,未始有得之者。永樂十年秋,朝廷命隆平侯張信、駙馬都尉沐昕敕建宫觀。明年春氣始動,草木將蘇。先是天柱峰有騫林樹一株,萌芽菡秀,細葉紛披,瑶光玉彩,依岩撲石,清香芬散,異於群卉。於是,護以雕欄,禁毋褻慢。不旬日間,忽見玉虚、南岩、紫霄及五龍等處,忽有騫林樹數百餘株,悉皆敷榮於祥雲麗日之下,暢茂於和風甘雨之間。連陰積翠,蔽覆山谷。居民見者,莫不驚異嗟歎,以爲常所未有。四方之人聞之,亦競相來觀。及其仙葩競秀,紅光滿林,凝霞照日,炫耀人目。珍禽翠羽,翔於其上,嘹亮暖哃,晝夜不去。觀者愈起敬焉。至是,緑葉舒齊,馨香馥鬱。侯與駙馬相謂曰:騫林葉尤能愈疾,自古云然。況今年之樹,發生繁盛,豈非天真顯化,以彰其靈。謹用採摘進獻於朝,仍附著啓聖録,庶以陽其異焉。①

騫林應祥之全文的最早記録應該在永樂十六年(1418)十二月的《大明玄天上帝瑞應圖録》一書中,此書收在《正統道藏》中,也有”騫林應祥”一圖②,此圖乃是歷史上最早的關於武當山的騫林樹之圖畫,據今已經大約有六百年的歷史。《大明玄天上帝瑞應圖録》一書此處的文字全同於成書於 1431 年任自垣《敕建大嶽太和山志》所收録者,顯然是任自垣在編著《太和山志》時完全抄録了《大明玄

---

① (明)任自垣:《敕建大嶽太和山志》,《武當山歷代志書集注》(一),第 331 頁。

② 《大明玄天上帝瑞應圖録》,《道藏》第 19 册,第 635 頁。

《大明玄天上帝瑞應圖録》(永樂十六年,1418 年)“騫林應祥”圖

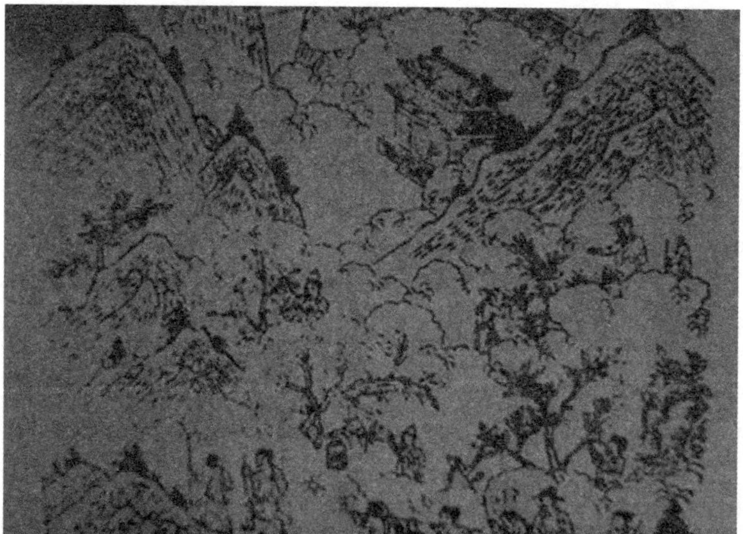

“騫林應祥”圖之局部(騫林樹)

天上帝瑞應圖録》一書關於“騫林應祥”的記載。《大明玄天上帝瑞應圖録》一書開始收有明成祖序一篇,説道:“皇妣孝慈高皇后在天之靈……然非此無以達朕之誠……則是宫觀之建,有不可無。謹書爲文,刻碑山中,以彰神功永永無窮焉。”[①]此文用到皇帝專用的朕一字,所以此文乃是出自明成祖朱棣,是《大明玄天上帝瑞應圖録》一書的序文,所以此書代表皇室權威的保證。

觀察《大明玄天上帝瑞應圖録》一書的騫林應祥一圖,在圖的右下方與中間略下顯示“天柱峰有騫林樹一株,萌芽菡秀,細葉紛披,瑶光玉彩,依岩撲石”的情景,在圖的四方則顯示“玉虚、南岩、紫霄及五龍等處,忽有騫林樹數百餘株”的情況。雖然騫林應祥一圖較小,但是仔細觀察,還是可以從圖中比較大的幾株“騫林樹”顯示出其根株依於岩石而從岩縫之中生長出來,與根株從接近地面的根幹就分叉而出的特有的植物生長特性,以及葉秀而長、木高而清的特色,這些都符合近年來李曉梅副教授和筆者所重新發現的武當山騫林古茶樹的外形特徵,二者是一致的。此圖之中,前面第一排是描寫隆平侯張信、駙馬都尉沐昕發動軍民到山中尋找與保護騫林茶樹,隨從還扛著一桶水要去灌溉騫林茶。在此圖之中前面第二排主要是描繪了兩顆高大的騫林茶樹,和旁邊的人物相比較,是有兩三個人的高度,這也和今天所重新發現的武當山騫林古茶樹是一樣的。圖的右邊有兩個人在採摘樹葉,可以見得當初乃是採摘此樹的樹葉而製成茶葉,圖中的一顆騫林樹掛著一個水桶,顯示前方的兩個人挑水越過重重山路是爲了來灌溉騫林茶樹。

“騫林應祥”一文乃是記録在《大明玄天上帝瑞應圖録》與《敕建大嶽太和山志》中的重要史料,其性質和民間的口傳文學故事、神話傳説、基於各種商業目的而有的附會傳言的性質是不一樣的,值得我們進行知識性的研究與分析。這篇騫林應祥的文章收在《敕建大嶽太和山志》卷十三《金石》第十篇的“大明碑天真感應篇”之中,也就是説,它本來是以碑文的形式,十分鄭重加以記録與流傳的。明成祖作序的《大明玄天上帝瑞應圖録》一書也説:“則是宫觀之建,有不可無。謹書爲文,刻碑山中,以彰神功永永無窮焉。”所以當初是有石碑記載此事。筆者考察武當山,已經不見此碑的實體,當是已經毁壞。

筆者進行相關研究與詮釋,此一明代初年之騫林應祥的記載透露了下列重要信息:

(一)“世傳:武當山騫林葉能愈諸疾,自昔以來人皆敬重,未始有得之者”,

---

① 《大明玄天上帝瑞應圖録》,《道藏》第19册,第632頁。

這是説當時廣爲傳説武當山的騫林葉能保健,能够治療各種疾病(“武當山騫林葉能愈諸疾”),因此騫林樹從古以來就被人們敬重,“自昔以來人皆敬重,未始有得之者”的意思,應該説是在民間以稀珍方式流傳,以騫林樹的樹葉製成茶品來品飲與治病,但是没有人真正得到過騫林樹而加以人工培植,騫林樹仍然一直棲居在深山岩壁之中。以野生的騫林樹葉製成”騫林茶”,已經在民間長久以來以稀珍方式流傳著,深知其保健功能,因此纔會説“能愈諸疾,自昔以來人皆敬重”。

(二)明成祖永樂十一年(1413)春,朝廷命隆平侯張信、駙馬都尉沐昕建設宫觀的時候,在大頂天柱峰此一重要的聖地發現了騫林樹,記載“騫林樹一株,萌芽菡秀,細葉紛披,瑶光玉彩,依岩撲石”,這是描述從岩壁上(“依岩撲石”)剛剛發芽的騫林樹之新苗小樹(“萌芽菡秀”)。張信、沐昕有此一發現,將之作爲玄帝護佑國家的瑞象。所以鄭重其事地建立護欄來保護此一騫林樹之新苗小樹,禁止民衆的破壞與在其周邊有褻瀆的行爲(“護以雕欄,禁毋褻慢”)。

(三)根據這裏“清香芬散,異於群卉”的記載,張信、沐昕當時是加以烹製成茶湯,請專家加以鑒定,纔會有“清香芬散,異於群卉”的評賞話語。可能這時候沐昕已經想到要將此一“騫林樹”製成茶葉當作貢茶,年年進貢皇朝。

(四)騫林樹、騫林茶在當時(永樂十一年,1413)是在民間流傳不絶,否則張信、沐昕怎能一看到大頂聖地的岩縫中的新苗小樹,就能够説那是流傳已久的神仙樹,而認定是“騫林應祥”。肯定是地方父老的辨識與建言,纔使得張信、沐昕決心加以保護騫林樹。

(五)《敕建大嶽太和山志》此處記載了武當山各個宫廟周邊,如在天柱峰、玉虚、南岩、紫霄及五龍等地有芳騫樹、騫林樹,“騫林樹數百餘株”,當地的居民都是見證,“居民見者,莫不驚異嗟歎,以爲常所未有”。居民確認了“騫林樹數百餘株”的存在事實,這肯定武當山當地居民那時候都還約略知道騫林樹的基本情況及其可以製成道茶、仙茶的珍貴。祇是對於如此稀珍的樹種竟然還有這麽多數量存在著,居民們感到十分訝異。大約騫林樹的實際狀況與用途祇有少數道長與民間長老纔能够掌握。

(六)對於這裏所説的“騫林應祥”,突然出現“騫林樹數百餘株”的故事,比較科學的解釋是説:所謂的明代永樂十一年(1413)武當山各地的“騫林應祥”是説不到十天就出現了”騫林樹數百餘株”,此一故事在現實上可能是張信、沐昕發動軍隊與民工在武當山各地尋找騫林樹,以及居民自發性的調查報告,指出當時在天柱峰、玉虚、南岩、紫霄及五龍等地都有芳騫樹、騫林樹,總共找到“騫林樹數百餘株”。若是没有此處的記載“騫林樹數百餘株”的如此大量茶樹的真實存在事實，是無法製作成以後歲歲進貢給明朝皇室的騫林茶貢茶。張信、沐昕既然想要將“騫林樹”作爲國家瑞象來向皇帝報告，並且將要把它作爲歲歲進貢的貢茶，所以纔發動軍隊與民工從事田野調查，因此在居民的協助之下在短時間於各地尋找到數百株的騫林樹，如此解釋騫林應祥的故事是具有合理性的詮解。

五百年之後，我們讀到《敕建大嶽太和山志》這裏“騫林應祥”的記載，仍能感受到當地居民發現“騫林樹數百餘株”時候的歡欣鼓舞的熱烈心情。以《雲笈七籤》卷二十三關於騫林樹的記載來算，騫林樹流傳到這一天也已經有四百年的時間。《敕建大嶽太和山志》的這個記載是中國官方第一次以國家的觀點來承認、肯定、讚揚武當山的騫林樹是道家的神仙樹，是國家祥瑞的國寶樹。因此，騫林茶是神仙茶，是屬於人民與代表國家形象的道家茶與養生茶。

事實上，騫林茶是現有的中國道茶最古老的品種之一，他不僅確實存在於宋代與明代，乃至於至今仍然活在武當山中的太和祥雲之中，騫林樹與日月同其光華，乃是中國傳統文化的活見證與國寶樹，是中國國運昌盛的祥瑞象徵，是中國武當的太和之道將行道天下的表徵。

方升《大嶽山志》成書於明世宗嘉靖十三年（1536），比較起成書於明宣宗宣德六年的任自垣《敕建大嶽太和山志》更晚了 106 年，增加了不少翔實可靠的資料。例如《大嶽山志》所收章拯《再登大嶽以詩紀異》一詩之中説道：“踏月上大頂，出海寅東陽……仙家足幽致，上界何軒昂。更酌天池水，一試騫林香。”①這是説嘉靖初年（大約 1522 至 1532 年）撫治鄖陽都御史章拯登臨武當山的大頂天柱峰，感覺到仙家之幽致與上界的軒昂，更酌大頂南峭壁下的天池之水，以烹煮此處的芳騫林樹的茶葉。由此可見得在明代，登大頂天柱峰而烹製品飲騫林茶是文人雅士時有的活動。

早在元代就出現了騫林茶的記載，《正統道藏·洞神部·記傳類》有《武當紀勝集》一卷，作於元代（1280—1367）中葉，爲道士雲麓樵翁羅霆震所撰，羅霆震是江西龍興路臨川雲山的隱士，後到武當山隱居。騫林茶採自騫林樹，此中就已經有了對武當道茶的歌詠：“修真苦淡味仙靈，自種雲腴摘玉英。亘古與人甘齒頰，春風百萬益蒼生。”騫林樹又名芳騫樹，原生種茶葉大都初泡極苦澀，可以入心，治療各種疾病，幾泡後便清香特異，回甘天真，所以説“修真苦淡味仙靈”。這是將騫林茶與修真以及神仙關聯起來，元代的羅霆震是將此茶作爲道茶來歌詠的。由“自種雲腴摘玉英，亘古與人甘齒頰，春風百萬益蒼生”三句看來，騫林樹一直

① （明）方升：《大嶽山志》，《武當山歷代志書集注》（一），第 634 頁。

是野生的狀態,而其採製與使用在民間已經流傳。

關於史書之中對於騫林茶的茶味與珍貴價值的記載,根據 1994 年初版的新修《武當山志》的"騫林葉"一條,《文獻通考》《均州志》《續輯均州志》都記載了騫林茶的茶味、療效與珍貴價值。根據 1994 年初版的新修《武當山志》的意見,認爲《文獻通考》有"太和山出騫林茶,初泡極苦澀,至三四次泡,清香特異,以爲茶寶"的記載。① 但是根據筆者的考察,此處的"太和山(今武當山)出騫林茶,初泡極苦澀,至三四泡,清香特異,人以爲茶寶"之説,並不是出自宋末元初的著名學者馬端臨(1254—1323)的《文獻通考》,這幾句話其實是引用自明朝王象晉(1561—1653)編著的《群芳譜》。還提到武當山中官陳善於弘治二年(1489),"復貢"騫林茶,供明王朝宗室享用。② 騫林茶此時又恢復了明代貢茶的尊貴身分。

又,清代的《均州志》説"木之異者,有騫林樹,芽茁如陽羡茶,能滌煩熱,道流所珍",這是説騫林樹的茶芽茁壯精美如陽羡茶,其功能是能滌煩熱,爲道家修道者所珍惜。而清人賈洪詔在《續輯均州志》説"騫林茶以解酲",則是强調騫林茶解酒的功能。③

據此,關於騫林茶的茶性之記載的最早文史資料是明代王象晉編著的《群芳譜》,而不是如 1994 年初版的新修《武當山志》所説的更早的馬端臨(1254—1324)的《文獻通考》,此一錯誤在網絡及其他出版品之中常被引用,故在此加以更正。如果以李謹思《通考序》稱《文獻通考》著成於丁未之歲,即元成宗大德十一年(1307)。若騫林茶最早的文史記載是出於《文獻通考》,則其時間點是 1307 年,距離現在(2013 年)已經有 706 年的歷史。

上面説到關於武當山騫林茶茶性的記載("太和山出騫林茶,初泡極苦澀,至三四次泡,清香特異,以爲茶寶")是出自明代王象晉編著的《群芳譜》,而關於"騫林樹"此一神聖植物在武當山存在之記載,最早見於 1291 年成書、劉道明著《武當福地總真集》卷上的"大頂天柱峰"一條之中。而在詩詞作品之中,關於騫林茶茶性的最早記載則見於元代(1280—1367)中葉,爲雲麓樵翁羅霆震的武當茶詩,描述其"修真苦淡味仙靈……亘古與人甘齒頰"。其後有章拯的《再登大嶽以詩紀異》一詩,大約作於 1522 至 1532 年。

---

① 武當山志編纂委員會編:《武當山志》,第 36 頁。

② 湖北茶史,http://culture.edaocha.com/201303/28/3709.html,來源:農業考古。

③ 武當山志編纂委員會編:《武當山志》,第 36 頁。

元代中期羅霆震的武當山茶詩以及明代章拯《再登大嶽以詩紀異》,不祇是説到"騫林樹",而且是對"騫林茶"的茶性有精確描寫,武當山的騫林茶在明代初年成爲貢茶時,已經有了兩百多年的歷史。所以,至少"騫林茶"作爲著名道茶在元代中期至明代初期就已經進入中國茶文化史中,而且延續了兩百多年。

至於明代的農業專家對於騫林茶的高度肯定,見於《群芳譜》和《農政全書》。明朝的《群芳譜》對"騫林茶"的茶味茶性作了重要描述,即"初泡極苦澀,至三四次泡,清香特異"。騫林茶的味道是,起初的一兩泡極苦澀,其實野生茶的特質都是如此。苦後清真,至三四次泡之後,清香特異,顯現出騫林茶之本真的清香與獨特性味,這就像是修道的過程,乃是先苦後甜,而所説的"以爲茶寶",是説那個時候的專業評價肯定"騫林茶"是"茶寶"(茶品中的珍寶)。

明代徐光啓(1562—1633)所作的《農政全書》卷三十九記載:"太和山出騫林茶,初泡極苦澀,至三四泡,清香特異,人以爲茶寶。"[①]這個記載和王象晉在《群芳譜》的記載是一樣的。可見得太和山騫林茶的泡法是"初泡極苦澀,至三四泡"方顯清香,以及它所具有的"清香特異"茶味以及"人以爲茶寶"的評價,在明代的嘉靖至崇禎年間已經得到確認。

1994 年新修《武當山志》考據武當山(太和山)騫林茶屬於"山茶科",山茶科之中最著名的品種是茶樹,葉含咖啡鹼,是世界三大著名飲料之一;此外還有許多品種可以作爲花卉觀賞植物,如金花茶和各種山茶花。《武當山志》高度評價騫林茶此一茶種,書中闡釋"騫林茶當時主要生長在武當山金頂附近山窪,空氣濕度大,土壤爲山地棕壤,富含有機質,加之以人工精心管理,揉摘適時,加工方法别致,故騫林茶品種獨具特色,經久耐泡,清香可口,色味極佳,興奮提神,故當時列爲貢品。可惜此一優良品種,後來消失了"。[②] 此處值得注意的是,1994 年新修《武當山志》的騫林茶考察記録,對於生長地區、土質都作了記載,對於茶性茶味是"經久耐泡,清香可口,色味極佳"都有所描述;甚至提到騫林茶"人工精心管理,揉摘適時,加工方法别致",也就是説騫林茶在當時有人特别加以精心管理,也有特殊的製茶方法。但是,此處最後説"可惜此一優良品種,後來消失了",可見這裏的描述是得自於當地父老的口碑,作者並没有親自見到騫林茶

---

① (明)徐光啓撰,石聲漢點校:《農政全書》,上海:上海古籍出版社,2011 年。《農政全書》在徐光啓死後由其子徐驥將此書獻給崇禎皇帝,並於崇禎十二年(1639)正式印行。

② 武當山志編纂委員會編:《武當山志》,第 36 頁。

此一茶品。不過,從2008年發佈武當山太和茶的古茶樹以來,特别是經過武當山當地研究人員,例如李曉梅副教授以及筆者由臺灣前往考察,騫林茶樹被證明仍然存活於武當山之中,並未失傳。騫林茶樹是喬木型的山茶,成樹樹高都在五米以上。而據李曉梅副教授以及筆者所見,在南岩的榔梅祠就有被居民特意砍矮的騫林茶樹,據當地父老説是爲了方便採摘茶葉製茶而如此。由此一綫索可知,在二十世紀八九十年代還有居民知道騫林茶樹之珍貴,特意經營管理,爲了採摘而砍樹栽植成爲"小種"(就像武夷茶也有砍矮以成爲"小種"的情況)與以特殊工法製作騫林茶葉。依照筆者帶回的騫林茶樹樹葉,請臺北茶葉專家周仁智加以製作成爲茶葉,其味在第一泡便可以表現出淡雅幽香、天真清和的意境,飲之身心通暢,實是道茶之中的神品。

四、明代武當山蟾宇詩歌中所見丹道月魄修煉

(一)胡儼的《蟾宇歌》

明成祖於永樂十年至二十一年(1412—1423)於武當山大建宫觀,由隆平侯張信率領二十萬軍民,總共建成三十三處宫觀。任自垣生於元至正二十八年(1368),宣德間(1431)壽終於武當山,江蘇京口人,號"蟾宇",字"一愚",出家三茅山元符宫爲道士,曾在茅山學習上清派道法二十餘年。永樂十一年,發佈敕令任命任自垣爲武當山玉虚宫提點。依據鄒濟(1328—1432)寫於永樂十三年(1415)的《送道録任玄義之武當玉虚宫提點序》,任自垣於永樂十三年來到武當山擔任玉虚宫提點。永樂十七年(1419),武當山宫觀主體工程完成,任自垣奏請明成祖編輯道藏,"遂以先生總之"。宣宗宣德三年(1428)二月,任自垣升爲太常寺丞,上清派第五十六代宗師,管理武當山宫觀一切事務。宣德六年(1431),任自垣將自己的著作《敕建大嶽太和山志》奉上給宣宗皇帝。

任自垣《敕建大嶽太和山志》收有國子監祭酒胡儼(1316—1443)的《蟾宇歌》,此詩包含丹道修煉口訣,也提到了武當道茶:

> 茶煙消盡鶴初睡,雲窗洞達虚白生。道人宴坐收金經,鼻端有白心無營。招摇此指紅日生,絳宫月魄蟾光凝。回風混合歸黄庭,天門夜開飛爽靈。廣寒宫闕當晴高,霓裳曲度春光早。嫦娥有藥不須嘗,桂樹青青後天老。陽火流金出太淵,莫笑五行顛倒顛。玄谷虚明神不死,夜夜

蟾光清澈天。①

胡儼的《蟾宇歌》討論了月華法、蟾光法。此處的性功丹訣是於心靈堅守鼻端白，以“茶煙消盡鶴初睡”②比喻鑽杳冥而入静，虛室生白。此後更移鼎於絳宫，“絳宫月魄蟾光凝”，而下丹之紅日上升，與絳宫月魄合而爲一，日月合璧而丹成，經過“回風混合”之調煉，最後歸於“黄庭”土釜而收存之。③

關於任自垣的道學修養及其道法淵源，奉政大夫左春坊左庶子鄒濟(1328—1432)寫於永樂十三年(1415)的《送道録任玄義之武當玉虚宫提點序》稱贊他是“玄學造微，名實昭著”：

自垣字一愚，號蟾宇，京口之雲陽人也。幼稟玄質，清虚好學，旁通儒典，能辭章。然雅尚道品，不嬰世務。既而學道於茅山元符萬寧宫，宫在句曲積金山下，陶隱居道靖故基。此山洞虚内觀，其間有陵，洪波不登，蓋洞天福地之勝。一愚愛其山川清華，養高葆和於其間，尚友古人，若將終身焉。然玄學造微，名實昭著。永樂九年用薦起授前官，幸綿交從。未幾，奉命採訪古跡靈壇。今四十四代嗣天師西壁張真人，以武當諸宫觀提點缺員，以其名聞，遂有今命。④

任自垣“學道於茅山元符萬寧宫”，永樂九年(1411)用薦起授前官，奉命採訪茅山的古跡靈壇。四十四代嗣天師西壁張真人於永樂十三年(1415)任命任自垣爲武當諸宫觀提點。

任自垣編寫的《敕建大嶽太和山志》卷十三記載了永樂十一年(1413)建武當山宫廟時有騫林應祥的情景，任自垣在書中也多處記載了武當山的古代道茶之騫林茶與騫林樹。以武當山之騫林應祥爲國家的祥瑞，作爲明成祖得天下爲上應天命之符徵。

至於道茶之騫林茶與丹道返還修煉的關係，也可以由任自垣的詩文中加以考察，闡明其基本内涵。任自垣是來自茅山的高道，以“蟾宇”爲字。“蟾”者與上清派以及宋明丹道月華法的修煉有關，也就是吸收月華、月魄以煉神還虛、煉

① (明)任自垣:《敕建大嶽太和山志》,《武當山歷代志書集注》(一),第368頁。

② 《臺灣通史》的作者連雅堂的茶詩也有“茶煙繞榻人初睡”與“茶煙消盡鶴初睡”一句,有巧妙的呼應。

③ 《玉皇心印經》:“回風混合,百日功靈,默朝上帝,一紀飛升。”

④ (明)任自垣:《敕建大嶽太和山志》卷十五,《武當山明代志書集注》,第166～167頁。

虛合道的妙法。“鶱林茶”“鶱林樹”的傳説自古以來是與道家養生學之中月華法的修練有關,也就是吸收月華、月魄以保養精神,進而修持泰定、坐忘。

胡儼的《蟾宇歌》是寫贈給任自垣的丹道修煉詩,《蟾宇歌有序》説:煉神還虛既久,自然有“天門夜開爽靈”之驗證,可以煉虛合道,元神飛升。其修煉原則是清净功,以清虛無爲守一來修持,没有道教宗教儀式或是鬼神的色彩,乃是煉氣化神、煉神還虛、煉虛合道的性命雙修之丹功。

在任自垣《敕建大嶽太和山志》卷十五之中,除了上述任自垣作《蟾宇圜中》十六首之外,還有第四十四代天師張宇清(號“西壁”)[①]以及其他當時文人與官吏寫給任自垣的詩作多首,都涉及丹道修煉。

張宇清推薦任自垣擔任武當山的玉虛宫提點,任自垣遂在永樂十三年(1415)到武當山。[②] 明成祖起兵得到天下之後,於永樂十年至二十一年(1412—1423)於武當山大建宫觀,總共建成玉虛、紫霄、南岩、復真等三十三處宫觀,並調度茅山高道多人前來此地,任自垣就是學行俱優的一位。

第四十四代天師張宇清所作的有《蟾宇詩》《送吴繼祖五龍宫提點》《寄金胡二卿相並懷郭少宰》《中秋偶興寄任邵二公次日别還》《黑竹寫環翠樓中》。[③] 此中《敕建大嶽太和山志》中題爲西壁所寫的《蟾宇詩》具有重要文獻價值,一般忽略此詩爲天師張宇清所作。其實天師張西壁真人的《蟾宇詩》就是寫贈給任自垣的詩文,透露了他們兩人當初一起修煉月華法、蟾光法的丹道修煉口訣。張宇清《蟾宇詩》中有:

> 句曲之仙人,乃是釣鼇客。辭家早從虛白師,蟾宇寓名卿自適。瓊樓玉宇高處寒,清虛只在方寸間。……榔梅林下尋芳芷。蕊籍朝彼鐘磬清,石壇夜禮星辰邇。……意氣相傾山嶽高。手持蟾宇卷,索我蟾宇詩。……蟾光射室塵不染,冰壺湛湛天地寬。[④]

此中所説的句曲之仙人是指任自垣。“虛白”是指莊子一書所説的“虛室生白”,也就是道門的入静功夫,於身體内景中的瓊樓玉宇之高處,修煉清虛之道,在方寸中,回光調息。“榔梅林下尋芳芷。蕊籍朝彼鐘磬清,石壇夜禮星辰邇”是寫兩

---

① 道教正一派第四十四代張天師,字彦璣,别號西壁,宇初之弟,七歲能詩,及長凡道門秘要、儒經子史皆通習之,著有《西壁文集》流傳於世。

② (明)任自垣:《敕建大嶽太和山志》卷十五,《武當山明代志書集注》,第166~168頁。

③ (明)任自垣:《敕建大嶽太和山志》卷十五,《武當山明代志書集注》,第151~152頁。

④ (明)任自垣:《敕建大嶽太和山志》卷十五,《武當山明代志書集注》,第151~152頁。

人在武當山的交往，張宇清與任自垣兩人於榔梅林下尋找芳芷一般的各種草藥，在大頂的石壇一起在深夜禮斗。同時這些詩句也是象徵修道的內景，最終的修煉內景是"蟾光射室塵不染，冰壺湛湛天地寬"，定功深湛，蟾光內射身中而一塵不染，身內如一片冰心在玉壺，心神湛湛，頓覺天地無限寬敞。天師張宇清於永樂二十二年(1424)八月奉明成祖之命來玉虛宮建羅天大醮，在這個時候他以《蟾宇詩》一首詳述他與任自垣兩人同行修法的情況。

(二)任自垣《蟾宇圜中》中的丹道修煉法訣

《蟾宇圜中》編於胡元潔的兩首詩之後，兩首詩乃是贈送入圜專修的任自垣的詩。而《蟾宇圜中》包含十六首五言詩，乃是任自垣所寫，作於永樂二十二年(1424)，披露了他入圜專修"月魄""蟾光"的採藥功法。《敕建大嶽太和山志》原書中並没有標明作者，因此被人忽略，原題爲《次蟾宇圜中》，收録在胡元潔的《次韻並引》之後，引文中説到作者於永樂甲申年(1424)元月五日至玉虛宮，"蟾宇道兄居圜堵，使人欣慕不勝"①。

王光德、楊立志的《武當道教史略》一書以《蟾宇圜中》十六首都是禮部左次郎胡濙所作②，此乃是因爲此詩放在胡濙的兩首詩作的後面，因而有所誤解。其實，《次蟾宇圜中》詩題乃是蟾宇(任自垣)作於圜中的詩作而編於次下者的意思，此十六首詩作闡明丹道修煉各個層次甚詳，乃是任自垣修持三十多年的心得，不可能出自於遠來求取丹訣的慕道友胡濙。而且"蟾宇"是任自垣的字，《蟾宇圜中》十六首詩作是任自垣所作。

今知《蟾宇圜中》作者爲武當山玉虛宮提點任自垣，他於永樂十三年(1415)來武當山之前，已經在茅山清修上清派的功法長達二十餘年，對於上清派以《黄庭經》爲主的內修理論十分熟悉。《蟾宇圜中》收録於胡元潔的《次韻並引》之後，引文中説到胡元潔於永樂甲申年(1424)訪問任自垣而不遇，《蟾宇圜中》十六首應該也是作於此年。任自垣《蟾宇圜中》十六首的文本如下：

第一首：日逐塵勞輥，區區夜氣滋，十寒繞一曝，寧得似初時。
第二首：獨羨金門客，歸山道愈滋，閉關忘世慮，玄德動當時。
第三首：功成名赫奕，行滿道凝滋，衆妙能兼美，飛騰諒有時。
第四首：堪憐原野草，春至自潛滋，造化真元妙，迴圜彌昔時。

① (明)任自垣：《敕建大嶽太和山志》卷十五，《武當山明代志書集注》，第150～151頁。
② 王光德、楊立志：《武當道教史略》"明代著名文人與武當道教"一小節，北京：華文出版社，1993年，第223頁。

第五首:一聲雷雨作,萬物悉榮滋,動植飛潛性,生生各有時。
第六首:人身小天地,血脈貫通滋,會得歸根竅,須臾一復時。
第七首:醞釀醍醐倏,黄芽日見滋,這般清意味,不比等閒時。
第八首:坎位陽初復,離宫汲水滋,虎龍交會處,片餉結丹時。
第九首:還丹汲玉液,灌溉道芽滋,奼女嬰兒會,陽來坤復時。
第十首:陰陽顛倒術,修煉日滋滋,恍惚無中有,黄庭交媾時。
第十一首:五行俱籍土,亦賴水源滋,金木交相並,無違進火時。
第十二首:河車運真水,三十六宫滋,頃刻周流遍,從頭達足時。
第十三首:十二重樓上,甘泉滴滴滋,五行攢簇處,四相和合時。
第十四首:火棗交梨美,金漿玉醴滋,滿腔春意足,便是交泰時。
第十五首:神凝萬慮泯,氣聚百骸滋,胎息如龜伏,潛心正道時。
第十六首:道備心安泰,丹成體潤滋,碧潭秋月皎,混似未生時。

闡釋此中的丹道修煉如下:《蟾宇圜中》前五首是煉己的功夫,乃是修丹的準備、必要的身心鍛煉,例如慕道、超凡、回心等等。第六首是下手起修,由人身小天地之玄竅而入手,行“得歸根竅”之法訣,其徵象是血脈貫通。第七首是醞釀醍醐的修煉,行“黄芽日見”之法訣,其徵象是“不比等閒時”的“這般清意味”。第八、九、十三首是下丹田乃至於黄庭之修煉。第八首是下丹田的一陽來復時候的修煉,行“虎龍交會”之法訣,其徵象是片餉結丹。第九首是玉液還丹的修煉,行“奼女嬰兒會”之法訣,陽來復坤,其徵象是陽來坤復。第十首是於黄庭從事陰陽交媾之修煉,行“陰陽顛倒”之法訣,修煉日滋滋,其徵象是恍惚無中有。第十一、十二首是五氣朝元,周天周流的煉化。第十三首講玉泉下滴。第十四首黄庭的天地交泰。第十五首是凝神。第十六首是丹成。

到了宋元時期,道教法術隨著雷法的興起,産生了相當大的變化,即丹道返還修煉的功法成爲法術修煉的内功,主張行法者必先修煉内丹,煉精化氣、煉氣化神與煉神合道等境界。將符咒、手印(手訣)、道教音樂和唱功、科儀等法術的功能成效奠基於自身丹道修煉體驗。融合當時各種術數文化與丹道修煉,形成了以丹道爲體而以法術爲用的道教雷法體系。以雷法來實現道教度人救世的宗教目的。[①]

關於胡儼《蟾宇歌》所説的“回風混合歸黄庭”,《道法會元》卷二百五十四

---

① 相關討論可以參見簡一女《從〈道法會元〉論八卦術數在雷法上的運用》。龔鵬程主編:《八卦城談易:第二届中國·特克斯世界周易論壇論文集》,北京:社會科學文獻出版社,2014年,第148~181頁。

《東嶽温太保考召秘法》解釋了以存想玄帝爲主的混合元神的修煉方法：

> 混合元神：趺坐，瞑目凝神，存玄帝在下田，項有圓光。又存元神在上田，項有圓光。元神下至中田，玄帝自下升上黄庭，元神自中田降下黄庭，玄帝與元神漸漸相近，交合圓光。是時黄庭中祥光瑞炁氤氲，玄帝與元神交相混合。須臾，祥光開豁，只見元神坐於黄庭，上中田，直上泥丸宫朝禮天尊，禮畢而退。①

關於胡儼《蟾宇歌》所説"天門夜開飛爽靈"，《道法會元》卷二百五十四《東嶽温太保考召秘法》解釋了以存想玄帝爲主的飛騰變化的修煉方法。《東嶽温太保考召秘法》此處的修煉之宗教氣息很重，要觀想玄帝、太保、神將，其實這些人格神也都是精、氣、神的顯化而已，從性功的修煉來看，都要以清净無爲，以無相、無情、無形來修持其心。② 此中所涉及的丹道存想如下："存元神在上田，項有圓光。元神下至中田，玄帝自下升上黄庭，元神自中田降下黄庭，玄帝與元神漸漸相近，交合圓光。"也就是上丹田與陰蹻的上下兩股能量（玄帝與元神）在黄庭交會，合成圓光。元神經過此番鍛煉之後，坐於黄庭，上至中田然後直上泥丸宫而朝禮天尊，代表已經修成法體。

《東嶽温太保考召秘法》關於"飛騰變化"之解説如下：

> 飛騰變化：存元神在絳宫，玄帝在下田。想身中空洞光，是東方九炁，南方三炁，西方七炁，北方五炁，中央一炁歸北，是謂天一。又存北方天一生水，得中五來輳，是爲地六，以成北方之水。又存南方地二生火，得中五輳成天七之數，以成南方之火。又存東方天三生木，得中五輳成地八之數，以成東方之木。又存西方地四生金，得中五輳成天九之數，以成西方之金。又存天五生土，以中五合之，爲地十之數，以成中央之土也。既存東南西北中五方已定，存十方分佈於其間，然後誦咒，存温太保在黄庭中，四將分列於左右前後。存玄帝自下田升上絳宫，元神自絳宫下過下田，然後玄帝之水一灑滴下，元神之火被水輳，其炁上蒸，變化一太保，分爲五太保，四將分爲二十將，撒開五方了，却收斂歸中。又存玄帝之水五灑滴下，元神之火被水輳，其炁

---

① 《道藏》第 30 册，第 566 頁。

② 相關討論可以參見簡一女《從〈道法會元〉論八卦術數在雷法上的運用》。龔鵬程主編：《八卦城談易：第二届中國・特克斯世界周易論壇論文集》，北京：社會科學文獻出版社，2014 年，第 148 ~ 181 頁。

上蒸,變化五太保爲二十五太保,四將分爲百將。撒開五方,合天數二十五,又收斂五個太保歸中,四將隨之。仍存玄帝之水六灑滴下,元神之火其炁上蒸,變化五太保分爲三十太保,四將分爲二百四十,撒開五方,合地數三十也。已上二十五太保,又三十太保,合天地五十五之數。掐收斂五十五太保鎮居中五位,鎮居中央,五十個作十重分列圍繞在外,四將並各隨侍。仍存玄帝之水十一灑滴下,元神之火其炁上騰,大爲變化。存見外十重五十個太保,分作五百個,撒開十方,每方五十個,四將隨太保,飛騰遊宴十方。又存中央五位太保居中不動,自變自化二十位,圍繞中央之外重,正合乾坤二象策零頭五百二十五之數也。諸太保遊宴十方之中,或遇有職任,隨力盡忠以立功也。既然散一爲萬,又當斂萬爲一。即存打一收斂歸中,只見一太保居中,四將列侍而已。誦五星咒畢,仍祝其上衛仙翁也。①

其實,以全真道龍門派的丹道清净功的修煉觀點來看,此處所説的"飛騰變化"不外乎胡儼《蟾宇歌》説的"茶煙消盡鶴初睡,雲窗洞達虚白生。道人宴坐收金經,鼻端有白心無營。招摇此指紅日生,絳宫月魄蟾光凝。回風混合歸黄庭,天門夜開飛爽靈",乃是以清虚泰定來煉化元神,去除元神的種種陰質,而成爲純陽之體,如此自然能够煉就身外有身的法身。但《東嶽温太保考召秘法》此處所説的"飛騰變化"却是結合玄帝的神話學,以人格神的方式來存想體内能量(精氣神)的變化,在此存想的背景下,强調咒語、手訣,則是比較偏向法術的一類道教修煉。

結論

筆者此文整理騫林茶、騫林樹的文獻,並挖掘出更爲深層的被遺忘的文獻,就其涵意進行深度詮釋。騫林、騫林樹的文獻記載比現在一般所知道更提前到了東晉時代(317—419)的《上清黄氣陽精三道順行經》,而且可能就是指武當山所産者,所以在四世紀已經有了關於騫林、騫林樹以及騫林與丹道月華法有關的文獻記載。但是此處並没有指明騫林樹是騫林茶樹。

又,以1994年新修《武當山志》採取的《文獻通考》的記載而言,騫林茶最早的文史記載時間點應該是1307年,距離現在(2013年)已經有706年的歷史,但是這是一個誤解,因爲考察《文獻通考》文本,並未能發現《武當山志》所引用之

① 《道藏》30冊,第567頁。

文（“太和山出鶱林茶，初泡極苦澀，至三四泡，清香特異，人以爲茶寶”）。其實此處所引用的文句出現於明代的《群芳譜》。若是以關於明代的農業專家對於鶱林茶的高度肯定而論，以《群芳譜》和《農政全書》等書的記載而言，則在 1600 年左右，武當山的鶱林茶作爲道茶而爲茶寶，已經比較普遍爲人所知，也得到當時的農業科學家的贊同以及論證闡明。

成書於 1431 年明宣宗宣德六年的任自垣《敕建大嶽太和山志》，此書記載説：“芳鶱樹，葉青而秀，木大而高，根株皆自然藤蘿交裹之勢，與畫者無比。武當有二，大頂與五龍接待庵澗濱。生而且奇，與他處則不同也。”任自垣此處關於鶱林樹的記載是沿用了劉道明《武當福地總真集》的資料。没有人對任自垣《敕建大嶽太和山志》卷十三所記載的明永樂十一年（1413）建武當山宫廟有“鶱林應祥”的情景是不是另有所本加以討論。“鶱林應祥”最早的詳細記載應該在永樂十六年（1418）十二月的《大明玄天上帝瑞應圖録》，筆者對此詳細加以研究，因此彌補了鶱林茶、鶱林樹研究史的一段空白，尤其是對於當時“鶱林應祥”圖，以《道藏》所收藏者來比照今天田野調查所見的鶱林茶，筆者從圖中來解析出“鶱林應祥”的鶱林就是今天鶱林茶的茶樹林。

鶱林茶、鶱林樹的文獻記載確實一開始就與月華法、月魄的丹道修煉有關，例如“月華法”就與早見於東晉時代的《上清黄氣陽精三道順行經》關於”鶱林樹”以及吸收月魄之修煉方法有關。直至任自垣《敕建大嶽太和山志》中的詩文仍可以見到鶱林茶、鶱林樹與丹道修煉的蹤跡。由《敕建大嶽太和山志》所收入的一些文獻，可以見出明代的武當山高道（例如任自垣）的月華法丹道修煉的情況。而《道法會元》卷二百五十四《東嶽温太保考召秘法》可以是一强力的佐證，説明了武當山玄帝信仰與丹道修煉的關係。

鶱林茶、鶱林樹是中國古老的道茶，而且與月華法、月魄的丹道修煉有關，此是十分值得注目者。鶱林樹以及關聯到吸收月魄之修煉，早見於東晉時代的《上清黄氣陽精三道順行經》，在筆者之前没有人就此加以研究。雖然《上清黄氣陽精三道順行經》没有明文説到此經所説的“鶱林樹”就是武當山的“鶱林茶樹”，但是此中所説的“鶱林樹”與吸收月魄之修煉的相關性，乃是道茶文化史之中相當值得研究之處。

根據筆者和武當山地區的李曉梅副教授的調查研究，鶱林樹的古茶樹仍然生存於武當山的深山之中。中國最古老的道茶鶱林茶也因此而即將復興。[①] 武

① 楊立志、李曉梅：《武當道茶文化》，北京：中國農業出版社，2017 年。

當山當地政府可以參考杭州西湖龍門檻村的龍井茶種原保護區,設立武當山的古茶樹騫林樹的種原保護特區,對於瀕臨絶種的騫林樹國寶古木加以緊急保護。除了保護種原之外,也應當積極培育新種,開闢武當山騫林樹的新興茶區。並研發道茶騫林茶之製茶技術,以及相關的道茶美學、道茶表演、道茶養生學,尤其是復興武當丹道的修煉傳統。如此以來,則古代的武當道茶騫林茶以及武當道家修道文化就可以永續長春了。

(責任編輯:趙衛東)

陳攖寧《孫不二女功内丹次第詩注》簡評

□梁淑芳

摘要:近代道教學者陳攖寧注釋《坤道功夫次第》組詩,從"破除枝節,統觀丹道""道教爲本,兼採儒釋""實踐體驗,重視證據"三個方面展開。陳攖寧在尋求"作者意圖"過程中,也會因性別差異問題,導致詮釋失去效力。畢竟,在道教修煉理論與功夫體系中,操作層次必有男女差異。陳攖寧無法推倒這個體系,就必須正視這種差異。因此,在道教體系乾丹、坤丹不同的前提下,陳攖寧所能做的祇是進行基礎的解釋。至於更深入的宗教體驗與詮釋,則因性別差異問題,無法有更進一步的貼近或拓展。

關鍵詞:陳攖寧　孫不二　《孫不二女功内丹次第詩注》　詮釋學　女丹

作者簡介:梁淑芳,臺灣彰化師範大學國文研究所博士,曾任臺灣義守大學通識教育中心助理教授,現爲臺灣體育大學通識教育中心副教授兼圖書館館長、體育博物館館長,著有《錢穆〈論語新解〉研究——以比較爲主要進路的考察》《錢穆文化學研究》《王重陽詩歌中的義理世界》《性命雙修道脈之傳承——論吕純陽祖師與涵静老人之關係》,並發表有《錢穆之靈魂觀與不朽論析評》《孫不二修道經歷與修行法門》等期刊論文數十篇。

一、前言

孫不二,山東寧海(今山東牟平)人,生於金天輔三年(1119),卒於金大定二十二年(1182),她與丈夫馬丹陽同列名於全真七子,是七子中唯一的女性,她或許是道教史上最著名的女冠。元朝全真道士秦志安於元太宗十三年(1241)完成《金蓮正宗記》,該書爲第一部全真道教史著作。書中收入十四篇全真道教祖師傳記,孫不二爲第十四人,其傳記題名爲《清静散人》。秦志安贊曰:"獨分一朵之金蓮,得預七真之仙列者也。”[①]由此可知,孫不二經王重陽親授道業,並列於全真七子的定位,於元代已然確立。全真七子受王重陽(1113—1170)點化,積極修道傳教,陸續於北方收徒,開門立派。孫不二於金大定十五年(1175)於洛陽風仙姑洞修道,開創“清净派”。没有文獻資料記述關於元代“清净派”的發展詳情。由至元六年(1269)元世祖加封爲“清静淵貞順德真人”,[②]以及至大三年(1310)獲得武宗加封爲“清静淵貞玄虚順化元君”,[③]可知“清净派”於元代應有相當的聲望與影響。

孫不二是全真七子中唯一没有文集傳世的修道者,對孫不二修道思想的理解,衹能憑同修師友對她的論贊以及少數著作略窺一二。現存較爲可信,且具有較高學術史意義的孫不二著作爲《孫不二元君法語》。[④]《孫不二元君法語》由“《坤道功夫次第》十四首”與“《女功内丹》七首”組成。《坤道功夫次第》組詩流傳雖久,但是論者寥寥。[⑤] 直至近代道教學者陳攖寧(1880—1969)《孫不二女功内丹次第詩注》出,此書纔漸爲人注意。

陳攖寧,安徽安慶人,道號圓頓子。早年習儒術、佛家,爾後精研丹道養生之法。1930年代於上海創辦《揚善半月刊》《仙道月報》,寫文撰稿,以推廣道教仙學爲任,使上述刊物成爲現代道教研究最有影響力的學術期刊。1961年,陳攖寧以其對道教的貢獻,當選道教協會會長。[⑥] 陳攖寧的功績在於形勢衰微之際,引入現代觀念闡發道教,爲現代道教研究之重要學者。

就學術史角度而觀,《坤道功夫次第》組詩在道教史上應有很高價值,它直接點出坤道修行的具體次第與方法,具備一定的體系意義。陳攖寧《孫不二女功内

① (元)秦志安(樗櫟道人)編著:《清静散人》,《金蓮正宗記》卷五,《道藏》第3册,上海:上海書店、天津:天津古籍出版社、北京:文物出版社,1988年,第365頁。

② (元)謝西蟾、劉志玄編著:《元世祖皇帝褒封制詞》,《金蓮正宗仙源像傳》,《道藏》第3册,第366頁。

③ (元)謝西蟾、劉志玄編著:《武宗皇帝加封制詞》,《金蓮正宗仙源像傳》,《道藏》第3册,第368頁。

④ 現存孫不二著作大致可以分爲兩部分:一是收於《道藏》的《孫不二元君法語》,以及元代全真道士彭致中選録唐代至元代道士的文學作品集《鳴鶴餘音》中收録數首孫不二的作品;一是《道藏輯要》尚有《孫不二元君傳述丹道秘書》,包括《玉清胎元内養真經》《玉清炁上内景真經》《大道守一寶章》《守一詩》。書名已稱“傳述”,來源不明。另當代編纂的《藏外道書》收有《坤訣》和《清静元君坤元經》,乃扶乩而成,屬於僞託之作。

⑤ 宋代曾慥的《道樞》可能是記録女丹修煉之最早起源。

⑥ 關於陳攖寧生平,參見陳攖寧:《陳攖寧自傳》,收入胡海牙總編、武國忠主編:《中華仙學養生全書:陳攖寧先生對健康長壽學説作出的獨特貢獻》(上册),北京:華夏出版社,2006年,第7~11頁;李養正:《陳攖寧先生評傳》,載《世界宗教研究》1989年第2期。

丹次第詩注》就《坤道功夫次第》十四首進行注釋，爲研究坤道内丹之學必考著作。至於《女功内丹》七首，陳攖寧存録而未論。陳攖寧於《孫不二女功内丹次第詩注》前言稱注釋原本爲與某女士以書信來往方式交流道教修行理論、功夫，後隔二十年重校發表。[①] 據陳攖寧另一篇文章可知，該女士即爲民初教育家、作家吕碧城(1883—1943)。[②]

本文無意對文本進行考釋補遺工作，探析重心在於以陳攖寧注解《坤道功夫次第》十四首爲研究文本，利用詮釋學觀點，探究陳攖寧的文本理解、詮釋與價值賦予的脈絡，藉此對道教開啓現代學術研究初期之歷史、成果進行論述，以期能爲現代道教學術研究史提供可信的撰述素材。

二、陳攖寧《孫不二女功内丹次第詩注》之注解觀點

(一)破除枝節，統觀丹道

《坤道功夫次第》十四首篇目爲：《收心第一》《養氣第二》《行功第三》《斬龍第四》《養丹第五》《胎息第六》《符火第七》《接藥第八》《煉神第九》《服食第十》《辟穀第十一》《面壁第十二》《出神第十三》《沖舉第十四》。陳攖寧注解此組詩，題稱"《孫不二女功内丹次第詩注》"，頗有正名意味。

依據《鍾吕傳道集》稱丹鼎爲"丹田"，分爲上、中、下，以修煉精、氣、神。[③]"内丹"即是將丹田視爲一丹爐，調動體内精氣神進行修煉。亦有學者以爲"内丹"除以三丹田之修煉爲特徵外，其外在形式以坐姿爲主。[④] 所以，依據陳攖寧"《孫不二女功内丹次第詩注》"之題名，即是將《坤道功夫次第》爲女性修煉内丹

---

① 陳攖寧稱："原詩行世既久，無人作注。余往歲與某女士談道之餘，隨時解釋，郵寄贈之，距今已閲廿稔。舊稿零亂，雜於故紙堆中，難以卒讀，爰爲檢出，重校一過，幸無大謬，遂録存之。"引自氏著《孫不二女功内丹次第詩注・前言》，收入胡海牙、武國忠主編：《陳攖寧仙學精要》(上册)，北京：宗教文化出版社，2008年，第69頁。

② 陳攖寧稱："吕女士從余學道，既爲之作《孫不二女丹詩注》，並將手訂《女丹十則》與伊閲讀，乃有此問答之作。"引自氏著《答吕碧城女士三十六問》，載洪建林編：《仙學解秘：道家養生秘庫》，大連：大連出版社，1991年，第270頁。

③ "鍾曰：'丹乃丹田也。丹田有三：上田神舍，中田氣府，下田精區。精中生氣，氣在中丹，氣中生神，神在上田。真水真氣，合而成精，精在下丹。'"載(唐)鍾離權述，(唐)吕嵒集，(唐)施肩吾傳：《鍾吕傳道集》，載《道藏》第4册，第672頁。

④ 莊宏誼認爲："宋金以後，居於道教修真主流的南方南宗及北方全真道派皆祖述鍾、吕，重視三丹田的修煉。導引、按摩、行氣、存思……等皆被納入此三丹田的修煉體系，而稱爲丹道或内丹。雖然，'内丹'一詞可涵蓋道教的許多修煉法，然由於内丹以坐姿爲主，因而，又或稱爲打坐、静坐。"參見莊宏誼：《道教養生文化》，載林富士主編：《中國史新論：宗教史分册》，臺北：聯經出版社，2011年，第313頁。

之方法的内容意涵表達得更加清晰。

就一般的理解,“次第”即是先後次序之謂,有一定的順序性質。[①] 如隋代天台宗大師釋智顗(538—597)撰寫《法界次第初門》,撰作目的之一是:“爲未解聖教所制法門淺深之次第。”[②]道教修行亦有等階次第之分,如唐代施肩吾(780—861)《西山群仙會真記》提出修道的五個次第爲:“煉法入道”“煉形化炁”“煉炁成神”“煉神合道”“煉道入聖”。[③] 因此,“功夫次第”是實踐方法與具體作爲的先後順序。所以,對孫不二《坤道功夫次第》的解釋,多會落在其順序與階段性質。如葉怡菁《全真女冠孫不二及〈孫不二元君法語〉之研究》將《坤道功夫次第》十四首,依序分爲“築基煉己”“煉精化氣”“煉氣化神”“煉神還虛”四個階段。[④]

理論上,修煉的順序性在内丹修煉過程中是必須依循的規則。宋元時期内丹學提出“順則生人,逆則成丹”之觀點,如宋元時期的丹家言:“順則爲凡夫凡母,逆則爲靈夫靈母。凡夫凡母之氣順而成人,謂之常道也;靈夫靈母之氣逆而成丹,是曰真源。”[⑤]簡言之:《老子》言“道生一,一生二,二生三,三生萬物”之宇宙演生次序[⑥],則内丹仙學逆此順行規律,通過内丹修煉的“煉精化氣”(即由三化爲二),“煉氣化神”(由二化一),“煉神還虛”(由一化於無),復歸於道。統合地來説,内丹修行之道爲逆向反修自然生長過程,即“逆返成仙”,此爲丹道學説的重大突破。[⑦] 但是,既言“順”“逆”,則其間的修行先後次序、順逆步驟當爲修行者必須注意的

---

① 漢許慎(58—148)《説文》:“弟,韋束之次弟也。”清段玉裁(1735—1815):“以韋束物。如輈五束、衡三束之類。束之不一則有次弟也。”段玉裁:《説文解字注》,臺北:藝文印書館,2007年,第239頁。

② (隋)釋智顗:《法界次第初門總序》,《法界次第初門》卷一。引自“CBETA 漢文大藏經(電子佛典集成)”,《大正藏》第46册,卷一(T46n1925_001),0664b05。

③ (唐)施肩吾撰,(唐)李竦編:《西山群仙會真記》,《道藏》第4册,第438~441頁。

④ 葉怡菁:《全真女冠孫不二及〈孫不二元君法語〉之研究》,臺南:成功大學歷史學系碩士論文,2003年,第77~92頁。淑芳案:葉怡菁以爲《坤道功夫次第》一至四首爲第一階段“築基煉己”;第五首描述第二階段“煉精化氣”;六至十二首爲第三階段“煉氣化神”;十三至十四首爲第四階段“煉神還虛”。

⑤ (宋)薛道光(翁葆光)、(宋)陸墅、(元)陳致虛(1290—?)注:《紫陽真人悟真篇三注》,收入洪丕謨編:《道藏氣功要集》(上編),上海:上海書店,1991年,第181頁。該書亦收入《正統道藏》“洞真部玉訣類律字號”以及《中華道藏》“《四輔真經太清金丹經》”第19册。

⑥ 朱謙之(1899—1972):《老子校釋》(據“唐景龍二年易州龍興觀道德經碑本”爲底本校釋),收入《老子釋譯》,臺北:里仁書局,1985年,第174頁。

⑦ 郝勤認爲:“道家主張‘道法自然’,也就是順應自然法則。但仙學和内丹的根本立場却是要長生不死,也就是要反對自然之道而‘逆返成仙’。這既是内丹本體論的核心學説,也是内丹對傳統道家和道教思想的重大變革與突破。”參見氏著《龍虎丹道:道教内丹術》,成都:四川人民出版社,1994年,第180頁。淑芳案:這並不表示丹道背棄道家學説。事實上,《老子》即隱含“常人之道”與“自然之道”二種背反路綫。如“五色令人目盲,五音令人耳聾,五味令人口爽”,爲“常人之道”;“天地所以能長且久者,以其不自生,故能長生。”(引文分見《老子》第12章、第7章)。所以,“逆返成仙”應是以逆反“常人之道”的方式,追求“天地之道”。

關鍵。

依據《坤道功夫次第》的題名，此十四首詩應具備先後次序的意義，言丹道修行階段的功夫、步驟、感受與效驗。

葛洪（283—343）《抱朴子》明確提出神仙的三個等級，即天仙、地仙和尸解仙，也提出三種不同層次的服食成仙方式。[①] 基本上，葛洪確立的神仙等級觀點爲後世道教繼承。其提出的服食丹藥，因歷史因素與實證結果而逐漸衰微。但是，修煉的差異將導致境界不同的觀點，此樸素的道理則爲人接受。因此，修行與成仙有效驗境界之别，成爲道教中一個普遍性的觀點。所以，道教出現很多文獻提出"判道"，即描述、判斷神仙、修行之境界。如宋末元初融合諸派諸説的李道純對道教修行進行歸類與判别，還訂出"傍門九品""漸法三乘""最上一乘"等境界、效用層級區别。[②] 基本上，"判道"仍是結合修行方法而言。[③]

陳攖寧解析《坤道功夫次第》十四首，總言："仙家上乘工夫，簡易圓融，本無先後次第，此詩所謂次第者，就效驗深淺言之耳。若言工夫，則自第一首至第十四首，皆是一氣呵成，不可劃分爲十四段落。故須前後統觀，方能得其綱要，幸勿枝枝節節而議之。"[④]陳攖寧的意思是希望修煉之人對此"次第"必須整體統觀，而非割裂言之。陳攖寧特别强調這十四首之"次第"意義重在"效驗深淺"。"次第"非修行順序，而是"效驗深淺"，這樣的思維或與文本原意不同。畢竟歷來言"次第"者，所重在舉措先後，依序而進。就算是"效驗深淺"，仍有由淺至深的序位性，何以陳攖寧要讀者"前後統觀""勿枝枝節節而議之"？

或許這與陳攖寧的修行經驗有關。《收心》："掃空生滅海，固守總持門。"陳攖寧於注後提醒讀者："雖説初下手要除妄念，然絶不是專在念頭上做工夫，若一切不依，一切不想，其弊必至毫無效果，令人失望灰心，是宜熟

---

① 葛洪："上士舉形升虚，謂之天仙。中士遊於名山，謂之地仙。下士先死後蜕，謂之屍解仙"（《論仙》）、"朱砂爲金，服之昇仙者，上士也；茹芝導引，咽氣長生者，中士也；餐食草木，千歲以還者，下士也。"（《黄白》）。王明校釋：《抱朴子内篇校釋》，北京：中華書局，1996 年，第 20、196 頁。

② （元）李道純撰，（元）蔡志頤編：《中和集》卷二，第 3 ~4 頁。收入（清）閻永和、彭翰然重刻，（清）賀龍驤校訂：《重刊道藏輯要》（光緒三十二年成都二仙庵刻本），昴集八。

③ 如李道純言"漸法三乘"："下乘者，以身心爲鼎爐，精氣爲藥物，心腎爲水火，五臟爲五行，肝肺爲龍虎，精爲真種子。……中乘者，以乾坤爲鼎器，坎離爲水火，烏兔爲藥物。精神魂魄意爲五行，身心爲龍虎，氣爲真種子。……夫最上一乘，無上至真之妙道也。以太虚爲鼎，太極爲爐。清静爲丹基，無爲爲丹母。"參見《中和集》卷二，第 3 頁。

④ 陳攖寧：《孫不二女功内丹次第詩注・凡例》，《道教與養生》，北京：華文出版社，2000 年，第 180 頁。

思而明辨也。”[①]

《坤道功夫次第》組詩爲七言律詩,在形式上本難就詳細的實質内容進行描述。其所重者乃在要旨大義、修煉感懷與境界之妙。如朱熹弟子曾問:“問元亨利貞有次第,仁義禮智因發而感,則無次第。”朱熹回答:“發時無次第,生時有次第。”[②]意即具體行爲、過程有次第;抽象原則、感受並無所謂次第。《坤道功夫次第》組詩内容,多揭示抽象原則與感懷,因此,陳攖寧不專就“次第”順序性質而論,而要求讀者“統觀”要旨,實爲適切的詮解。

(二)道教爲本,兼採儒釋

佛教傳入中國與道教創立之初,不免與儒家思想、傳統、文化産生激烈衝突。但是,調和折衷的論點亦同時出現。[③] 如東漢牟融(?65—88)《理惑論》、西晉孫綽(320—377)《喻道論》、南朝齊的學者張融(444—497)《門律》、隋代大儒王通(584—617)《文中子》等,主張儒、釋、道可互相借鑑、調和。唐代採取宗教兼融的政策,但是此期儒、釋、道的論争不少,現實中佛教、道教爲争取信徒,多有碰撞。宋代儒家與佛教的衝突最爲明顯,尤其儒家菁英興起對抗的意識形態,從而發展“理學”。雖然唐、宋的政策對宗教採取兼用的態度,但是儒、釋、道長期競争、互相攻擊的態勢並未有太多改變。然而,三教在互相批判對方思想的過程中,彼此理解,加深認識,從而孕育三教合一的思潮。“三教合一”的思潮至明代極盛,若回溯發展,則全真道的引領是重要的源流。關鍵人物是王重陽,他在創立全真道時便以三教冠名其成立的組織,明確要求信徒必須誦讀《道德經》《孝經》《般若心經》,並且提出“三教合一”的主張。這在學術史、道教發展史上具重大貢獻。[④]

既然全真道以“三教合一”爲教派主張,則傳道文本含有三教思想,當是情理之中。《坤道功夫次第》組詩使用的語彙、表達的觀點,雖以道教爲主,但亦融會

---

① 陳攖寧:《孫不二女功内丹次第詩注·養氣第二》,收入胡海牙、武國忠主編:《陳攖寧仙學精要》(上册),第72頁。

② (宋)黎靖德編:《朱子語類》第1册,王星賢點校,北京:中華書局,1986年,第107頁。

③ 目前研究中國儒、釋、道三教關係發展專門史,以日本學者常盤大定《支那に於ける佛教と儒教道教》(東京:東洋文庫,1930年)、久保田量遠《支那儒道佛交涉史》(東京:大東出版社,1943年)最有影響。其主要觀點爲佛教進入中國與道教發展之初,即展開“交涉”,在批判攻擊的過程中,互相吸納觀點,這是三教融合的起點。

④ 卿希泰認爲:“明確提出以‘三教合一’爲宗旨而獨立創建一個宗派的,乃是後來全真道的創始人王重陽。……全真道是以‘三教合一’爲它的創教宗旨,這是非常明確的,這在道教的道派發展史上是一個非常鮮明的特點。……開闢了南宋以後儒、釋、道三教以融合爲主流的先河,對整個中國學術思想的發展均有重大的貢獻。”參見卿希泰:《全真道是道教發展史上的一個革新派》,載《弘道》2009年第1期,總第38期,第3~4頁。

儒、釋二家。因此,陳攖寧《孫不二女功内丹次第詩注》亦以儒、釋、道三家文本、典故進行注釋。兹整理"陳攖寧《孫不二女功内丹次第詩注》徵引文獻典故表"如下:

篇目	徵引(依引述先後排序)
《收心第一》	(五代)譚峭《化書》、張紫陽真人語、《老子》
《養氣第二》	佛家之説、五行之説
《行功第三》	《周易·文言》、張紫陽真人語、吕純陽真人《步蟾宫》詞、吕純陽真人《百字碑》、邵康節先生詩、鍾離真人語、彭鶴林先生語、《周易·地雷復》
《斬龍第四》	《老子》第十五章、第十六章、《丹經》、石杏林真人語、吕純陽真人語、《易·繫辭》、道書、(唐)崔希範《入藥鏡》
《養丹第五》	上陽子陳致虚語、張虚靖天師語、張三丰真人語、廣成子語、張紫陽真人《金丹四百字》、(東漢)魏伯陽《參同契》
《胎息第六》	《明道篇》、《老子》、司馬子微《坐忘論》、《大乘起信論》、《唯識論》
《符火第七》	(未徵引)
《接藥第八》	尹真人弟子《性命圭旨·真空煉形法》、鍾離真人《破迷正道歌》、(宋)陳楠《翠虚篇》、丘長春語、張紫瓊語、《太上洞玄靈寶浄土生神經》
《煉神第九》	吕純陽真人《敲爻歌》、《老子》、龍門派第十七代廣西洪教燧君未刊《金丹歌》、吕祖純陽真人《步蟾宫》、《楞嚴經》、青華老人語
《服食第十》	《易筋經》、丹經
《辟穀第十一》	《本草》《集仙傳》
《面壁第十二》	達摩面壁典故
《出神第十三》	《青華老人語録》《沖虚子語録》
《沖舉第十四》	(東漢)魏伯陽《參同契》、(唐)韓愈《謝自然詩》、(唐末五代)杜光庭《墉城集仙録》

由上表可知《孫不二女功内丹次第詩注》之詮解,以道教經典文本爲解釋基礎,兼採佛、儒二家。雖然在比例上道教文本遠大於儒、釋二家,但是使用他教解釋,就質性意義上來説相當特殊。陳攖寧注釋《養氣第二》言:

或問:"六塵之説,乃釋氏語,何故引以注《丹經》?"答曰:"非我之咎,原詩已喜用佛家名詞，如生滅、如真如、如舍利子等，皆非道家所本有者，不引佛典，何能作注？”①

陳攖寧認爲文本自身已用佛家語，則使用佛典解釋當屬應然之事。陳攖寧雖主道教，但是對三教融通持肯定的態度。如注釋《煉神第九》稱：

吾國人性習，素尚調和，非但儒、道同源本無衝突，即對於外來之佛教，亦復不存歧視，彼此融通，較他種教義之惟我獨尊者，其容量之廣狹，實大不同。②

這是言歷史發展上，儒、道同屬中國本土發展之思想、宗教，實屬同源，且民族性崇尚調和，能包容外來的宗教。

陳攖寧對佛、道修行差異能有所甄别，如注釋《煉神第九》：

若道家則性命雙修，將精氣神混合爲一，周天火候，煉成身外之身，神在是，精在是，氣在是，分之無可分也。故其羽化而後，不論是肉身化炁，或是尸解出神，皆無舍利之留存。倘偶有坐化而遺下舍利者，其平日工夫，必是偏重於佛教方面，詳於性而略於命也。……釋道之不同如此。③

陳攖寧認爲道家性命雙修之道，能煉精氣神於一，所以飛昇羽化後，無物留存。佛家則重視煉性，則遺舍利於世。陳攖寧特别强調“佛家重煉性”“仙家重煉氣”，氣、性若能煉至最高境界，則二者無分别。④ 陳攖寧於《孫不二女功内丹次第詩注・凡例》言：

至若儒、釋二教經典，及諸子百家，遇有可採者，亦隨時羅致，以爲我用，不必顯分門户。書中於仙佛異同，偶依昔賢見解，略加論斷，雖曰掛一漏萬，

① 陳攖寧：《孫不二女功内丹次第詩注・養氣第二》，收入胡海牙、武國忠主編：《陳攖寧仙學精要》（上册），第74頁。

② 陳攖寧：《孫不二女功内丹次第詩注・煉神第九》，收入胡海牙、武國忠主編：《陳攖寧仙學精要》（上册），第87～88頁。

③ 陳攖寧：《孫不二女功内丹次第詩注・煉神第九》，收入胡海牙、武國忠主編：《陳攖寧仙學精要》（上册），第88頁。

④ 陳攖寧認爲：“佛家重煉性，一靈獨耀迴脱根塵，此之謂‘性長生’；仙家重煉氣，遍體純陽，金光透露，此之謂‘氣長生’。究竟到了無上根源，性就是氣，氣就是性，同者其實，異者其名耳。”引自氏著《孫不二女功内丹次第詩注・煉神第九》，收入胡海牙、武國忠主編：《陳攖寧仙學精要》（上册），第88頁。

所幸不亢不卑，庶免隨聲附和，自誤誤人，蓋學者之態度，本應如是也。①

（三）實踐體驗，重視證據

陳攖寧創辦《揚善半月刊》封面題有"陳攖寧仙學箴言"，其中有"功夫——尚實踐不尚空談"，重視實踐的態度在《孫不二女功内丹次第詩注》頗有展現。陳攖寧稱："真正神仙口訣，皆從艱苦實驗中來，彼輩何曾夢見？敬告讀者，若有所得，務要小心磨煉，努力修持。"②修仙不是空談妄言，紙上所談衹是綱領提示，真正的修道功夫必須踏實地親身修煉，方能獲致而漸有所得。如《行功》第三："斂息凝神處，東方生氣來。"陳攖寧解釋爲日將出時面向東方，利用呼吸養息之道，攝空中生氣，驅除身體蓄積之死氣。③ 其後强調力行體驗的重要：

> 上乘丹法，雖不限定時間與方所，然總宜在山林清静之區，日暖風和之候，則身中效驗隨做隨來，如立竿見影。……此段作用，乃真實工夫，非空談，亦非理想，惟證方知。若問"息如何斂？神如何凝？處在何處？來從何來？"既非片語能明，且筆墨亦難宣達，須經多次辯論，多次實驗，又要學者夙具慧根，苦心孤詣，方可入門。若一一寫在紙上，反令活法變成死法，世人性情不同，體質各異，學此死法，適足致疾，非徒無益，而又害之，將何取耶？④

"斂息凝神"爲"行功"之方法，但是具體的步驟、要訣，則因天賦、性情、體質不同而無定法。陳攖寧以爲總綱已立，修行者必須親自實行驗證，踐履其道，方能悟其理則，得其效驗。又如注釋《煉神第九》："洗濯黄芽浄，山頭震地雷"：

> "洗濯"之作用，不外乎静定。凡丹道小静之後，必有小動；大静之後，必有大動。……静定之力，吾人能自作主，可以由暫而久，由淺而深。若夫震動之效，乃是順其自然，非人力可以勉强造作，似乎不能由人做主，但小静必

---

① 陳攖寧：《孫不二女功内丹次第詩注・凡例》，收入胡海牙、武國忠主編：《陳攖寧仙學精要》（上册），第67頁。

② 陳攖寧：《孫不二女功内丹次第詩注・凡例》，收入胡海牙、武國忠主編：《陳攖寧仙學精要》（上册），第66頁。

③ 陳攖寧認爲："'斂息'者，呼吸之氣，蟄藏而不動也；'凝神'者，虚靈之神，凝定而不散也。'東方'者，日出之位；'生氣'者，對於死氣而言。古之修煉家行吐納之功者，大概於寅、卯二時，面對東方，招攝空中生氣，入於吾身，借其勢力，而驅出身内停蓄之死氣。"引自氏著《孫不二女功内丹次第詩注・行功第三》，收入胡海牙、武國忠主編：《陳攖寧仙學精要》（上册），第88頁。

④ 陳攖寧：《孫不二女功内丹次第詩注・行功第三》，收入胡海牙、武國忠主編：《陳攖寧仙學精要》（上册），第74～75頁。

> 小動,大静必大動,其反應百不爽一。[1]

這應是陳攖寧修行之感受。即以静定之力修煉,全身精氣蓄積漸滿,後上衝腦部,耳目身識,皆有異象。此時之證,爲人體自然震動。

陳攖寧在《孫不二女功内丹次第詩注・凡例》揭示注釋原則與理念:

> 天台止觀,雖有入手之法門,僅作講經之材料而已,從未有人注意於實行修證者。……吾人今日著書,乃爲研究學理,預備將來同志諸人,實地試驗,解決人生一切問題,與彼闡揚宗教者,用意固有别也……總之:不問是何教派,須以刻期見效爲憑據,以今生成就爲旨歸,苟欲達此志願,除却金液還丹,别無他術矣。[2]

他稱著書、解釋道教經典乃爲了在學理上奠定基礎,作爲"實行修證""實地試驗"的依據。陳攖寧特别强調"刻期見效爲憑據"。此點在科學觀念佔據上風的民初特别有意義。但是,陳攖寧所謂的"效""證",不一定是自身經驗,見其於《孫不二女功内丹次第詩注》徵引,多爲道教傳統文獻。如《接藥第八》"鼻觀純陽接,神鉛透靈體"句,陳攖寧云:"此兩句乃言超凡入聖之實功,不由此道,不能出陽神。當今之世,除一二修煉專家而外,非但無人能行此功,即能悟此理者,亦罕遇之。余若自出心裁,勉爲注釋,恐人不能解,反嗤爲妄,故引自古相傳之'真空煉形'丹法,以釋其玄奥之義。"[3]此處徵引的"真空煉形"法出自《性命雙修萬神圭旨》。[4] 該書於明代萬曆年間刊刻,後被奉爲道教内丹修行經典。陳攖寧徵引道教修行經典,證明内丹修煉的過程與實效。

總之,陳攖寧注釋《坤道功夫次第》組詩,以"破除枝節,統觀丹道""道教爲本,兼採儒釋""實踐體驗,重視證據"三個主要觀點進行。然而,這樣的解釋角度、具體内容,是否真能釐清文本"意義",值得進一步討論。

---

① 陳攖寧:《孫不二女功内丹次第詩注・煉神第九》,收入胡海牙、武國忠主編:《陳攖寧仙學精要》(上册),第87頁。

② 陳攖寧:《孫不二女功内丹次第詩注・凡例》,收入胡海牙、武國忠主編:《陳攖寧仙學精要》(上册),第67頁。

③ 陳攖寧:《孫不二女功内丹次第詩注・接藥第八》,收入胡海牙、武國忠主編:《陳攖寧仙學精要》(上册),第84頁。

④ 陳攖寧徵引"真空煉形法"段落由"夫人未生之先"至"累積長久,化行而仙",出自《性命雙修萬神圭旨》[清康熙九年(1670)刊本,一山房刻本,香港中文大學圖書館藏]之《真空煉形圖・貞集》,8b~9a。

三、由詮釋學論述《孫不二女功内丹次第詩注》的意義與局限

陳攖寧注釋《坤道功夫次第》組詩的貢獻在於對文本進行基本的解釋,俾讀者可以理解其大義,對女性修道有進一步的認識。但是,其意圖統觀丹道、兼採儒釋、重視證據的原則,並没有很好地貫徹於注釋中。當然,這或許是因爲與吕碧城書信往返上的篇幅限制問題。但是,更嚴重的問題是:陳攖寧的注解、詮釋真能釐清、闡述文本的意義嗎?一個很直觀的質疑是:《坤道功夫次第》十四首組詩,陳攖寧於其中一、二、六與八至十四首標注"男女同",第三首標注"末二句女子獨用",第四首標注"女子獨用",第五首標注"首二句女子獨用",第七首標注"五六句女子獨用",亦即陳攖寧認爲絶大多數是男女皆同的修道功夫,則何以文本題稱"坤道功夫次第"?陳攖寧僅是籠統地稱"就男女丹訣全部而論",修煉功夫多同少異。[①]

詮釋學關注在"理解"方面的要素,其中"文本"與"讀者"之間的關係與交涉過程最被注意。古典詮釋學企圖在"文本"與"讀者"之間,建立"詮釋"的規則。但是,經驗法則發現所有"讀者"對"文本"進行"詮釋"時,其過程與結論並没有一個絶對的"規則"(或説結論)存在。於是,哲學詮釋學者開始精密析論"理解"與"詮釋"的關係。伽達默爾(Hans-Georg Gadamer,1900—2002)稱:"解釋不是在一種理解之後的偶爾附加行爲,正相反,理解總是解釋,因而解釋是理解的表現形式。"[②]因此,解釋主體(讀者)自身之"前見"必在與文本對話過程(理解)中發生作用,形成"解釋"。伽達默爾學説提供我們對"理解"的深層認知與個體詮釋的價值。

陳攖寧身爲解釋主體,其自身前見必影響其解釋。陳攖寧的妻子吴彝珠爲西醫,1934年前後罹患乳癌,後因陳攖寧教導其修養法對病情大有助益,至十年後方逝。此期間,陳攖寧對仙學更有信心,對各方問道信件積極答覆,更將之公開發表,廣爲宣傳。[③] 其中,有多封女性問修道之法者。也就是説,陳攖寧對女性

---

① 陳攖寧認爲:"原詩雖標題爲女功内丹,然就男女丹訣全部而論,其異者十之一二,而同者則有十之八九。故男子修仙者,亦可於此詩得多少參悟。"引自氏著《孫不二女功内丹次第詩注·凡例》,收入胡海牙、武國忠主編:《陳攖寧仙學精要》(上册),第65頁。

② 〔德〕漢斯—格奥爾格·伽達默爾:《真理與方法》第1册,洪漢鼎譯,北京:商務印書館,2010年,第435頁。

③ 參見陳攖寧:《陳攖寧自傳》,載《道教與養生》,第6~7頁。

修道在“效驗”方面最直接的經驗來自於其妻。[①] 然而,這並不代表陳攖寧可以完備而準確地詮解孫不二《坤道功夫次第》組詩。雖然陳攖寧言:“我非女身,何故研究女丹訣?又未嘗預備作世間女子授道之師,何故注解女丹訣?蓋深恐數千年以來相傳之道術,由茲中絶,若再秘而不宣,此後將無人能曉,雖有智慧,從何入門?”[②]陳攖寧對道教修行理論、實踐、推廣,實對現代道教的發展貢獻極大。然而,專對女性修行功夫的詮釋而言,其個人之“前見”難對文本有準確信實的詮釋。

陳攖寧詮釋《坤道功夫次第》組詩最大的問題是“性别差異”。真理超越性别,但是道教修行功夫主張“逆行”生理過程,則其間需關注性别差異問題。内丹修行乃是將人視爲鼎爐,進行精氣神的煉化,講求“逆反”常人之道以求成仙羽化。男女生理、心理的差異,則必將有不同的修煉方法。道教史上出現多種女性門派,[③]在某種程度上反映了修煉路徑、方法有别的現實狀況。值得注意的是,光緒二十九年(1903)女修顔澤寰纂有《男女丹功異同辨》,擇録歷代對男女丹功異同之討論。如其中引貞一子:“大道不問男女,皆能有成。……男子外陽内陰,女子外陰内陽,秉性不同,形體各别,雖同一性命,則行持大有不同者。”陳攖寧校訂後,寫下“讀者須知”,其稱:“男女修煉下手方法之不同,就是因爲生理上的關係。女子若要入道,必須先能明瞭普通醫學知識,然後再做功夫,庶不致於弄錯門路。”[④]既然男女有别,入手修煉功夫不同,初步的理解可以超越性别,但是更深層次的體驗,也是經典詮釋最具意義的宗教體驗,[⑤]因爲性别的關係,身爲男性的陳

---

① 賴慧玲認爲:“陳攖寧經由已婚身份,既曾仔細觀察妻子在仙道上之實踐實證,又因夫妻兩人分别爲中、西醫師,對其他女性修煉者也經由妻子代問再指點,因此即便身爲乾道,但其所注解説明的‘女金丹法’即超越性别的限制,確實值得女性修道者參證。”參見賴慧玲:《二十世紀仙學大師陳攖寧仙道養生思想研究》,臺北:新學林出版社,2014年,第178頁。淑芳案:論者多强調陳攖寧妻子修道的經驗可以轉嫁至其對女丹的理解與詮釋。然而,此一説法忽略了性别差異與體驗在修道操作層次上的先決限制。

② 陳攖寧:《孫不二女功内丹次第詩注・凡例》,收入胡海牙、武國忠主編:《陳攖寧仙學精要》(上册),第67~68頁。

③ 道教史上較有規模、影響的女性修道門派有七:“中條老姆派”“丹陽諶姆派”“南嶽魏夫人派”“謝自然仙姑派”“曹文逸真人派”“孫不二元君派”“女子雙修派”。參見胡孚琛、吕錫琛:《道學通論:道家・道教・仙學》,北京:社會科學文獻出版社,1991年,第599~600頁。

④ (清)顔澤寰纂述,(清)賀爲烈參校,陳攖寧重校訂:《男女丹功異同辨》,收入《陳攖寧仙學精要》(上册),第234、229頁。

⑤ 黎志添認爲:“宗教體驗在整個道教經典的詮釋循環中起著很大的影響意義。可惜的是,歷來大部分道教經典詮釋不大重視當中宗教經驗的存在。但是,正如我們曾説,一個作品若真的成爲宗教經典,它必然具有宣示真理的可能性,能够在讀者身上彰顯一種與真理聯繫上的深刻體會。……我們亦必須尊重承認和尊重詮釋者在宗教經典面前的宗教體驗。”參見黎志添:《宗教研究與詮釋學:宗教學建立的思考》,香港:香港中文大學出版社,2003年,第66頁。

攖寧恐無法有"真實"的"前見"提供具備高度宗教體驗意義的詮釋。一個淺顯的例子是:男性可以描述女子生理構造與原理,但是却永遠無法體會女子生理結構帶來的感受。

這並不表示陳攖寧的注解毫無意義。法國學者保羅·利科(Jean Paul Gustave Ricæur,1913—2005)認爲"方法"很重要,文本必須有一定的詮釋規則。在宗教經典解讀方面,他認爲宗教經典文本的意義和指義在某種程度是經由其特殊的形式(包含論述與體裁)而形成。此點揭示理解宗教經典必先由形式與語言結構進行認知。[①] 陳攖寧能利用各種文本證據進行解釋,在某種程度而言,已經做了良好的基礎工作。

某種程度而言,陳攖寧因熟稔道教文獻,又有實際修煉經驗,所以解釋文本某些客觀的語言意義,確對讀者有幫助。但是,詮釋必須要有一定的規則。美國學者赫施(E. D. Hirsch)對不斷强調一切詮釋都有意義的説法提出了修正意見。他認爲,詮釋必須有一定的"有效性",判準作者意圖(intention of the author)。詮釋必須找出作者、文本的"意義"(meaning),纔能避免無止境的詮釋混亂。他不否認讀者有詮釋權力,但是那屬於帶入自身前見、經驗的"含意"(significance)。[②] 以此來説,陳攖寧在尋求"作者意圖"過程中,會因性别差異問題,導致詮釋失去效力。畢竟,在道教修煉理論與功夫體系中,操作層次必有男女差異。無法推倒這個體系,就必須正視這種差異。

四、結論

陳攖寧是衆所推崇的道教大師,對道教的現代化與進展做出極大貢獻。某些研究者仰慕其學養與人格,因此對其所有著作大加褒揚。不過,他們忘記了陳攖寧引領道教進入現代化重要的信念就在學理與實證。姑且不論實證,單就學理方面,在道教體系乾丹、坤丹不同的前提下,陳攖寧所能做的衹是進行基礎的解釋。至於更深入的宗教體驗與詮釋,則因性别差異問題而無法有更進一步的貼近或拓展。正如黄俊傑所言:"宗教經典詮釋的困難和問題乃是源於它所依據

---

① Paul Ricoeur: "Philosophy and Religious Language," in *The Journal of Religion*, vol. 54, no. 1 (Jan., 1974), pp. 71 – 85.

② 〔美〕赫施:《解釋的有效性》(*Validity in Interpretation*),王才勇譯,上海:三聯書店,1991 年,第 9 ~ 33 頁。

的宗教語言和論述却衹是爲了(for)或僅是對應(of)它的宗教信仰者而已。"[①]在道教的世界中,男女修行者有著鮮明的區别,況且言及實際的修煉功夫過程與感受,男女差異將更爲明顯而實際。吕碧城向陳攖寧請教女丹修行法門後,却轉向佛教,[②]未嘗不是由性别差異下的解釋隔閡所造成。

陳攖寧對女丹經典已經做了很多的基礎解釋與整理,下一步必須倚重女性學者、修行者,對女丹經典進行更深入的理解與詮釋,方能讓道教研究現代化有更實質而深刻的進展。

(責任編輯:秦國帥)

① 黄俊傑:《中國經典詮釋傳統(一):通論篇》,臺北:臺灣大學出版中心,2004 年,第 103 頁。

② 陳攖寧稱:"今日爲君言之,蓋與二十年前,爲吕碧城女士所作《女丹詩注》,同一用意。吕女士後來不知何故,又歸入佛門。來世未卜如何,竊恐彼身已不欲向今生度矣!"引自氏著《與朱昌亞醫師論仙學書》,收入洪建林編:《仙學解秘:道家養生秘庫》,第 241 頁。

論《陰符經》的唐宋注疏及其傳説

□張雪松　劉泳斯

摘要:《陰符經》在早期流傳過程中,一般被視爲兵書。而唐宋諸家注疏和各種傳説,逐漸將其從兵書轉變爲道教内丹經書。唐代軍事家李筌可能確實注解過《陰符經》,其注文主要保存在"七家本"中。現在流行的《李筌陰符經疏》改編自袁淑真《黄帝陰符經集解》(或者兩者擁有共同的祖本,而袁本的形態更接近於祖本),應該是宋代的産物,不能作爲唐代哲學史的素材使用。署名張果的《黄帝陰符經注》也並非"唐以前難得見之善本",而是大約晚唐五代至北宋初的文獻,與袁淑真《黄帝陰符經集解》基本同時,這兩種注疏都對將《陰符經》視爲兵書進行了批判,從而逐漸完成了《陰符經》從"外王"到"内聖"的詮釋性轉變。在此前後,圍繞《陰符經》的各種傳説故事,也爲這種轉變進一步提供了信仰基礎。

關鍵詞:《陰符經》　李筌　張果　驪山老母

作者簡介:張雪松,中國人民大學哲學院、佛教與宗教學理論研究所講師;劉泳斯,中央民族大學哲學與宗教學學院講師。

最近幾年,日本學者山田俊教授①、中國學者王宗昱教授②,分别發表多篇關於《陰符經》注疏的論文,引起學術界的關注。山田俊教授對《陰符經》各版本、注疏本進行過比較系統的梳理,並將其流變作成圖表加以説明,他認爲"七家本"和"李筌疏"本,共同影響了袁淑真本約在十一世紀的形成③;而王宗昱教授則認同陳進國研究員關於"張果轉述的李筌言論見於署名李筌的《黄帝陰符經疏》"

① 山田俊:《北宋〈陰符經〉諸注淺析》,見《中日韓道教學術論壇論文集》,泉州,2012 年,第 116 ~ 129 頁;山田俊:《宋代に於ける〈陰符經〉の受容について》,《東方宗教》第 123 號,2014 年,第 62 ~ 82 頁;等等。

② 王宗昱:《從後代注釋看〈黄帝陰符經〉的社會形象》,《宗教學研究》2013 年第 3 期;王宗昱:《對朱熹〈陰符經考異〉的再考察》,《世界宗教研究》2015 年第 3 期;王宗昱:《李筌和袁淑真〈陰符經〉注疏關係考辨》,《宗教學研究》2017 年第 3 期。

③ 山田俊:《宋代に於ける〈陰符經〉の受容について》,第 82 頁。

的觀點[①],主張署名李筌的《黄帝陰符經疏》不是抄襲署名袁淑真的《黄帝陰符經集解》,並基本贊同劉師培"取袁疏附李注"的看法,提出"李筌疏"本的注原本獨立於疏。[②] 筆者對於上述觀點均有不同看法,下詳論之,以便增進學界在此方面的進一步探討。

從黄帝與《陰符經》的早期傳説來看,傳授《陰符經》是爲了打蚩尤之用,可見隋唐前人們理解的《陰符經》還衹是兵書。唐代著名的軍事家李筌可能確實注解過《陰符經》,現存"七家本"中可能部分保存了原注,李筌主要還是從軍事戰略角度開始闡發,而所謂李筌《黄帝陰符經疏》是僞書。李筌在嵩山得寇謙之七月七日所抄《陰符經》,及驪山老母爲其消災,而解説《陰符經》,這些唐末以來的傳説實際上在一般信徒中起到了將《陰符經》與本命信仰聯繫起來的作用。

唐中後期,作爲兵書存在的《陰符經》越來越難以滿足信衆的宗教需要了。一般信仰者將《陰符經》與本命信仰等宗教實踐相互結合,而上層道教人士,則要從理論上來改造《陰符經》。現存所謂張果《黄帝陰符經注》,便是將以往七家注本中兵書的氣息淡化,甚至斥爲妖僞,利用驪山老母等傳説,將《陰符經》説成是道、法、術無所不包的道教經典。

南宋以來僞造褚遂良書《陰符經》,託朱熹看重褚遂良書四百字本《陰符經》,皆是爲了擡高《陰符經》末後一百字經文的價值,其中自然包含對《陰符經》理解取向之不同。驪山老母謂《陰符經》言道、法、術,而南宋以來思想發展脈絡,越發不注重外在事功成敗,而轉注於内在道德身心修養,突出《陰符經》後一百字經文,實有突破唐末宋初以來對《陰符經》經典解釋之作用。然後世人多不在經文版本上做文章,轉而對經文注解重新言説,故此後世注本還是多流行三百字本。

《陰符經》從形成到後世不斷重新詮釋,大體説來經歷了一個從"外王"到"内聖"的過程。《陰符經》本是縱横陰謀之論,然從奠定中國大一統的漢武帝,"具以《春秋》對,毋以蘇秦從横"[③],到最終確立宋明理學正統地位的明成祖,"以孔子所定經書教誨諸生,毋以'儀秦縱横'壞其心術"[④],中國封建社會始終以縱横陰謀之論爲大敵,《陰符經》則不斷"與時俱進",最終成爲道教内丹經書。

---

① 參見陳進國:《李筌〈黄帝陰符經疏〉的真僞考略》,《中國道教》2002 年第 4 期。

② 王宗昱:《李筌和袁淑真〈陰符經〉注疏關係考辨》,《宗教學研究》2017 年第 3 期。

③ (漢)班固:《漢書》卷六十四《嚴助傳》,北京:中華書局,1962 年,第 2789 頁。

④ (明)傅維鱗纂:《明書》卷六十二《學校志》,《中國野史集成》第 19 册,成都:巴蜀書社,2000 年,第 596 頁。

而《陰符經》歷時幾千年常盛不衰,並不斷被人們重新理解,就《陰符經》其自身原因來説,也在於它蘊涵了深刻的哲理,在不同領域内,皆可給人以啓發。

一、李筌《黄帝陰符經疏》恐係託名之書

《道藏》中現存李筌對《陰符經》的二種注文,一是題名李筌的《黄帝陰符經疏》三卷,二是《黄帝陰符經集注》,題爲伊尹、太公、范蠡、鬼谷子、諸葛亮、張良、李筌注,俗稱“七家注”,其中大量收入李筌注文。但兩種李筌注文差異很大。

《黄帝陰符經疏》三卷,注疏文字顯然抄自宋人袁淑真《黄帝陰符經集解》(題目中集字爲衍文);而《黄帝陰符經疏序》則是抄自杜光庭《神仙感遇傳》中李筌傳,衹是稍加注解,並將“李筌傳”結尾改動幾十字。因此,可以説所謂李筌疏《黄帝陰符經疏》三卷,從頭到尾,都是宋後之人僞託。

(一)《黄帝陰符經疏》中注疏文字顯然抄自宋人袁淑真《黄帝陰符經集解》

通過將《黄帝陰符經疏》和《黄帝陰符經集解》兩本對比,我們就可以發現它們除個别幾處不同外,解釋文字完全雷同。現《道藏》所收袁本每段經文後的解説文字不分注疏,而所謂的李筌本則將解説文字中的第一二句話獨立出來作爲注,其後加“疏曰”。所謂的李筌本分離注、疏的標準十分草率,往往看到袁本每段解説文字第一二句話後有“也”“矣”“焉”等虚字,或下句前有“夫”字,就强作劃分,明顯不合適之處甚多,如在解釋“食其時,百骸理,動其機,萬化安”時,袁本解釋的開頭兩句是“言人飲食不失其時,則身無患咎,與動合其機宜則萬化安矣。言人理性命者皆謂飲食滋味也”。而所謂的李筌本看第一句後有“矣”字,就將前一句劃爲注,後一句歸入疏,殊不知兩句意思連貫,此種作法甚爲可笑。

袁淑真《黄帝陰符經集解序》中已經明確“《陰符經》三百言,百言演道,百言演法,百言演術”。三百言之後(“愚人以天地文理聖,我以時物文理哲”以後文字),不注疏的七十字經文,顯然是後人根據其他本所補入;而現行本李筌《黄帝陰符經疏》“愚人以天地文理聖,我以時物文理哲”之後的經文,也衹是簡單摘抄署名張良、諸葛亮的幾句簡單注文,與正篇文字很不協調,顯然是因袁本缺此段經文注疏,無處可抄,另從别本(恐係現存“七家注”本)簡單再抄録幾則注釋補入。

特别是後人補入袁本時,少抄了“人以虞愚,我以不虞愚,聖人以其期聖,我以不期其聖。故曰:沉水入火,自取滅亡”一段,而作“經曰自然之道静,故天地萬物生。天地之道浸,故陰陽勝。陰陽相推,而變化順矣。至静之道,律曆所不能

契。爰有奇器,是生萬象,八卦,甲子,神機,鬼藏。陰陽相勝之術,昭昭乎進乎象矣”七十字。現今流傳李筌《黃帝陰符經疏》最後一句爲“此七十言理盡不疏也”。但從所謂的李筌本中,無論經文,還是張良等人注文,都無法對上“七十言”。而現行袁淑真《黃帝陰符經集解》最後一段經文不多不少,正好七十個字!其後無注無疏,正合《黃帝陰符經疏》最後“此七十言理盡不疏也”之語。

最後,通過《陰符經》經文比對,《黃帝陰符經疏》與袁淑真《黃帝陰符經集解》,兩個版本也最爲接近。其他版本都有的“天生天殺,道之理也”“人以虞愚,我以不虞愚,聖人以其期聖,我以不期其聖。故曰:沉水入火,自取滅亡”,而《黃帝陰符經疏》與《黃帝陰符經集解》獨缺。

兩個版本的經文細節,甚至錯誤,都有雷同之處:

一般版本的經文都作“宇宙在乎手,萬化生乎身”,而衹有《黃帝陰符經疏》與《黃帝陰符經集解》作“萬物生乎身”。

一般版本的經文都作“天人合發,萬變定機”,而衹有《黃帝陰符經疏》與《黃帝陰符經集解》作“萬變定基”。

一般版本的經文都作“至樂性餘,至静性廉”,而衹有《黃帝陰符經疏》與《黃帝陰符經集解》作“至静則廉”。

一般版本的經文都作“是故聖人知自然之不可違”,而衹有《黃帝陰符經疏》與《黃帝陰符經集解》作“是故聖人知自然之不可爲”。顯然“違”字更合上下文經義,“爲”字誤。

《黃帝陰符經疏》“其盜機也,天下莫不能見,莫不能知”一句,根據其他諸本校對,顯然兩個“不”字都是衍文,其他版本皆無。而袁淑真《黃帝陰符經集解》作“其盜機也,天下莫不見,莫不能知”,其形式與《黃帝陰符經疏》中該句最爲接近,恐是後者抄録前者,隨手寫錯。

附:《黃帝陰符經》幾個常見版本比對(以李筌《黃帝陰符經疏》中經文爲底本):

觀天之道,執天之行,盡矣。(張果《黃帝陰符經注》、袁淑真《黃帝陰符經集解》此處皆有“故”)天有五賊,見之者昌。五賊在心,施行于(《黃帝陰符經集解三卷》作“於”,《黃帝陰符經集注》、張果《黃帝陰符經注》皆作“乎”)天。宇宙在乎手,萬物(《黃帝陰符經集注》《黃帝陰符經講義》《黃帝陰符經集解三卷》、張果《黃帝陰符經注》、蔡氏《黃帝陰符經注》、鄒訢《黃帝陰符經注解》皆作“化”)生乎身。天性,人也。人心,機也。立天之道,以定人也。天發殺機,(鄒訢《黄帝陰符經注解》中按語提到唐褚遂良在長孫趙國公家得到一個古集注本,其中此處多“移星易宿,地發殺機”八字)龍蛇起陸。(《黄帝陰符經講義》多“地發殺機,星辰隕伏”一句)人發殺機,天地反覆。天人合發,萬變定機(《黄帝陰符經集注》、《黄帝陰符經講義》、《黄帝陰符經集解三卷》、張果《黄帝陰符經注》、蔡氏《黄帝陰符經注》、鄒訢《黄帝陰符經注解》皆作“基”)。性有巧拙,可以伏藏。九竅之邪,在乎三要,可以動静。火生於木,禍發必剋。奸(《黄帝陰符經集解三卷》、《黄帝陰符經講義》、張果《黄帝陰符經注》、蔡氏《黄帝陰符經注》、鄒訢《黄帝陰符經注解》、袁淑真《黄帝陰符經集解》皆作“姦”)生於國,時動必潰。知之修鍊,謂之聖人。

(《黄帝陰符經集注》、《黄帝陰符經講義》、《黄帝陰符經集解三卷》、張果《黄帝陰符經注》、蔡氏《黄帝陰符經注》、鄒訢《黄帝陰符經注解》皆多“天生天殺,道之理也”一句)天地,萬物之盜。萬物,人之盜。人,萬物之盜也(《黄帝陰符經集注》、《黄帝陰符經講義》、《黄帝陰符經集解三卷》、袁淑真《黄帝陰符經集解》無“也”字)。三盜既宜,三才既安。故曰(袁淑真《黄帝陰符經集解》無“故曰”):“食其時,百骸理(張果《黄帝陰符經注》作“治”)。動其機,萬化安。”人知其神而(蔡氏《黄帝陰符經注》、鄒訢《黄帝陰符經注解》作“之”字)神,不知不神(《黄帝陰符經集解三卷》此處多“而”字,蔡氏《黄帝陰符經注》、鄒訢《黄帝陰符經注解》多“之”字)所以神也。(《黄帝陰符經講義》作“不知而所以神”)日月有數,大小有定。聖功生焉,神明出焉。其盜機也,天下莫不(《黄帝陰符經集注》、《黄帝陰符經講義》、《黄帝陰符經集解三卷》、張果《黄帝陰符經注》、蔡氏《黄帝陰符經注》、鄒訢《黄帝陰符經注解》皆無“不”字)能(袁淑真《黄帝陰符經集解》無“能”字)見,莫不(《黄帝陰符經集注》、《黄帝陰符經講義》、《黄帝陰符經集解三卷》、張果《黄帝陰符經注》、蔡氏《黄帝陰符經注》、鄒訢《黄帝陰符經注解》、袁淑真《黄帝陰符經集解》皆無“不”字)能知。君子得之固躬(《黄帝陰符經講義》作“窮”),小人得之輕命。瞽者善聽,聾者善視。絶利一源,用師十倍。三反(張果《黄帝陰符經注》、蔡氏《黄帝陰符經注》、鄒訢《黄帝陰符經注解》皆作“返”)晝夜,用師萬倍。心生於物,死於物,機在(《黄帝陰符經集注》、張果《黄帝陰符經注》此處多“於”)目。天之無恩,而大恩生。迅雷烈風,莫不蠢然。至樂性餘,至静則(《黄帝陰符經集注》、《黄帝陰符經集解三卷》、張果《黄帝陰符經注》、蔡氏《黄帝陰符經注》、鄒訢《黄帝陰符經注解》皆作“性”)廉。天之至私,用之至公。禽(張果《黄帝陰符經注》爲“擒”)之制在炁(《黄帝陰符經講義》、袁淑真《黄帝陰符經集解》皆作“氣”）。死者生之根，生者死之根。（《黄帝陰符經集注》、《黄帝陰符經講義》、《黄帝陰符經集解三卷》、張果《黄帝陰符經注》、蔡氏《黄帝陰符經注》、鄒訢《黄帝陰符經注解》、袁淑真《黄帝陰符經集解》皆作“生者死之根，死者生之根”，次序顛倒）恩生於害，害生於恩。愚人以天地文理聖，我以時物文理哲。

（《黄帝陰符經集注》、張果《黄帝陰符經注》此處多“人以虞愚，我以不愚，聖人以其期聖，我以不期其聖。故曰：沉水入火，自取滅亡”。鄒訢《黄帝陰符經注解》：“人以虞愚，我以不虞愚，聖人以其奇其聖，我以不奇其聖。沉水入火，自取滅亡。”《黄帝陰符經講義》作“人可以虞愚，我以不愚，聖人以期其，我以不其期。没水入火，自死亡兵”。）自然之道静，故天地萬物生。天地之道浸，故陰陽勝。陰陽相推，而（《黄帝陰符經講義》《黄帝陰符經集注》無“而”字）變化順矣。是故聖人知自然之不可爲（《黄帝陰符經集注》、《黄帝陰符經講義》、張果《黄帝陰符經注》、鄒訢《黄帝陰符經注解》皆作“違”），因以（《黄帝陰符經集注》、鄒訢《黄帝陰符經注解》皆作“而”）制之。至静之道，律曆所（《黄帝陰符經講義》作“即”）不能契。（《黄帝陰符經講義》後有“鳥獸之謂也”。袁淑真《黄帝陰符經集解》無“是故聖人知自然之不可爲，因以制之”一句）爰有奇器，是生萬象，八卦，甲子，神樞（《黄帝陰符經講義》、鄒訢《黄帝陰符經注解》、袁淑真《黄帝陰符經集解》皆作“機”），詭（《黄帝陰符經集注》、《黄帝陰符經講義》、張果《黄帝陰符經注》、鄒訢《黄帝陰符經注解》作“鬼”）藏。陰陽相勝之術，昭昭乎（《黄帝陰符經講義》作“然”）進乎象矣。

（二）《黄帝陰符經疏序》抄自杜庭光《神仙感遇傳》中“李筌傳”

所謂李筌疏《黄帝陰符經疏》，其前還有序文一篇。《疏序》没有落款，從行文來看，“少室山達觀子李筌，好神仙之道，常歷名山，博採方術”等語應不似自序，且全本中凡稱李筌處，皆稱名，而從没有用過第一人稱，顯然不是出自李筌之手。其文字基本與杜庭光《神仙感遇傳》中“李筌傳”雷同，主要有四處不同。

1. 驪山老母説：“吾受此符三元六（《疏序》此處多“甲”字，當爲衍文）周甲子矣”，《疏序》此後有一段按語，爲《神仙感遇傳》中無。“謹按《太一遁甲經》云：一元六十歲，行一甲子。三元行一百八十歲。三甲子爲一周，六周積算一千八十歲。”

2. 在“《黄帝陰符經》三百言，百言演道，百言演法，百言演術”後，《疏序》加：“參演其三，混而爲一，聖賢智愚，各量其分，得而學之矣”，緊接著在“上有神仙抱一之道，中有富國安人法，下有强兵戰勝之術”後又加：“聖人學之得其術，小人學之受其殃，識分不同也”，緊接著在“皆内出於天機，外合於人事”後又加：“若巨海之朝百谷，止水之含萬象。其機張包宇宙、括九夷，不足以爲大；其機彌隱微塵、納芥子，不足以爲小。”

3. 在“違者奪二十紀”後，《疏序》加：“《河圖洛書》云：聖人生，天帝賜算三萬六千七百二十紀主一歲。若有過，司命輒奪算，算盡奪紀，紀盡則身死；有功，司命輒與算，算得與紀，紀得則身不死，長生矣。”緊接著在“本命日誦七遍”後又加：“令人多智慧，益心機，去邪魅，銷災害，出三尸，下九蟲，所以聖人藏之金匱，不妄傳也。”

4. 在結尾處，《疏序》删去《神仙感遇傳》中“開元中爲江陵節度副使、御史中丞。筌有將略，作《太白陰經》十卷；有相乘，著《中台志》十卷，時爲李林甫所排，位不大顯，竟入名山訪道，後不知其所之也”一段，而加：“筌所注《陰符》，並依驪山母所説，非筌自能。後來同好，敬爾天機，無妄傳也。”

1、2、3 處，顯然是所加詮釋注解，並非原文所有，特别是 2 中“《黄帝陰符經》三百言，百言演道，百言演法，百言演術。上有神仙抱一之道，中有富國安人法，下有强兵戰勝之術，皆内出於天機，外合於人事”，本來很通順的文字，加注解混入正文後，反倒阻礙了原文的流暢性。

而且從《疏序》所加注文來看，似乎也並非十分讀懂了原文，特别是對“三元六周甲子”的按語，三元爲“一百八十”年，六周甲子爲“一千八十”年，但“三元六周甲子”到底多少年，似乎加按語者自己也没有把握，未敢直接説出。筆者認爲“三元六周甲子”似指三個“六周甲子”，即三千二百四十年。《道藏》中“唐閬州晉安縣主簿王瓘進”《廣黄帝本行記》（此書後文有引述）落款：“自黄帝己酉歲至今大唐廣明二年辛丑歲，計三千四百七十二年矣。”據此可知唐人認爲黄帝距他們那個時代大約已有三千多年。廣明二年是 881 年，已是晚唐；而李筌是中唐人。傳説中認爲驪山老母（玄女）授黄帝《陰符》後三千二百四十年而遇李筌，這是比較合理的。《黄帝陰符經疏序》作者，抄録時並不完全明白原文含義，加以注解，反倒使得文意更加不明白起來，可見《黄帝陰符經疏序》之晚出。

從以上種種情況來看，所謂的李筌《黄帝陰符經疏序》也並非出自李筌之手。至此我們可以認爲，《道藏》中所謂的李筌《黄帝陰符經疏》，從序言到正文，徹頭徹尾都是宋以後之人僞託之書。

清阮元輯《宛委别藏》收有《黄帝陰符經疏》,其前提要:"此書載宋《崇文書目》《館閣書目》《通志》《通考》及陳振孫《書録題解》、晁公武《讀書志》,皆作經注一卷;惟《宋史・藝文志》作經疏一卷。此本篇帙無多,分爲三卷,已非筌之舊次。"①實際上,依筆者之見,宋人書目中李筌所注一卷,應是指現存"七家注"中的李筌注,稱"疏"衹在元代晚出的《宋史》。

劉師培《讀道藏記》:"蓋李(指李筌——引者)注有二種,一種自注即七家注本所採是也,一託之驪山母所傳此本(指《黄帝陰符經疏》,下同——引者)之注是也。觀《玉海》及《晁志》並引'陰者暗也'一條,與此本合,則此注即宋人所傳筌注,確然可徵。《唐志》所云《玄義》亦即此書(《通志》析《妙義》與《注》爲二則,考之未審,所云《序》一卷,蓋《序》之單行本),惟均不言疏爲筌所作,即筌《序》亦僅言筌注《陰符》,不言作疏。又本藏(《道藏》)餘字號袁淑真《黄帝陰符經集注序》云:'唐隴西李筌尤加詳釋,亦不立章疏,何以光暢玄文。'此尤筌不作疏之確徵。"②劉師培認爲李筌對《陰符經》注文有兩種,題名李筌的《黄帝陰符經疏》,其中疏文雖不出李筌之手,注文却出自李筌之手,而"此注即宋人所傳筌注,確然可徵"。然此觀點亦非!袁淑真"光(先)注略舉其綱宗,後疏冀陳其周細"(袁淑真《序》),解説文字出自一人之手,行文連貫,不可分割,而《黄帝陰符經疏》强分出"注",絶非宋人所指的筌注。宋人所謂筌注,當指現存"七家注"本中的筌注,下節詳辨之。

附:"七家注"本中李筌注《陰符經》:

觀天之道,執天之行,盡矣。(首序)故天有五賊,見之者昌。

注:黄帝得賊命之機,白日上昇。殷周得賊神之驗,以小滅大。管仲得賊時之信,九合諸侯。范蠡得賊物之急,而霸南越。張良得賊功之恩,而敗强楚。

五賊在乎心,施行乎天。宇宙在乎手,萬化生乎身。

注:人因五味而生、五味而死。五味各有所主,順之則相生,逆之則相勝。久之則積炁薰蒸、人腐五臟,殆至滅亡。代人所以不能終其天年者,以其生生之厚矣。是以至道淡然,胎息無味。神仙之術百數,其要在抱一守中。少女之術百數,其要在還精採炁。金丹之術百數,其要在神水華池。治

① 《黄帝陰符經疏三卷提要》(《揅經室外集》卷四《四庫未收書提要》),見清阮元輯:《宛委别藏》九四,南京:江蘇古籍出版社,1988年。

② 劉師培:《劉申叔遺書》,南京:江蘇古籍出版社,1997年,第1989頁。

國之術百數，其要在清静自化。用兵之術百數，其要在奇正權謀。此五事者，卷之藏於心、隱於神；施之彌於天、絡於地。宇宙瞬息，可在人之手；萬物榮枯，可生人之身。黄帝得之，先固三宫，後治萬國，鼎成而馭龍上昇於天也。

天性，人也；人心，機也。立天之道，以定人也。

天發殺機，龍蛇起陸；人發殺機，天地反覆。

天人合發，萬變定基。

注：大荒大亂，兵水旱蝗，是天殺機也。虞舜陶甄，夏禹拯骸，殷繫夏臺，周囚羑里，漢祖亭長，魏武乞丐，俱非王者之位，乘天殺之機也，起陸而帝。君子在野，小人在位，權臣擅威，百姓思亂，人殺機也。成湯放桀，周武伐紂，項籍斬嬴嬰，魏廢劉協，是乘人殺之機也。覆貴爲賤，反賤爲貴，有若天地反覆，天人之機合發，成敗之理宜然。萬變千化，聖人因之而定基業也。

性有巧拙，可以伏藏。

注：中慾不出，謂之啓；外邪不入，謂之閉。内啓，是其機也。難知如陰，不動如山。巧拙之性，使人無間而得窺也。

九竅之邪，在乎三要，可以動静。

注：兩葉掩目，不見泰山；雙豆塞耳，不聞雷霆；一椒掠舌，不能立言。九竅皆邪，不足以察機變。其在三者，神心志也。機動未朕，神以隨之。機兆將成，心以圖之。機發事行，志以斷之。其機動也，與陽同其波。五嶽不能鎮其隅，四瀆不能界其維。其機静也，與陰同其德。智士不能運其榮，深聞不能竅其謀，天地不能奪其時，而況於人乎！

火生於木，禍發必剋；奸生於國，時動必潰。知之修鍊，謂之聖人。

注：火生於木，火發而木焚；奸生於國，奸成而國滅。木中藏火，火始於无形，國中藏奸，奸始於无象。非至聖不能修身鍊行，使奸火之不發。夫國有无軍之兵，无災之禍矣。以箕子逃而縛裘牧，商容囚而蹇叔哭。

天生天殺，道之理也。

天地，萬物之盗；萬物，人之盗；人，萬物之盗。三盗既宜，三才既安。

注：天地與萬物生成，盗萬物以衰老；萬物與人之服御，盗人以驕奢；人與萬物之上器，盗萬物以毁敗。皆自然而往。三盗各得其宜，三才遞安其任。

故曰："食其時，百骸理；動其機，萬化安。"

人知其神而神，不知其神所以神也。

注:人皆有聖人之聖,不貴聖人之愚。既睹其聖,又察其愚,既睹其愚,復睹其聖。故《書》曰:專用聰明,則事不成;專用晦昧,則事皆勃。一明一晦,衆之所載。伊尹酒保,太公屠牛,管仲作革,百里奚賣粥,當衰亂之時,人皆謂之不神。及乎逢成湯,遭文王,遇齊桓,值秦穆,道濟生靈,功格宇宙,人皆謂之至神。

日月有數,大小有定;聖功生焉,神明出焉。

其盜,機也。天下莫能知。君子得之,固躬;小人得之,輕命。

注:季主凌夷,天下莫見凌夷之機,而莫能知凌夷之源。霸王開國之機,而莫能知開國之源。君子得其機,應天順人,乃固其躬。小人得其機,煩兵黷武,乃輕其命。《易》曰:君子見機而作,不俟終日。又曰知機,其神乎。機者易見而難知,見近知遠。

瞽者善聽,聾者善視。絶利一源,用師十倍;三反晝夜,用師萬倍。

注:人之耳目,皆分於心而竟於神。心分則機不精,神竟則機不微。是以師曠薰目而聰耳,離朱漆耳而明目。任一源之利,而反用師於心,舉事發機,十全成也。退思三反,經晝歷夜,思而後行,舉事發機,萬全成也。

心生於物,死於物;機在於目。

注:爲天下機者,莫近乎心目。心能發目,目能見機。秦始皇東遊會稽,項羽目見其機,心生於物,謂項良曰:彼可取而代之。晉師畢至於淮淝,符堅曰:見其機,心死於物,謂符融曰:彼勍敵也,胡爲少耶。則知生死之心在乎物,成敗之機見於目焉。

天之無恩而大恩生。迅雷烈風,莫不蠢然。

注:天心無恩,萬物有心,歸恩於天。

至樂性餘,至静性廉。

注:樂則奢餘,静則貞廉。性餘則神濁,性廉則神清。神者智之泉,神清則智明。智者心之府,智公則心平。人莫鑒於流水,而鑒於澄水,以其清且平。神清意平,乃能形物之情。夫聖人者,不淫於至樂,不安於至静,能棲神静樂之間,謂之守中。如此施利不能誘,聲色不能蕩,辯士不能説,智者不能動,勇者不能懼。見禍於重開之外,慮患於杳冥之内。天且不違,而況於兵之詭道者哉。

天之至私,用之至公。

注:天道曲成萬物,而不遺椿菌鵬鷃。巨細修短,各得其所,至私也。雲行雨施,雷電霜霓,生殺之均,至公也。聖人則天法地,養萬民,察勞苦,至私

也;行正令,施法象,至公也。孫武曰:視卒如愛子,可以俱死;視卒如嬰兒,可與之赴深溪。愛而不能令,譬若驕子。是故令之以文,齊之以武。

禽之制在炁。

注:玄龜食蟒,鶡隼擊鵠,黄腰啖虎,飛鼠斷猿,蜍蛭嚌魚,狼犿嚙鶴,餘甘柔金,河車服之。無窮化玉,雄黄變鐵。有不灰之木、浮水之石。夫禽獸木石得其炁,尚能以小制大,况英雄得其炁,而不能净寰海而御宇宙也。

生者,死之根;死者,生之根。恩生於害,害生於恩。

注:謀生者,必先死而後生;習死者,必先生而後死。鶡冠子曰:不死不生,不斷不成。孫武曰:投之死地而後生,致之亡地而後存。吴起曰:兵戰之場,立屍之地,必死則生,幸生則死。恩者,害之源;害者,恩之源。吴樹恩於越而害生,周立害於殷而恩生。死之與生也,恩之與害,相反糾纏也。

愚人以天地文理聖,我以時物文理哲。

注:景星見,黄龍下,翔鳳至,醴泉出,嘉穀生,河不滿溢,海不揚波。日月薄蝕,五星失行,四時相錯,晝冥宵光,山崩川涸,冬雷夏霜。愚人以此天地文理爲亂之機。文思安安,光被四表,克明俊德,以親九族,六府三事,無相奪倫,百穀用成,兆民用康。昏主邪臣,法令不一,重賦苛政,上下相蒙,懿戚貴臣,驕奢淫縱,酣酒嗜音,峻宇雕墻,百姓流亡,思亂怨上。我以此時物文理爲理亂之機也。

人以虞愚,我以不虞愚;人以期其聖,我以不期其聖。

注:賢哲之心,深妙難測。由巢之跡,人或窺之。至於應變無方,自機轉而不窮之,智人豈虞之。以跡度心,乃爲愚者也。

故曰:沉水入火,自取滅亡。自然之道静,故天地萬物生。天地之道浸,故陰陽勝。陰陽相推,而變化順矣。是故,聖人知自然之道不可違,因而制之。至净之道,律曆所不能契。爰有奇器,是生萬象;八卦甲子,神機鬼藏。陰陽相勝之術,昭昭乎進乎象矣!

二、張果《黄帝陰符經注》並非“唐以前難得見之善本”

現在《道藏》中存有兩《唐書》中有傳的唐人張果(即八仙中的“張果老”)所注《黄帝陰符經注》,同時也被宋人編輯的《雲笈七籤》收入,因此以此爲依據考察宋人所見到的“李筌注”是比較適宜的。

題張果注的《黄帝陰符經注》提到李筌注十三處，皆能與"七家注"中李筌注符合。

1.張果《黄帝陰符經注》在解釋經文"觀天之道，執天之行，盡矣"時提到："李筌以陰爲暗，以符爲合，以此文爲序首，何昧之至也。"

七家注《黄帝陰符經集注》經文"觀天之道，執天之行，盡矣"，後有小字"序首"。

2."李筌不悟，以黄帝賊少女之命，白日上騰，爲非也。"

《黄帝陰符經集注》筌曰："黄帝得賊命之機，白日上昇。""少女之術，百數其要，在還精採炁……黄帝得之，先固三宫，後治萬國，鼎成而馭龍上昇於天也。"

3."李筌等以五賊爲五味，順之則可以神仙不死，誣道之甚也。"

《黄帝陰符經集注》筌曰："人因五味而生，五味而死。五味各有所主，順之則相生，逆之則相勝……是以至道淡然，胎息無味。神仙之術百數，其要在抱一守中。"

4."太公以三要爲耳目口，李筌爲心神息，皆忘機也，俱失《陰符》之正意。"

《黄帝陰符經集注》太公曰："三要者，耳目口也。"筌曰："其在三者，神心志也。"

而《黄帝陰符經疏》注文："在於要者，耳目口也。"疏文："在三要焉，耳目口也。"

5."李筌不知此文意通三靈，别以聖人、愚人爲喻，何甚失也。"

《黄帝陰符經集注》筌曰："人皆有聖人之聖，不貴聖人之愚。既睹其聖，又察其愚，既睹其愚，復睹其聖。故書曰：專用聰明，則事不成，專用其晦昧，則事皆勃，一明一晦，衆之所載。"

6."筌以度數爲日月，以餘分爲大小，以神炁能生聖功神明，錯謬之甚也。"

《黄帝陰符經集注》筌曰："一歲三百六十五日，日之有數，月次十二，以積閏大小，餘分有定，皆禀精炁，自有不爲聖功神明，而自生聖功神明，亦禀精炁自有，不爲日月而生，是故成不貴乎天地，敗不怨乎陰陽。"

7."筌不知師是衆，以爲兵師，誤也。"

《黄帝陰符經集注》筌曰："任一源之利，而反用師於心，舉事發機，十全成也。退思三反，經晝歷夜，而後行舉事，發機萬成也。"

8."筌以項羽其目機，心生於物；以符堅見機，心死於物。殊不知有否臧之用。"

《黄帝陰符經集注》筌曰："天下機者，莫近乎心、目。心能發目，目能見機。

秦始皇東遊會稽,項羽目見其機,心生於物,謂項良曰:彼可取而代之。晉師畢至於淮淝,符堅曰:見其機,心死於物。謂符融曰:彼勍敵也,胡爲少耶?則知生死之心在乎物,成敗之機見於目焉。"

9."李筌以天地不仁爲大恩,以萬物歸於天爲蠢,然與《陰符》本意殊背。"

《黄帝陰符經集注》筌曰:"天心無恩,萬物有心,歸恩於天。老子曰:天地不仁,以萬物爲芻狗,聖人不仁,以百姓爲芻狗。是以施而不求其報,生而不有其功。及至迅雷烈風,威遠而懼邇,萬物蠢然而懷懼,天無威而懼萬物,萬物有懼而歸威於天。聖人行賞也,無恩於有功,行伐也,無威於有罪,故賞罰自立於上,威恩自行於下也。"

10."筌以奢爲樂性,以廉爲静,殊乖至道之意。"

《黄帝陰符經集注》筌曰:"樂則奢餘,静則貞廉。性餘則神濁,性廉則神清……夫聖人者,不淫於至樂,不安於至静。能棲神净樂之間,謂之守中。"

11."筌引孫子云:視卒如愛子,可以之俱死,何也?"

《黄帝陰符經集注》筌曰:"孫武曰:視卒如愛子,可以俱死;視卒如愛嬰兒,可與之赴深溪。愛而不能令,譬若驕子。是故令之以文,齊之以武。"

12."筌不知擒義,誤以禽獸注解,引玄龜食莽、黄腰啖虎之類爲是,悲哉!"

《黄帝陰符經集注》筌曰:"玄龜食蟒,鸇隼擊鵠,黄腰啖虎,飛鼠斷猿,蜍蛭嚌魚,狼犿齧鶴,餘甘柔金,河車服之。無窮化玉,雄黄變鐵。有不灰之木、浮水之石。夫禽獸、木石得其炁,尚能以小治大,况英雄得其炁,而不能净寰海而御宇宙也。"

13."筌不瞭天道,以愚人聖人體道,愚昧之人而驗天道,失之甚也。"

《黄帝陰符經集注》筌曰:"賢哲之心,深妙難測。由巢之跡,人或窺之。至於應變無方,自機轉而不窮之,智人豈虞之。以跡度心,乃爲愚者也。"

從以上可以看出,張果所批判的底本爲"七家注"本《黄帝陰符經集注》中所收録的李筌注無疑。而在1中張果提到的"李筌以陰爲暗,以符爲合",正與"《玉海》及《鼂志》並引'陰者暗也'一條"合,最爲合理的推測是李筌注中本有題解"以陰爲暗,以符爲合",收入《集注》或在傳抄中將題解省略,是以現在"七家注"本《黄帝陰符經集注》中無"李筌以陰爲暗,以符爲合"。劉先生僅以此一句孤證而推測三卷本《黄帝陰符經疏》中注文爲李筌之另一版本之注,殊爲不當。筆者並非特意標舉前賢之非,衹是此説影響甚廣,後來學者多有引用,如蕭萐父先生的《中國哲學史史料源流舉要》中也繼承此説:"李筌對《陰符經》的注文,現存《道藏》中有二種,一爲題名李筌的《黄帝陰符經疏》三卷,其中注文爲李筌所作,而疏文則非(疏文亦避唐諱,似亦唐人所著)。”[①]對李筌著作的錯誤判定,對哲學史和道教史的研究都産生了不良影響,故此筆者在這裏著重强調指出這一點。至於避唐人諱一説,蕭先生並未明確指出,筆者在疏文中衹找出避“民”爲“人”,但那是在“富國安人章”名稱中出現,而這個章名,至少在晚唐中已經出現(五代《神仙感遇傳》“李筌傳”中便有),宋人袁淑真衹是繼承舊名而已,决不是刻意避諱。

張果注中不僅對李筌的批評,而且對太公等人注解的批評,也都可對上。如上面 4,再如張果注本“太公、諸葛亮等,以殺人過萬,大風暴起,晝若暝,以爲天地反覆,其失甚矣”,與現存道藏中“七家注”本“太公曰:……殺人過萬,大風暴起。亮曰:按楚殺漢兵數萬,大風杳冥晝晦,有若天地反覆”亦吻合。可見張果是以“七家注”本《黄帝陰符經集注》爲批評對象的。故此可以肯定張果注本當晚於《黄帝陰符經集注》。

因張果唐書有傳,其注本《雲笈七籤》有收,近代學界多以爲它是“宋以前難得見之善本”[②],《道藏提要》中亦是此觀點[③]。但筆者以爲張果注恐晚出,估計是晚唐五代甚或是宋初作品,大約與北宋袁淑真生活年代相近。

五代時著作《續仙傳》中的“張果傳”裏還未有張果注《陰符經》的記載,《續仙傳》自序中説作者沈汾“生而慕道,凡接高尚所説,聞見皆銘於心,但因國史不書,事散於野。中和年間,兵火之後,墳籍猶缺,事漸稀傳,故編録其事分爲三卷”,可見若是果有張果注本流傳,《續仙傳》中的“張果傳”應有記載。而北宋人袁淑真《序》在評論前人《陰符經》注疏時稱:“世人相承,俱謂兵法。”而現存道藏中的張果所注《陰符經》,恰恰是反對以兵法解《陰符經》。可見袁淑真注《陰符經》時,張果注本當還未出世,或剛剛出世尚未流傳開來。

現在北宋袁淑真的具體生卒年代,我們無法得知,但由於我們可以肯定他没有見過張果注《陰符經》,因此可以推測他是北宋初年人,解《陰符經》時至少應在宋天禧三年(1019)《雲笈七籤》問世之前。因爲《雲笈七籤》收録張果注本,而作爲道教學者袁淑真若是天禧三年之後人,當不會不知《雲笈七籤》這樣重要的道教類書。

---

① 蕭萐父:《中國哲學史史料源流舉要》,武漢:武漢大學出版社,1998 年,第 197 頁。

② 守一子編纂:《道藏精華録一百種提要》,第 4 頁。參見守一子編纂:《道藏精華録》,杭州:浙江古籍出版社,1990 年。

③ 任繼愈主編:《道藏提要》(修訂本),北京:中國社會科學出版社,1995 年,第 87 頁。

三、與《陰符經》相關的諸多傳説

與《陰符經》相伴隨的歷代傳説有很多，現舉幾個最爲著名的傳説加以考辨，由此可以發現《陰符經》在其流傳中不斷被重新詮釋、解釋的過程。

（一）黄帝與《陰符經》的傳説

郭沫若引古器物銘文“高祖黄帝，邇嗣桓、文”，已經確證“黄帝的存在已經爲齊國的統治者所信史化了”①。但在當時黄帝似爲道家批判的對象，並逐漸從積極事功“改造”到無爲而治。《莊子·在宥》：“昔黄帝始以仁義攖人之心……天下大亂，罪在攖人心。”同篇載黄帝問道廣成子的最初目的也是“以佐五穀，以養人民”，“欲官陰陽，以遂群生”，而廣成子則以“慎守汝身，物將自壯”對。《列子·黄帝》也明顯開始突出黄帝無爲而治。黄帝“三月不親政事，晝寢而夢，遊於華胥氏之國”。華胥之國“其國無師長，自然而已；其民無嗜欲，自然而已”。黄帝由此而受啓發，“又二十有八年，天下大治，幾若華胥氏之國，而帝登假（遐）。百姓號之，二百餘年不輟”。《莊子·馬蹄》中有“赫胥氏”，俞樾疑爲“華胥氏”。據此推測，《列子》中黄帝傳説或在先秦時已有。

而兩漢以來，道教傳説逐漸將黄帝演化爲一個外丹昇仙的人物。《列仙傳》卷上“黄帝”：“《仙書》云：黄帝採首山之銅，鑄鼎於荆山之下。鼎成，有龍垂鬍髯下迎，帝乃昇天”；“容成公”：“容成公者，自稱黄帝師”。《神仙傳》卷一“廣成子”：“廣成子者，古之仙人也。居崆峒山石室之中。黄帝聞而造焉。”現《道藏》中存長生子劉處玄注《黄帝陰符經注解序》中稱：“昔軒轅黄帝，萬機之暇，淵然沖虚，獲遇真經，就崆峒山而問天真皇人廣成先生，得其真趣，勤而行之，一旦鼎湖乘火龍而登天，斯文遂傳於世。”劉處玄所説便是取材於兩漢以來的這些黄帝傳説。

而特別值得重視的是僞《周書異記》上傳説黄帝晚年將帝位禪讓少昊，隨容成子、浮丘公學道煉丹。他們最後來到黟山（今安徽黄山），經八甲子最終煉成金丹。唐天寶六年（747）敕改黟山爲黄山，可見這個傳説在社會上的影響之大。黄老本就是道家的關鍵性人物，但上面這個傳説必出於魏晉丹鼎派興盛之後，此後逐漸流行。因此在魏晉南北朝隋唐時，黄帝不僅在道家而且在道教中爲人重視。此時有人將品質上乘而不知作者的道教經典歸於其名下，也是很容易讓人

① 郭沫若：《十批判書》，北京：東方出版社，1996年，第157頁。

理解的事情。而且當隋唐時恐已經有吕望注《陰符經》之説,故此要在吕望之前找一有名望之作者,非三代之前黄帝莫屬。

現《道藏》中收《廣黄帝本行記》,有"傳《陰符》,則内合天機,外合人事"。校之《雲笈七籤》卷一百收《軒轅本紀》,知《廣黄帝本行記》該句前有脱字"黄帝得玄女授"。《廣黄帝本行記》實際上是《軒轅本紀》後一部分的異抄本,經筆者校對,衹是在個别字句上有異,兼有注解混入正文的現象,兩者相比《廣黄帝本行記》脱字較多一些(如"黄帝有子,各封一國",子前脱"九"字,這樣的明顯錯誤比較多),品質不如《軒轅本紀》。其《軒轅本紀》前尚有《道藏》中《廣黄帝本行記》前缺部分,其中有説到黄帝爲戰勝蚩尤,設壇祈禱,"仰天歎所未捷,以精思之感天,大霧冥冥三日三夜,天降一婦人,人首鳥身,帝見稽首再拜而伏。婦人曰:'吾玄女(西王母侍女)也,有疑問之。'帝曰:'蚩尤暴人殘物,小子欲萬戰萬勝也。'玄女教帝三官秘略,五音權謀,陰陽之術。玄女傳《陰符經》三百言,帝觀之十旬,討伏蚩尤。授黄帝靈寳五符真文,及兵信符,帝服佩之,滅蚩尤。又令風后演河圖法而爲式,用之創十八局,名曰遁甲,以推主客勝負之術。黄帝又著十六神曆,推太一六壬等法。又述六甲陰陽之道,作勝負握機之圖,及法要訣《黄帝兵法》三卷"。黄居真注《黄帝陰符經注解序》中談到《陰符經》來歷時,利用了上述傳説,"此西王母所以闡揚道樞,丁寧詳複,爲黄帝言之也"。

《軒轅本紀》中言黄帝外丹事,又涉及了西王母等神話要素,筆者認爲應出自《漢武帝内傳》之後,大約魏晉到隋唐時。也就是説,黄帝被"道教化"很早,但黄帝與《陰符經》在神話傳説中發生關係則在此後,約是魏晉到隋唐時發生的事情。從黄帝與《陰符經》這個傳説來看,傳授《陰符經》是爲了打蚩尤之用,可見隋唐前人們理解的《陰符經》還衹是兵書。《唐太宗李衛公問對》中也提到《黄帝兵法》和《握機文》(後文略有引述)。唐代《陰符經》注解者李筌,也是著名的軍事家。

(二)李筌得驪山老母傳《陰符經》經義的傳説

李筌《神機制敵太白陰經序》:"太古之時,人不識其父,蒙如嬰兒。夏則居巢,冬則居穴,與鹿豕遊處。聖人以神任四時、合萬物於無形,而神知之矣。過此以往,非神不足以見天地之心,非心不足以知勝敗之術。夫心術者,尊三皇、成五帝;賢人得之,以伯四海、王九州;智人得之,以守封疆、挫勍敵;愚人得之,以傾宗社、滅民族。故君子得之固窮,小人得之傾命。是以,兵家之所秘而不可妄傳,否則殃及九族。臣今所著《太白陰經》,其奇謀詭道,論心術則流於殘忍,以爲不如此,則兵不能振,故藏諸名山石室間,承帝命,欲備清覽,敢昧死以進。"[①]

序言中"故君子得之固窮,小人得之傾命"一句與《陰符經》:"君子得之固躬(窮);小人得之輕命"合,可見當時李筌很有可能見過並注解過《陰符經》。

李筌作爲著名的軍事專家,在唐末宋初産生了巨大的影響。《宋史·兵志·兵九·陣法》:"黄帝始置八陣法,敗蚩尤於涿鹿。諸葛亮造八陣圖於魚復平沙之上,壘石爲八行。晉桓温見之曰:'常山蛇勢。'此即九軍陣法也。……今論兵者俱以唐李筌《太白陰經》中陣圖爲法,失之遠矣。朕嘗覽近日臣僚所獻陣圖,皆妄相眩惑,無一可取……李筌圖乃營法,非陣法也……則營爲正、陣爲奇也。"[②]這從反面説出了唐末宋初時,李筌影響之大。而且李筌在唐代中後期至宋初已被神化。《宋史·列傳·方技下·甄棲真》:"年七十有五,遇人,或以爲許元陽,語之曰:'汝風神秀異,有如李筌。雖老矣,尚可仙也。'因授煉形養元之訣。"[③]

李筌與《陰符經》的關係,可能也在此時逐漸具有了傳奇色彩。又李筌將所著《太白陰經》"藏諸名山石室間",或是後來傳説李筌在嵩山石壁中得《陰符經》的由頭。從杜光庭《神仙感遇傳》李筌傳和《黄帝陰符經疏序》來看,李筌與《陰符經》的傳説,很重要的一點是加入了本命信仰[④]的因素。李筌傳提到寇謙之在七月初七抄《陰符經》,藏於嵩山虎口巖。驪山老母看李筌日後有災,讓他先吞"丹書符",後對他説"本命日讀(《陰符經》)七遍,益心機,加年壽。每年七月七日,寫一本,藏於名山石巖中,得加算"。

前文已述,傳説中的驪山老母,實即授黄帝《陰符經》的玄女,衹是《黄帝陰符經疏序》中對"三元六周甲子"解釋不清,使得玄女授黄帝《陰符經》的年代出了點問題。在關於黄帝的傳説中亦有"著十六神曆,推太一六壬等法",杜光庭也有本命信仰,他在《張崇胤本命南斗北斗詞》中云:"因星文臨照,值年命凶衰,遂搆災危。"[⑤]晚唐五代,正是八字算命"子平術"最終形成的時候,這類信仰十分流行,《陰符經》正文最末及其相關注文中,也摻入了受這種信仰影響的文字。

杜光庭《道教靈驗記》中有"尹言念《陰符經》驗",其中講到:尹言"受之(《陰符經》)數年,念逾萬遍,稍覺心力開悟。因本命日,齋潔焚香,念三十遍,忽了憶

---

① 王雲五主編:《叢書集成初編》(影印《守山閣叢書》版),北京:商務印書館,1937年。

② 《宋史》卷一百九十五,北京:中華書局,1977年,第4866~4867頁。

③ 《宋史》卷四百六十二,第13517頁。

④ "本命信仰",學者論述不多,劉長東:《本命信仰考》,見《四川大學學報》2004年第1期,略可參考。

⑤ 《廣成集》卷十二,《道藏》第11册,北京:文物出版社、上海:上海書店、天津:天津古籍出版社,1988年,第288頁。

生前之事”[1]。據此可見,晚唐時《陰符經》信仰已與本命信仰結合,信衆在本命日誦讀《陰符經》,可能是比較常見的宗教實踐活動。

由此我們可以看出,李筌在嵩山得寇謙之七月七日所抄《陰符經》,及驪山老母爲其消災,而解説《陰符經》,實際上在一般信徒中起到了將《陰符經》與本命信仰聯繫起來的作用。

(三)張果(老)注《陰符經》的傳説

現存《道藏》中的張果《黄帝陰符經注》中對李筌注解批評甚多。前文已指明張果的批評對象是現存的七家注本,而不是《黄帝陰符經疏》,更不是《疏序》中有關驪山老母的傳説。相反,張果《黄帝陰符經注》序中非常贊成驪山老母對《陰符經》三百言分爲三章的做法。

張果在序言中還提到:“偶於道經藏中得《陰符傳》,不知何代人製,詞理玄邈,如契自然,臣遂編之,附而入注,冀將來君子不失道旨矣。”劉師培《讀道藏記》中指出:“據《唐志》,有張果《陰符經太無傳》一卷。《通志》云:《陰符經》一卷,唐張果注。《陰符經太無傳》一卷,唐張果得自道藏,不詳作者。是《唐志》所標《太無傳》,即果序所稱《陰符傳》。惟據果《序》言附《注》入《傳》,則《傳》非離《注》單行。又據《舊唐志・張果傳》,謂嘗著《陰符經玄解》,盡其玄理。《崇文總目》有《陰符經玄義》一卷,張魯撰。《玄義》即《玄解》,魯乃果訛。似果之所作别有《玄解》,豈《注》即《玄解》異名,而《唐志》所録别爲單傳本?抑係後人因傳由果得,僞作果注及序文,以傳附注,其異名則爲《玄解》?今不可考。”[2]

誠如劉師培先生所言,該《傳》的具體已不可考,或有人認爲即《雲笈七籤》所收《天機經》。不過筆者懷疑,所謂張果序言中的這段話,可能本身就是子虛烏有。序言中講,將《傳》“附而入注”,但從現存張果《黄帝陰符經注》來看,除了“傳曰”和批判李筌等人的話外,基本没有張果本人的獨立注釋;而且“傳曰”和批判李筌等人的話,往往語氣連貫,似出自一人之手。

依筆者推測,唐中後期,作爲兵書存在的《陰符經》越來越難以滿足信衆的宗教需要了。一般信仰者將《陰符經》與本命信仰等宗教實踐相互結合,而上層道教人士,則要從理論上來改造《陰符經》。現存所謂張果《黄帝陰符經注》,便是將以往七家注本中兵書的氣息淡化,甚至斥爲妖僞,利用驪山老母等傳説,將《陰符經》説成是道、法、術無所不包的道教經典。但這種新説與傳統説法有著較大

---

① 《雲笈七籤》卷一百一十九,《道藏》第22册,第827頁。

② 劉師培:《劉申叔遺書》,南京:鳳凰出版社,1997年,第1989頁。

差異，因此託於“偶於道經藏中得”“不知何代人製”的《陰符傳》，來加重新説的分量，後可能又託於張魯名下。而此時張果老的傳説在民間越來越多[①]，有鑒於此，最終又改張魯爲張果，託於聲名日隆的張果所注。

張果《黄帝陰符經注》的出現，可以説是唐末宋初人們對《陰符經》理解的重大變革。與此同時稍後的宋袁淑真《集解》也體現了這一變化趨勢。袁淑真對《陰符經》“世人相傳，俱謂兵法”也有不滿意的地方，也是利用驪山老母的“道”“法”“術”的三分，來重新解釋《陰符經》。袁淑真没有僞託古人、仙人，因此口氣比較平和，對李筌等人没有指名道姓的攻擊。後人將袁淑真解説歸於李筌《疏》，實在誤之甚矣！不過這個有意或無意的大錯誤，恰好也反映出這種重新詮釋《陰符經》的思想潮流不可阻擋。

（四）褚遂良奉旨寫四百字本《陰符經》的傳説

《陰符經》是廣爲抄寫的道教經典，其中最早也最爲出名的是唐初書法家褚遂良（596—659）所書四百字本《陰符經》。但有關褚書《陰符》，頗有争議。

《四庫提要》：“所云唐永徽初褚遂良嘗寫一百本者，考文徵明《停雲館帖》所刻遂良小字《陰符經》，卷末實有此文。然遂良此帖自米芾《書史》、竇章《待訪録》《宣和書譜》即不著録，諸家鑒藏亦從不及其名。明之中葉，忽出於徵明家，石刻之真僞尚不可定，又烏可據以定書之真僞乎？”余嘉錫則反對上述説法，他在《四庫提要辨證》卷十一“陰符經解”條下指出，宋樓鑰《玫瑰集》卷七十二《跋褚河南陰符經》云：“比歲於都下三茅寧壽觀，見褚河南真跡注本。”“凡見河南所書三本：其一草書，貞觀六年奉敕書五十卷；其一亦楷書，永徽五年奉旨寫一百二十卷，及此，蓋書百九十本矣。二者皆見石刻。惟此真跡，尤爲合作。”今學者多從余嘉錫説，認爲褚遂良確實寫有《陰符經》。

但書法界對此帖是否出於褚遂良之手頗有異議，“《陰符經》大字墨跡，傳爲褚遂良書。紙本，楷書 96 行，共 461 字。傳爲褚遂良所書的《陰符經》尚有小楷與行書兩種刻本流傳於世，字跡皆很小，難窺廬山真面。此帖字大盈寸，末題‘起居郎臣遂良奉敕書’。褚遂良任起居郎是在貞觀十年（636），五年後再遷諫議大夫。他的《伊闕龕碑》也是在做起居郎時所書寫的。而拿他的大字《陰符經》墨跡與《伊闕龕碑》和稍後幾年所書的《孟法師碑》相比較，書體却大異其趣，而與

① 宋初《太平廣記》卷三十引《明皇雜録》《宣室志》《續神仙傳》講張果事跡傳説已十分豐富。

他後期的作品風格接近。看來,很有可能是唐代學褚書的僞作"[1]。

褚遂良書大字《陰符經》,始見於道觀,"比歲於都下三茅寧壽觀,見褚河南真跡注本",恐爲後人僞作。若有褚遂良真跡《陰符經》,黄庭堅這樣的大書法家,不應不知;或黄庭堅已辨僞,故依舊堅稱《陰符經》爲唐初所無,李筌是《陰符經》作者。

宋人集帖,還有褚遂良小字及草書《陰符經》,除樓鑰《玫瑰集》外,宋陳思撰《寶刻叢編輯》卷十三"石氏所刻歷代名帖",及宋無名氏《寶刻類編》也有著録,恐亦唐之後人僞作。"貞觀六年""永徽五年"褚遂良"奉敕""奉旨"書寫《陰符經》,史傳皆不載。若事情果真如此,身爲唐代官員的李筌絶不敢自稱得《陰符經》於石壁中,且聽到驪山老母説一句《陰符經》文就"驚而問之"——傳説絶不會如此編排。唐初若有《陰符經》存世,也當行本不多,似不會"奉敕""奉旨"書寫。而敢於僞稱"奉敕""奉旨",恐爲唐之後人,出於或五代人或宋人之手,故南宋方纔見録。

褚遂良《陰符經》墨跡僞,並不等於説中唐前《陰符經》不存世。唐吴筠《行神可固論·守神》中已有《陰符經》引文:"《陰符經》曰:終冬之草,覆之不死,露之見傷,火生於木,禍發必剋,精生於身,精竭而死。"(今本衹有"火生於木,禍發必剋"。)歐陽詢《藝文類聚》卷八十八"木部上木":"《陰符經》曰:火生於木,禍發必剋。"又宋岳珂撰《寶真齋法書贊》卷五"右太子率更歐陽詢,字信本,陰符經真跡一卷。楷莊而勁,嚴而有法,紙古以香,態嶮而絶,真歐筆也"。岳珂所見之本並未流傳,所謂歐陽詢寫《陰符經》恐亦假,後人假託似有褚書與歐陽詢書之間筆法争勝的意味。不過從歐陽詢《藝文類聚》引《陰符經》文來看,他應是見過《陰符經》的。

除了褚書與歐陽詢書外,尚有柳書一説。《道藏》中題爲"崆峒道士鄒訢注",《黄帝陰符經注解》中還提到:"蔡端明云:'柳書《陰符經》,書之最精者,善藏筆鋒。'予觀此書,非唯柳氏,筆法遒結,全不類他書。"可見柳書《陰符經》,當時便有人提出懷疑。

南宋以來出現如此多託名唐代著名書法家寫《陰符經》,除了古董謀利、書法臨摹争勝等原因,筆者以爲恐怕跟《陰符經》三百字本和四百字本的争論有關。驪山老母的傳説,講《陰符經》三百言,而流行版本又以四百字居多,爲了强調後一百字經文不僞,宋人模擬唐人書法,以證四百字本亦非晚出。

---

[1] 吴鴻清編,劉恒、于連成解析:《中國書法史圖録簡編》,北京:中國廣播電視大學出版社,2000 年修訂版,第 273 頁。

(五)朱熹看重褚遂良書四百字本《陰符經》的傳説

《道藏》中題爲“崆峒道士鄒訢注”《黄帝陰符經注解》,“鄒訢”與“朱熹”諧音[①],一般認爲是朱熹所作。但筆者認爲此文絶非出自朱熹之手。

比較現《道藏》中所藏蔡氏注《黄帝陰符經注》與崆峒道士鄒訢注《黄帝陰符經注解》,我們可以發現,《陰符經》前三百字的注解,鄒訢注完全抄自蔡氏注(經文後一百字,則蔡氏《黄帝陰符經注》無解),衹是在個别解釋後加上按語,且按語中多引“須溪劉氏”及“朱子”語。由此可見,鄒訢注至多可以看做是蔡氏注的《注解》,並非獨立創作。而經文後一百字注解,則多引用“張氏”“朱子”“高氏”“魏氏”等語,可見《黄帝陰符經注解》至多算是一個集解性質的作品,非獨立創作。且崆峒道士中,提到朱熹時,通用第三人稱“朱子”,可見鄒訢注本非爲朱熹本人所作。

鄒訢注本在三百字經文後有一段按語:“按驪山老母注本與蔡氏本‘我以時物文理哲’爲書之末句。褚氏本與張氏本,其下有二十一句,百一十四字,朱子所深取者,政在此内,今取褚氏本爲正。”而前按語中,也有提到褚氏本,“按唐褚遂良得太極真人所注本於長孫趙國公家”。據此來看鄒訢注本,實皆借朱熹之名而推重褚本,以此抬高四百字經文。

朱熹本人與道教接觸比較密切,應是讀過《陰符經》並有議論的,朱熹的弟子間丘次孟曾贊揚《陰符經》中一節説:“此數語,雖六經之語無以加”,朱熹説:“如他間丘此等見處,盡得。”[②]現《道藏》中蔡氏本或爲朱熹道教界老友蔡元定[③]所著。[④] 但蔡本經文三百字,且朱熹在《陰符經考異序》(四庫本)中認爲《陰符經》是唐人李筌僞託,在朱熹之前,宋人黄庭堅也持此觀點:“《陰符經》出於唐李筌。熟讀其文,知非黄帝書也”,“妄託子房、孔明諸賢訓注,尤可笑。惜不經柳子厚一掊擊也”。[⑤] 李筌是中唐人,年代尚在褚遂良之後,朱熹若是認爲《陰符經》是唐人李筌僞託,則不可能承認褚本爲真。

---

① 俞琰《席上腐談》卷下:“朱晦庵嘗託崆峒道士鄒訢之名爲注。鄒即朱,春秋邾子之國也。又作《考異》。”這裏的《考異》從上下文來看,是指《周易參同契考異》;説明“鄒訢”是朱熹的一個“化名”。王宗昱教授對此有考證,見《對朱熹〈陰符經考異〉的再考察》,《世界宗教研究》2015 年第 3 期。

② (宋)黎靖德編,王星賢點校:《朱子語類》卷一百二十五,北京:中華書局,1994 年,第 3004 頁。

③ “(蔡元定)聞朱文公名,往師之。文公叩其學,大驚,曰:‘此吾老友也,不當在弟子列。’四方來學者,必俾先從先生(蔡)質正焉。”(《宋元學案・西山學案》)朱熹曾與蔡元定共究《參同契》。

④ 《宋書・藝文志》有“蔡望《陰符經注》一卷”,不知是否爲今道藏中蔡氏本。王宗昱教授在《對朱熹〈陰符經考異〉的再考察》一文中認定以朱熹的名義行世的《陰符經考異》其注解文字出於蔡元定之手,其他文字則是黄瑞節(《朱子成書》)从朱熹以及其他學者的著作中彙編成的。

⑤ (宋)黄庭堅:《山谷題跋》卷四,清咸豐十年(1860)鈔本。

前文已詳褚遂良書《陰符經》很可能是後人作僞,朱熹本人見過所謂的褚本,並認定褚本爲真,是很值得懷疑的。朱熹是宋明理學最爲重要的代表人物,其思想雖然受到佛老很大影響,但朱熹門户意識還是很强的,證明《陰符經》晚出,可能同證明《四十二章經》晚出一樣,有擡高儒學的意思。朱熹證《陰符經》晚出比較可信,而稱讚所謂李筌之前的褚本,恐是後人附會。

今鄒訢注本,很可能是託朱熹之名,以加强褚本的可信度,及末後一百字經文的價值。

僞造褚遂良書《陰符經》,託朱熹之言,皆是爲了擡高《陰符經》末後一百字經文的價值,其中自然包含對《陰符經》理解取向之不同。驪山老母謂《陰符經》言道、法、術,而南宋以來思想發展脈絡,越發不注重外在事功成敗,而轉注於内在道德身心修養。突出《陰符經》後一百字經文,實有突破唐末宋初以來對《陰符經》經典解釋之作用。然後世人多不在經文版本上做文章,轉而對經文注解重新言説,如南宋後道流所爲"十集解"本①,以性命雙修、煉精爲炁的内丹思想來解釋《陰符經》,"《抱一》丹成,《國富民安》泰神樂清虚,《强兵勝》純陽煉就,飛步入玄都"②。以此理解三百言,故不必多加後一百言,也可"借題發揮",故後世注本也多流行三百字本。

(責任編輯:胡常春)

---

① 《黄帝陰符經集解》(三卷),舊題著者十人,"赤松子、子房真人張良、太極左仙翁葛玄、西山真人許遜、正陽真人鍾離權、純陽真人吕巖、華陽真人施肩吾、至一真人崔明公、海蟾真人劉玄英、清虚真人曹道冲"。

② 《黄帝陰符經集解》卷下。

臺灣大學圖書館藏《七真仙傳》初考

□秦國帥

摘要:就瞭解金元時期的全真道教史而言,《金蓮正宗記》《七真年譜》《甘水仙源録》等保存於《道藏》内的仙傳資料是不可忽視的重要參考和依據。事實上,除我們目前所主要採用的這些資料外,馬頌仁(Pierre Marsone)、高萬桑(Vincent Goossaert)以及康豹(Paul Katz)等學者都提及過另外一部金元早期由張邦直、王粹等人編寫的全真傳記。值得慶幸的是,臺灣大學圖書館保存下來了這部明永樂十六年重刻的《七真仙傳》。據其正文前所附十一篇序言,我們大致可以瞭解這部仙傳的編纂者、流傳歷史及其與同時期其他仙傳之間的同與不同,進而補充和深化了我們關於金元全真道教歷史的認識。

關鍵詞:《七真仙傳》　臺灣大學　全真道史

作者簡介:秦國帥,男,1985 年生,山東昌樂人,現爲齊魯工業大學(山東省科學院)馬克思主義學院講師。

對於金元時期的全真道史研究來説,全真道士或文人士紳所撰寫的仙傳及碑刻資料毫無疑問發揮著無可替代的作用,比如秦志安的《金蓮正宗記》、李道謙的《七真年譜》和《甘水仙源録》等,都爲我們瞭解金元時期王重陽及全真七子等高道的生平事跡作出了重要的貢獻。

在這些仙傳資料中,值得注意的是,元世祖至元八年(1271),全真道士李道謙在編纂《七真年譜》時提及,他曾參考過北平王粹所做的一部王重陽傳記。① 不僅如此,在李道謙編纂的另一部仙傳集子《甘水仙源録》中,他又收入了王粹所做的《七真贊》,而這篇《七真贊》的第一人即爲“重陽王真人”。② 依據這兩條資料,

---

① 李道謙編:《七真年譜》,《道藏》第 3 册,北京:文物出版社、上海:上海書店、天津:天津古籍出版社,1988 年,第 380 頁。

② 李道謙編:《甘水仙源録》,《道藏》第 19 册,北京:文物出版社、上海:上海書店、天津:天津古籍出版社,1988 年,第 740 ~ 741 頁。

我們可以確定,王粹確實撰寫過王重陽的傳記,不僅如此,他甚至還有可能撰寫過關於七真的傳記。令人欣慰的是,臺灣大學圖書館藏有一部《七真仙傳》,而這部《七真仙傳》的發現,恰恰印證了我們上述的推測。

一、《七真仙傳》的作者

臺灣大學圖書館收藏的這部《七真仙傳》爲一册,不分卷,前有序言共計十一篇,正是通過這些序言,我們可以對《七真仙傳》的作者有更爲深入的瞭解。

據前引李道謙《七真年譜》,王粹曾爲王重陽撰寫過傳記,然而,通過王鶚於世祖至元元年(1264)爲《七真仙傳》撰寫的序言,我們知道,王粹的王重陽傳記並非首創,而是在金國史編修張邦直的基礎上演繹而來,且之後又經全真道士宋德方的弟子李鼎修飾而成終稿:

> 夫道在人弘,真不世出,子承孫繼,尤貴追崇,此《七真傳》之所以作也。七真生於宋末金初,神踪仙迹,燦然在人耳目,雖間有紀録,而未成完書。金朝國史院編修河内張邦直子中嘗爲作傳,然略而不詳。真常宗師每注意焉,俾北燕巨儒王粹子正紬繹遺文,委之注撰,能事未畢而子正謝世。逮誠明嗣教,繼志述事,請虚舟道人李鼎之和任其責。之和,河東名進士也,晦迹長春,講論不輟。既受命,夙夜苦心,剔繁去冗,遂爲成書,仍於傳後各立贊論,而且序之於前。①

對於此一編撰過程,其他各篇序言幾近相同,並無異議。

張邦直,字子中,河内人,生卒年不詳,與全真掌教李志常關係密切,且曾爲王重陽畫像題寫過贊詞。② 或許正是基於對全真道的這種認同,張邦直纔主動承擔了編纂《七真傳》的工作。不過,可惜的是,他爲七真撰寫的傳記"略而不詳",非爲完本。

與張邦直相比,王粹與李志常的關係更爲密切。王粹,亦稱王元粹,字子正,號恕齋先生。據《甘水仙源録》,王粹爲避元兵戰禍而隻身逃往北京,"先生至燕,遇真常大宗師,即北面事之,執弟子禮"③,也就是説,王粹是李志常的弟子。或許

---

① 王鶚:《〈七真仙傳〉序》。

② 陳垣編纂:《道家金石略》,北京:文物出版社,1988 年,第 468 頁。

③ 李道謙編:《甘水仙源録》,第 784 頁。

正是由於他們彼此之間的密切關係，兼之王粹的文學素養，李志常"復以上世師祖本行屬之爲傳，將藏諸秘籍，以永其傳。先生遂居萃玄堂，研精緻思，旁求遠索，綢繹而編輯之"[①]。可惜，天不假年，王粹尚未完成這項工作便去世了。

王粹去世之後，《七真仙傳》的編纂工作由宋德方的弟子李鼎承擔了起來。相比於張邦直和王粹，李鼎對於這部仙傳的編纂更加顯示出了深厚的宗教意味："蓋以子正、子中文士也，所能形容者，道人身外所著之迹也，道人身中所得之事，三田上下、沖氣周流、靈風飄蕩、通關透竅、神物變態，鼎旨皆文士之所信不及者，又豈能形容哉？今日此事，夫天不欲示之於人則已，果欲示之於人，予何辭焉？"最終，經過李鼎的修飾之後，元世祖至元五年（1268），全真掌教張志敬命人繕寫刻板，《七真仙傳》成書。

除以上三位編纂者外，據彭志祖於至元五年所撰序言，金貞祐時人張本也曾參與其中。張本與全真道的關係密切爲不争的事實，而且，直至民國時期，北京白雲觀中還建有供奉張本的儒仙殿。[②] 因而，關於其參與編纂《七真仙傳》一事，儘管並無其他資料佐證，但並非絶無可能之事。

二、《七真仙傳》的流傳

可惜的是，《七真仙傳》成書之後，至遲到元大德七年（1303），就遭到了毀壞。全真道士路道通於此年撰寫了一篇重刊序言，稱《七真仙傳》"舊板既毀"，因爲擔心七真的事迹隨之而被人們遺忘，所以"挾之南遊，重綉諸梓"，另行刊刻了這部《七真仙傳》。

值得注意的是，路道通之所以帶著這部仙傳"南遊"，極有可能與元世祖至元十七年（1280）的佛道辯論有關。關於這次論辯的經過，學界已有充分的論述，而其結果則是全真道完敗，並被朝廷下令焚毀除《道德經》之外的所有經書。[③] 可能正是基於對這場辯論所引發的後果的恐懼，所以他纔帶著《七真仙傳》南遊，以期遠離當時的大都，重新刊刻，進而保存人們對於七真仙迹的歷史記憶。除此之外，據現存史料，路道通還新編或重刊了另外兩部非常重要的全真文獻，即《玄元十子圖》和《玄風慶會圖》，這也充分證明了他對於焚經之後全真歷史斷裂的擔

---

① 李道謙編：《甘水仙源録》，第 784 頁。

② 小柳司氣太：《白雲觀志》，東京：東方文化學院東京研究所，1934 年，第 26、50 頁。

③ 宋濂：《元史》，北京：中華書局，1976 年，第 222 頁。

憂,以及他爲接續和重塑全真歷史所做的貢獻。

然而,正如我們將在下文中所看到的,最晚到元大德七年時,《七真仙傳》就已經重新刊刻完成,但是,元武宗皇帝於至大三年(1310)褒封全真道五祖、七真的詔書,却堂而皇之地出現在了丘處機的傳記當中,這又是爲什麽呢? 對此,明永樂十六年(1418)浙江餘杭人鄒濟的序言或許能够爲我們提供一個合理的解釋:

> 七真仙傳者,金源史臣河内張邦直之所作也。元初北平王粹增飾之,全真誠明宗師復要太原李鼎繼述之,始克成書。其叙事有法,贊論得體。歲久板毁,嘉禾全真姚孤雲購得一編,藏之有年矣。一日,持贈同志霅川沈友容氏,託以流通,同壽諸梓,功完,囑余爲之序引。

也就是説,自大德七年重刊之後,直至明永樂年間,由於歲月久遠,兼之元明易朝,《七真仙傳》的刻板已遭損壞,於是全真道士姚孤雲等便將之重新刻版流通了,因而武宗至大三年的崇道詔書極有可能正是在此時被加入了《七真仙傳》當中。换言之,到明永樂時,《七真仙傳》又一次進行了重新刊刻。

自此之後,關於《七真仙傳》的編纂和流傳歷史,由於史料的缺乏,我們所知甚少。直至明末清初,黄虞稷在私人藏書目録《千頃堂書目》中纔再次提到他本人收藏有一部七卷本的《七真仙傳》。[①] 隨後,清同治六年丁卯(1867),《七真仙傳》又一次出現在人們的視野當中,即本文所介紹的臺灣大學圖書館藏《七真仙傳》,爲"醉夢中人購於鏡湖有文書林",而這個醉夢中人即清末的大藏書家龔易圖。[②]

三、《七真仙傳》的内容

應該説,自全真道士李鼎增飾成書之後,兼之元大德間路道通的重刊以及明初姚孤雲的再版,我們已經很難知道李鼎完稿之時《七真仙傳》的本來面目。不過,對比目前所通行的七真傳記資料,我們還是能够發現這部《七真仙傳》的一些獨特之處。

首先,在元代兩次加封五祖、七真的詔書以及我們現在所通行的稱謂中,七

---

① 黄虞稷撰,瞿鳳起、潘景鄭整理:《千頃堂書目》,上海:上海古籍出版社,2001 年,第 436 頁。

② 關於龔易圖及他的烏石山房文庫,參見臺灣大學圖書館網頁介紹。

真是指王重陽的七位弟子丘處機、劉處玄、譚處端、馬鈺、郝大通、王處一以及孫不二,而這部《七真仙傳》中七位真人的傳記分别是《重陽真君王祖師傳》《丹陽真人馬宗師傳》《長春真人丘宗師傳》《長生真人劉宗師傳》《長真真人譚宗師傳》《玉陽真人王宗師傳》以及《廣寧真人郝宗師傳》,並不包括孫不二的傳記。

其次,《七真仙傳》中這七位宗師的傳記,正文内容幾乎全部出現在了元代前期趙道一所編的《歷世真仙體道通鑒續編》當中,衹不過趙道一關於這七位宗師的傳記在具體細節上略有增加,换句話説,趙道一關於王重陽等七位宗師的傳記,極有可能是承襲《七真仙傳》而來。不僅如此,《七真仙傳》中王重陽、馬鈺、丘處機以及劉處玄四人傳記之後各有"贊詞"一篇,除丘處機外,其他三人的贊詞則與元中期劉志玄、謝西蟾所編《金蓮正宗仙源像傳》中對三人的"贊詞"相同。除以上相同以及差異之處外,尤其值得注意的是,《長春真人丘宗師傳》正文之後、贊詞之前,特意添加元世祖至元六年(1269)和元武宗至大三年兩通褒封五祖、七真詔書的全部内容。較之金元時期丘處機其他的傳記,《七真仙傳》中的這種編纂方式尚屬首次,格外引人注目。

最後,《七真仙傳》中每位宗師傳記的正文之後,還另有編纂者所添加的一段評論,以王重陽傳記爲例,這段評論的内容爲:

> 予嘗思全真正脉,前無始,後無終,未嘗少變。其或有升沉顯晦之異者,非此理之有變,時有不同耳。天將以是理大升於人也,於假手於異人而宣泄之,此重陽祖師一出,海内應之者,若決江河,莫之能禦,量其勢,當傳至於百千萬世之無窮。然不得而預言之,姑以大定丁亥以來,三四傳中衆所同見者而觀之,其出自門下登真者,自馬、譚、劉、丘、郝與王以降,不知幾百千人,其沾丐者固不可以數計。凡號物之靈者,茍能撤胸中之自蔽而向之,莫不在大光明中,隨求而隨給,豈非天歟? 或者歸功於甘之一勺,予因思水之爲物,人非水火不能生活,其濟世之用,水又居火之先,是有利於世者,莫過於水。雖然,此但水之常也,物莫不有常,亦莫不有變。常則不必論,至論水之變,又於神與非物之間,有不可測之理,學道者不可不講也。謂水爲神耶,貪泉不能改夷齊輝清,若之何爲神? 謂水爲不神耶,上池能化扁鵲之醫,若之何而不神? 吾祖師神化天運之機,本全之於未始有物之前,伏而不發,若有所待,一旦遇此可發之地而發之,如有本之泉,是以能有今日之大也。如曰不然,自有此水以來,飲之者幾人耶? 何獨私於我祖師焉? 故曰神而明之,存乎其人。若知存而明之理,天下之水皆甘也,但患人不求耳,用户而求之,則有余師。

據筆者所知,這段評論並不見於其他各種全真七子的傳記。不過,由於目前所見《七真仙傳》並非假借一人之手編纂而成,因而我們對於這段評論的撰寫者具體是誰並不清楚,但可以確定的是,最晚在明永樂十六年之前,這段評論就已經出現在了《七真仙傳》王重陽的傳記當中。

總之,臺灣大學圖書館藏《七真仙傳》,爲我們瞭解金元乃至明初全真仙傳的編纂保留了一份重要的參考資料。這部仙傳的發現,不僅爲我們提供了更多關於金元時期文人士紳參與編纂全真歷史工作的資料,還初步向我們展示了全真仙傳在記述和重塑全真歷史方面的重大作用。[①]

附録(《七真仙傳》序言)[②]

七真仙傳序引

七真仙傳者,金源史臣河内張邦直之所作也。元初北平王粹增飾之,全真誠明宗師復要太原李鼎繼述之,始克成書。其叙事有法,贊論得體。歲久板毁,嘉禾全真姚孤雲購得一編,藏之有年矣。一日,持贈同志霅川沈友容氏,託以流通,同壽諸梓,功完,囑余爲之序引。余惟作者七人,丕聞全真大教,傳之千古,開明志道英賢,觀夫出世高風,可見神仙勛業。蓋自東華啓教,傳之正陽,再傳純陽吕仙,而重陽王師親承秘旨,弘開道化,於是七真聿興。而長春益廣玄風,始則師弟聯芳,各遂得道成仙之願,終焉明良慶會,迄成尊主庇民之功。盖其教其書,誠修真之軌範,入道之楷梯也? 奈何舊刻不存,自非用心溥愽,豈能以諸真之嘉言善行傳播於時? 有能於此因言悟道,自可得魚忘筌! 余嘉其然,故書爲序引。

時永樂十六年歲次戊戌孟春上元日,東魯鄒濟書于頤庵。

神仙勛業,出世高風,大丈夫功成名遂之事,凡民可望道而見哉! 昔全真祖師重陽王君,有宰輔器,不屑世用,晚受洞賓秘語,得神仙道,首化丹陽,立全真庵,以寓修心明道、全吾本真之旨。海上金蓮蓬萊一會,得全真心印者七人焉。

---

① 關於這一孤本文獻的價值,吴光正將之放置於元代全真道譜系建構與歷史書寫這一大背景中,並封《七真仙傳》與金元其他全真仙傳之間的互文性進行了詳細的考察。參見吴光正《臺灣大學圖書館藏海内孤本〈七真仙傳〉考釋》(載《中國文哲研究通訊》2017 年第 3 期)。不過,關於此孤本的重刊過程及時間,吴光正先生的考釋與筆者略有不同。

② 爲保留原貌,方便讀者查閲,筆者抄録了《七真仙傳》所有序言,除句讀外,一字不易。在對《七真仙傳》所有序言的點校過程中,中國道教協會的尹志華博士曾指出並糾正數處失誤,特表謝意!

帝王大宗師長春起而全真教立，繼先志也。修身以至天下，乃真乃普，雖不在咎夔之位，而致君堯舜，活我烝民，今猶賴之，此神仙勛業，凡民固不識也。七傳至于玄逸真人張君，嗣掌全真，協扶玄運，與吾正一之教，同出异名，道并行而不相悖。觀我天師廣微真人叙曰：子房先天下而後一身，七真先一身而後天下，微兼志物我、玄同一心者，孰能道此語？愚學謂爲天地間人，當作天地間事，可爲不可爲，時也，公又知功不必出於己，名不必昭于時，顧其在我者，爲何如耳？幸際明良會遇，海寓一家，得如顔孟之至聖，不必如松喬之神仙，得如松喬之神仙，不必如咎夔之輔相，故孟子謂禹稷顔回同道。

愚於七真之云後學，隆道沖真崇正法師教門高士當塗杜道堅序。

七真人傳序

金末重陽王公見二异人焉，於終南山得聞至道之淵，乃東游海上，得友七人焉。傳所學之妙，爲四方之風。逮國初，其大弟子曰長春丘公，語至闕下，以所聞者奉大對，陳清静利物之道，上□帝聰，天下迄今稱之。□□論至人者，爲方衆矣。義而不解，若不足而不承，觚而不堅，虚而不華，以刑爲體，以禮爲翼，以知爲時。刑者，綽乎其本也，禮者，行於世也，知者不得已於事而爲之者也。蓋以已至足之餘，亦欲澤及天下云爾。重陽公之學，既於丘公發之矣。劉譚已降，出處言論，世未多見也，詳著此編，庸示後之爲羽士者。

上党宋渤序。

老氏曰道之真，以治其身，荀子謂真積力久則入，與周濂溪所説無極之真一也。□之在人，得之上帝。降裹之初，其教之行，見於天德。君世之後，王者之民，皞皞如也，德章而真之復也；霸者之民，驩虞如也，世故開而其教熄也。夫真之寄天下，一日未嘗忘，雖王者之仁，霸者之力，不能毫髮損益其間。然則斯民詐詐奸奸，如魑如魅，不能保吾真者，天德不覿而教之熄也。故雖服老子之教者，徒誦其言，佩其衣，弫於耳目近習其窮理盡性之學，躬行力踐之誠，無上知啓迪，所謂真知以修身者且不知爲等物，况齊民哉？重陽祖師出，繼得數君子，知我之與人共此真也，性域其情，志帥其氣，其踐履不遠，顛沛造次之際，慈儉不争之化，往往庇及斯民。老氏之學，及先哲之所傳者，尚不墜云。

歲次丁酉春上元日，翰林遺叟納庵張本引。

山車垂鈎，不雕不幾之謂真；嬰啼縛慕，與生俱生之謂真。上皇之世，一真大全,其化淵淵,其俗平平,標枝野鹿,同歸自然,物與無妄,夫何爲乎? 雖榜子之或使,亦季真之莫爲。已世既下衰,道術幅裂,一真内潰,萬僞钀钀,猖狂恣睢,謾讕侂傗,剞奸劂詐,訢鄂太素。於斯時也,不有至人濟之無假之津,返之邃古之宅,則日填月積,積習生常,泯之蚩蚩,將爲异物。天可倚杵,初不詩千歲玄遼,是故帝鴻世□廣成之救,姬周世有混元之救,戰國世有南華、沖虛之救。而七真繼踵,叠爲近世之救,所遇雖殊,其爲救一也。自重陽始祖開真筌於金源氏正隆大定之初,長春老仙扇真風於我國朝啓運建極之際,中間陶鑄群生,使之"保合太和,各正性命",盖千萬數。而俘鹵之餘鹵,凍餒之殘喘,娃岸之假息,所以起尸肉骼,膏祐已痛,俾人蒙安樂之福者,又莫得而周知。然知七真之救世也,真叶上帝之心也;上帝之愛民也,真藉七真之教也。不然,何爲天生聖皇,出寧四海;天生長春,左右大命;相與聚精會神,而同始共終哉? 長春一賓,清和敕蔵之,真常發揮之,今而誠明布濩之,則夫七真之盛蹟,炳如日月在天矣。雖無文字纂述,固不没没,况傳贊精確,仙語琅琅耶? 諸君叙列,曲折備盡,能走復贅緒其傍,亦側聽陽阿,從而和之耳。廼若虚舟靈風飄蕩,變化日新之説,此又玄中之玄。走雖老,尚獲一概耳益。詩云:"招招舟别,人涉印否。人涉印否,即湏我前。"稽首誠明,毋曰子非其人。

歲乙丑日,南至龍山樵李仁卿序。

長春真人嘗謂門弟子曰:"古之得道之人,見於書傳者,多略而不傳,失其傳者,可勝言哉?"夫世得道之士,皆予耳目之所親接者,暇日嘗集《全真大傳》,以貽後人。長春仙去,真常别以其未見其成書,嘗有惜哉之嘆,故於辛丑壬寅間,俾王粹子正作《七真傳》,天不假年,未終其一而子正物故。史館張邦直子中,以南華有"後世學者不幸不見天地之純,古人之大體、道術將爲天下裂"之歎,亦傷南華不及見重陽以下七師真闡全真之旨,而爲之嗟惜,雖作傳略而未詳。誠明嗣教,越中統三年秋九月,令予繼成之,予不避續貂之快而不辭之者,盖以子正、子中文士也,所能形容者,道人身外所著之迹也,道人身中所得之事,三田上下、沖氣周流、靈風飄蕩、通關透竅、神物變態,鼎旨皆文士之所信不及者,又豈能形容哉? 今日此事,夫天不欲示之於人則已,果欲示之於人,予何辭焉?

明年夏四月,虚舟道人李鼎序。

夫道在人弘,真不世出,子承孫繼,尤貴追崇,此《七真傳》之所以作也。七真生於宋末金初,神踪仙迹,燦然在人耳目,雖間有紀録,而未成完書。金朝國史院編修河内張邦直子中嘗爲作傳,然略而不詳。真常宗師每注意焉,俾北燕巨儒王粹子正紬繹遺文,委之注譔,能事未畢而子正謝世。逮誠明嗣教,繼志述事,請虚舟道人李鼎之和任其責。之和,河東名進士也,晦迹長春,講論不輟。既受命,夙夜苦心,剔繁去冗,遂爲成書,仍於傳後各立贊論,而且序之於前。予暇日披讀,良深嘆咏,不惟見之和之才之富,而誠明成真常之志,使天下後學,得觀師真已然之驗,可謂知所先務矣。中統二年,朝廷賜真人號,其璽書曰增光前輩,垂法後人,誠明有焉。

歲於閼逄困敦暮春中澣日,慎獨老人王鶚謹識。

七真仙傳,自河内張邦直子中爲之,張本、北平王粹子正寔增飾之,太原李鼎之和又從而繼述之,前後歷二十餘稔,始克完備。今翰林諸先生又各爲序引,以冠其篇首,由是俾向上諸師瑰踪偉迹,價益隆重,譬猶荆山之璞,入卞和之手,凡經三獻而後迺得。真常嗣教,誠明宗師真人命僕繕寫,以鋟諸本。僕既書之,謹題數語,以志其始終之大略云。

至元戊辰三月十九日,門下金泉彭志祖稽首載拜書。

右《七真傳》二集,舊板既毁,恐泯其傳,嘗請於内相上黨公慨然爲之序引,與前後諸作,輝映仙傳,於是挾之南游,重綉諸梓,好事者且樂爲成之,用垂不朽之。

大德七年歲次癸卯春正月十九日,全真門人中山路道通謹識。

大德癸卯春,中山路氏明真子重鋟是傳,行於世,志之勤且篤,誠無愧於七真之門也。余因其請,題此數語,系之編末。

吴人趙龠。

夫至真之理,精微難詰,閟深莫測,無名所可名,無象所可象。自一氣胚渾,萬類權輿,闢闔動静之機,消息盈虚之運,密移造化,無毫忽之或爽,以有真者存焉。陰之燦,陽之舒,春之温,冬之寒,氣節之真也;日之往,月之來,晝之明,夜之晦,變化之真也。在無極而爲極,在太易而爲元,繇古及今,無一物不根於理,自終復始,無一理不出於真。真即天理,素具於人心,不明是理,人者勝而天者晦,唯能純體,則天而不人,故其得爲生得,其知爲生知,修之身爲一身之所主,修之家爲一家之所庇,修之鄉爲一鄉之所法,修之國爲一國之所慕,修之天下爲天下之所重,真之爲用大矣哉! 昔之至人,充足於内,不爲外物之所雜,性定神凝,所以葆其真，志之氣專，所以積其真，光而不耀，所以藏其真，虚而不華，所以固其真。真則久，久則天，故曰至人與天爲徒者，能以已之天，開人之天，兹非真之極致歟？有以見全真之教，編滿海内，無地無之，是天道之使然也。天將興起此教，陰爲付託，則有博大真人相繼而出焉，如重陽之肇啓玄源，超凡入聖，異所征驗；丹陽之密傳，心即見微知著，冥所符契；長真之親受秘訣，克己濟衆，廣爲利益；長生之近承正脉，探賾索隱，多所闡發；長春之洪演道派，隨機應變，大所建立；玉陽之增飾善基，積德□行，厚所培植；太古玄遠續法，胤銘戒佩訓，謹所保守。斯爲七步也，□其而瑞世也。上自萬乘之尊，下暨諸侯之貴，隨代皆師事之，迨其蜕而遺世也，類頒追感之旨，屢加封贈之號，歷朝皆裒崇之，是以玄風大振，琳宫歲孟，羽徒日暮，夷考已往，未有如是之隆盛。原其創始於前，與夫重裕於後，綿綿永存，在兩間相爲之無窮，其於混元之聖祖、沖虚之真君、南華之老仙，鏗鍧乎休聲，炳耀乎偉迹，可謂有洪功矣。生常真人，累荷皇朝之寵命，綱領天下之教事，宏闡玄蒙，增置道徑，欲傳七真，留心積年。河内張子中，雖有所紀，簡而不略，北平王子正，二篇未終而下世。逮誠明崇師嗣行教法，每念先師之遺屬，欲成夙志，時委太原李之和補緝，甫爲完書。張納庵、王承旨俱有傳引，今將鏤版，以廣傳布，講師天緯恭致緘明之意，求予作序，姑述其略。噫，神仙然皆本人爲，後有學道者，可不景行於斯焉！

至元元禩書云後三日，雲中孟攀鱗敬叙。

（責任編輯：張　琰）

文本流傳與科儀拼接

——《太上靈寶净明道元正印經》的再發現

□許　蔚

摘要：南宋道教净明法經典《太上靈寶净明道元正印經》傳世有多種版本。除《道藏》本外，其他明清諸本内容基本一致。這些刻本、印本以及鈔本除文本上具有校勘學上的意義外，其産生本身也牽涉道教史、出版史、道教寫本、道經闡釋等諸多問題。同時，在這些或單行或合刊的作爲道教經書的文本之外，《太上靈寶净明道元正印經》也作爲"聖語"被融入清代道教煉度科儀之中。該科儀來自清乾隆間湖州荻岡的一個自稱爲"金丹後派"的乩傳道派。其編撰出於吕祖乩示，有關文本則源自清康熙間杭州的另一個崇奉吕祖的乩傳道派。而所謂"聖語"雖然採用的是《太上靈寶净明道元正印經》的文本，並且是來自《道藏》以外的通行文本，但有關字句則被予改造，以符合吕祖金丹度世的宗旨。

關鍵詞：道教　文獻　科儀　净明　金丹

作者簡介：許蔚，男，1983 年生，江西進賢人，文學博士，現任上海社會科學院文學研究所文學研究室助理研究員，主要從事道教文獻、道教文學、宋明道教史、佛道交涉、近世科儀與法術、道教與民間宗教寫本、陽明學與道教關係研究，著有《斷裂與建構：净明道的歷史與文獻》(2014)、《净明忠孝全書》(校注，2018)、《解碼金瓶梅》(合著，2009)等書。

《太上靈寶净明道元正印經》是南宋道教净明法經典，收入《道藏》，並爲明清時代净明派相關文獻所收録。該經雖然在明清時代的净明道運動中得到複製與傳播，特别是被清初朱道朗的净明青雲派(净明續派)尊崇爲首要的净明"四經"之一，甚至到民國間還有人提出"《道元正印》一經，實闡發天道之秘旨，開啓修士之玄關,字字珠玉,語語金針"[①]並給予專門的闡釋與注解。但由於該經原本並不屬於南宋净明法的核心經典,且篇幅很短,經義實際上也比較大路,因而,除産生年代及異文有過相關的論述外,歷來並未受到現代學者的重視[②]。近來,我們在閲讀道教科儀文獻時發現,在清代杭州道教流行的一種濟幽科儀《金丹祭煉》中,意外地出現了該經的全部文字,令人感到極大的興趣。由此引發的思考,首先是,科儀中所融攝的文本是來自《正統道藏》,還是其他明清時代的道教文獻或傳承?其次,此種融攝是偶然,還是有特定的經典、神靈或者人事上的因緣?最後,該經的被重視與被利用,又可以獲得什麽樣的定位和評價?

一、《太上靈寶净明道元正印經》的文本問題

關於《太上靈寶净明道元正印經》的年代,由於元代净明道的經典主要是許遜、胡慧超、郭璞等仙真降授的五篇"高文大論",並已全部收入《净明忠孝全書》,而《道藏》内其他與净明派有關之經典基本上均爲南宋時净明法所出,因此,通常認爲該經應該是出自南宋初净明法。南宋初净明法曾有建炎間在臨江軍新喻縣(可能在玉虚觀)的喻水"六真"降經與紹興間在洪州玉隆萬壽宫的翼真壇"許遜"降經兩次大規模的降經活動。鑒於南宋初建炎二、三年間周方文等人所出《太上靈寶净明洞神上品經》下卷見有《净明正印篇》,强調的是諷誦《靈書》,並提出"以孝爲祖,以身爲宗""真人非難學,學之先以孝""父母本天尊,汝其悟於心"[③],與《太上靈寶净明道元正印經》内容基本上没有關聯;而南宋紹興間翼真壇所出《太上靈寶净明玉真樞真經》講述了性達心,所謂"净明常了了"[④],則與《太上靈寶净明道元正印經》所表達的意旨接近,表明《太上靈寶净明道元正印經》可能出自翼真壇"許遜"降經[⑤]。

該經在明清時代得到多次轉載與複製,其中,《道藏》本是目前能够見到的該經最早的版本。其他所見依次有明萬曆時楊爾曾草玄居刊《許真君净明宗教録》

---

① 《净明大道心傳正宗》卷首戊寅仲春文帝(文昌帝君)降序,民國二十七年(1938)鉛印本,葉一 a。書影參見古泉社區,2014-6-12,http://bbs.chcoin.com/show-7484759.html? authorid=197809。

② 郭武曾討論該經的産生年代,我也曾討論該經的産生年代及異文情況,參見郭武:《〈净明忠孝全書〉研究——以宋元社會爲背景的考察》,北京:中國社會科學出版社,2005 年;許蔚:《斷裂與建構:净明道的歷史與文獻》,上海:上海書店,2014 年。

③ 《道藏》第 24 册,北京:文物出版社、上海:上海書店、天津:天津古籍出版社,1988 年,第 609 頁。

④ 《道藏》第 24 册,第 612 頁。

⑤ 許蔚:《斷裂與建構:净明道的歷史與文獻》,第 62、465 頁。

本、清康熙間青雲譜編刊《太上靈寶净明宗教録》本、清嘉慶間蔣予蒲編刊《道藏輯要》本及清光緒間成都二仙庵編刊《重刊道藏輯要》本、清同治湘潭聖訓堂刊《净明忠孝真經》本、民國張勳刊《净明忠孝龍沙經懺》本、民國長沙聖化文社刊《净明忠孝經》本、民國《净明大道心傳正宗》注解本、某道壇鈔本等。除《道藏》本外,其他各本的文本内容基本一致。以下對各版本作簡要的介紹。

(一)《道藏》本

該本收録於太平部,編入奉字第三號,與《太上靈寶净明玉真樞真經》《太上靈寶净明天尊説禦瘟經》《太上靈寶首入净明四規明鑑經》等同卷。其文本比較特殊,是現存諸版本中唯一止於"此名道元正印無",同時也是唯一作"神有所伸"的一種。關於前者,以往的判斷認爲《道藏》本可能有殘缺,也可能衍"無"字,而如下所述明清時代諸本在"無"字下仍有十數字,則可能保存了該經的較爲完整的文本,但同時相應文字也不排除是後人在"無"字基礎上所增補而來。[①] 關於後者,以往並未注意,而明清時代的刻本、印本包括道壇鈔本均作"神中有伸",由於意義差别並不很大,這一異文似乎暗示《道藏》本所據底本來自某個存在臨文改動的鈔本。

太上靈寶淨明道元正印經
道本无物唯集於虚内外閑廓不與物俱擾
擾在前至道湛如昭曠獨覩與道裒虚消息
往來如淵之魚由水不知道若是敝能知道
者精不自枯血如流川忝如輪珠身如枯木
意如飛兔不知所止不知所居自然而已性
心恬如知所以否不知知乎爲而不爲淡然
清都清都之宫神解意釋情定精一一之爲
道一而不執不執不僻不膠不急唯緩乃致
泰定虚室此爲道本想正合理不想之想想
亦不想不想之明想而定形長生久視道之
一名何爲長生何爲喪傾道本常在心了性
明了了既了明明既明了了非了明明非明
非了是了非明乃明明明了了識吾本形形
中有神神有所伸伸而不屈超達飛昇何爲
風馬何爲雲車不出於中於中是真真本實
妄妄則非真以真實妄真妄同爲不執不著
不興不併視乎无形聽乎无聲執爲符篆執
爲真經心定神悲是爲淨明淨明三界外有
玉京玉京神都遊宴三清此名道元正印无

《道藏》本《太上靈寶净明道元正印經》

從《道藏》所收南宋净明法派諸種經典與文獻來看,《高上月宫太陰元君孝道仙王靈寶净明黄素書》《太上靈寶净明飛仙度人經法》等經典存在後代的改筆與竄亂現象,表明在相關經典流傳過程中確實存在增補和改動的情況。同時,根據

① 許蔚:《斷裂與建構:净明道的歷史與文獻》,上海:上海書店,2014 年,第 141、465 頁。

相應的闡釋文獻《靈寶凈明黄素書釋義秘訣》《太上靈寶凈明飛仙度人經法釋例》可知,二者的文本也存在殘缺的情况。類似地,《道藏》中分别單獨收録的《太上靈寶凈明法序》《太上靈寶凈明法印式》《太上靈寶凈明入道品》《太上靈寶凈明秘法篇》屬於同一經典的不同殘片,也表明相關文獻往往存在殘缺、錯置、離析的現象。

值得注意的是,在這些凈明法派的經典與文獻之中有一種《太上靈寶凈明院真師密誥》,包括三部分内容,其一爲周方文九祖六親所得仙職,其二爲太歲己酉(1129)三月十五日所傳治顛邪瘟癆符法,其三爲《神仙辟穀服柏葉方》。三者内容互無關聯,應是隨意地組合在一起,屬於雜鈔性質。① 而從這一雜鈔形式來看,《太上靈寶凈明院真師密誥》似乎不應是從某一刻本刊入《道藏》的。此外,從内容上來看,所謂九祖六親仙職屬於周方文個人的私人文獻②,本不應作爲凈明法派的經典予以刊刻,更不應作爲道教的經典或文獻收入《道藏》之中。實際上,即便是作爲私人文獻,這一部分内容也並不完整。據九祖六親名單下的説明"以上並係凈明院法師三人恩及者"③,則除了周方文九祖六親外,該部分原本應該還包括另外二位真師的九祖六親④。也就是説,即便將私人文獻公共化,也不應當衹呈現周方文一人的九祖六親。這也再次表明《太上靈寶凈明院真師密誥》不應是據刻本,而很可能是據鈔本刊入《道藏》的。

由此看來,《太上靈寶凈明道元正印經》所據底本爲殘鈔本的可能性似乎更大些。

值得注意的是,明清時代諸刻本、印本除多出十數字外,"此名道元"基本上都作"此明道元","明"是改字還是訛字頗難決斷。如果認爲"明"是改字,則意味著接下來多出的十數字更可能是增改,而非《道藏》本所闕。如果認爲"明"是訛字,則還是以《道藏》本殘闕的可能性更大些。實際上,以下將提及的諸本中確實有一個例外,某道壇鈔本就寫作"名",而不作"明"。儘管這個鈔本時代相當的晚近,並且相對於刻本、印本系統的文本而言衹是孤例,却無疑使得問題進一步複雜化。一般來説,道壇鈔本並不是孤立的文獻,本身應是按照祖本遞代轉鈔的,是道壇文獻傳承史的一環。由於抄寫道經特别是科儀,本身具有神聖性和操

---

① 我此前認爲後二者是《靈寶凈明院真師密誥》的附録,並認爲符法與柏葉方是同時所傳,顯然是受到這種文本組合形式的誤導,見許蔚:《斷裂與建構:凈明道的歷史與文獻》,第57頁。

② 關於周方文九祖六親與海陵周氏的考證,見許蔚:《斷裂與建構:凈明道的歷史與文獻》,第46頁。

③ 《道藏》第10册,第525頁。

④ 許蔚:《斷裂與建構:凈明道的歷史與文獻》,第444頁。

作性方面的要求，一般而言，無論是文字、標記還是格式都要求完全照原樣，抄寫無誤。儘管如此，抄寫過程中也難免出現訛、誤、漏、衍、竄亂、刪改等情況。但在最理想的情況下，某個鈔本應該可以保持該道壇鈔本最早的祖本的文本情況。具體到“此名道元”與“此明道元”的問題，則存在多種文本情況。如果是根據刻本系統的某個本子抄寫的，則可能是參照《道藏》本而改“明”爲“名”，而參照《道藏》，對於一個民間道壇來説可能性是非常小的；當然，更可能衹是訛作“名”，特別是考慮到“神中有伸”與刻本系統一致的情況。不過，還存在一種可能，即是根據刻本系統以外的某個本子抄寫的，也就是説“名”既非根據《道藏》本改動而來，也非“明”的訛字，而可能是原本如此，那麼，就出現了《道藏》本、刻本系統以外的第三種文本情況。由於我們目前没有更早的文本證據，這一文本情況也衹能做兩可的分析，即其一，該文本可能保持了該經最初的形態，而刻本系統則改“名”爲“明”；其二，該文本是在刻本系統基礎上，改“明”爲“名”或者訛“明”爲“名”，而偶然與《道藏》本達成部分的一致。總體而言，我們傾向於認爲道壇鈔本所反映的文本情況早於刻本系統的可能性或許更大些，但其餘十數字究竟是增改而來還是確爲《道藏》本所闕，仍無法決斷。

（二）《許真君净明宗教録》本

該本收録於萬曆三十一年（1603）楊爾曾序、草玄居刊本《許真君净明宗教録》卷一，爲該卷首篇，並與《太上靈寶首入净明四規明鑑經》《太上靈寶净明中黄八柱經》《太上靈寶净明洞神上品經》（含上、下二卷）等同卷。楊爾曾並没有説

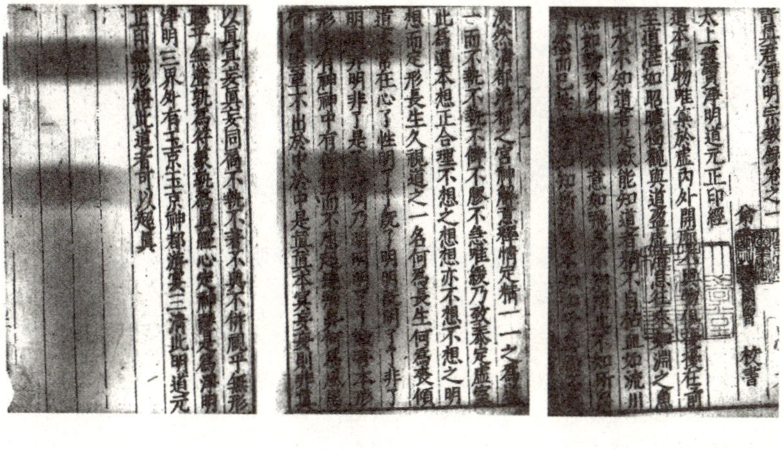
[illegible]真君淨明宗教録卷之一
太上靈寶淨明道元正印經
此爲道本想正合理不想之想想亦不想不想之明
想而定形長生久視道之一名何爲長生何爲[illegible]
淨明三界外有玉京玉京神都游宴三清此明道元
正印[illegible]形悟此道者可以超真

《許真君净明宗教録》本《太上靈寶净明道元正印經》

明爲什麽在首卷收録此四經,但這一形式後來却爲清初的朱道朗所沿襲,並且被賦予了特别的意義。而除此四經之外,《許真君凈明宗教録》實際上還收録了《太上靈寶凈明法序》《太上靈寶凈明入道品》等兩種南宋凈明法派經典,並置於卷六之首[①]。

就文本内容而言,該本是目前所見最早的"完整"文本。《道藏》本的"此名道元正印無"在該本中作"此明道元,正印無形。悟此道者,可以超真"[②]。此後的各種刊本、印本,均與該本内容相同。另外,《道藏》本的"神有所伸",該本作"神中有伸",此後的各種版本包括道壇鈔本均與該本相同。

(三)《太上靈寶凈明宗教録》本

該本收録於清青雲譜刊本《太上靈寶凈明宗教録》卷一[③],末數字作"此明道元,正印無形。悟此道者,可以超真"[④],與《許真君凈明宗教録》相同。該本與《太上靈寶首入凈明四規明鑑經》《太上靈寶凈明中黄八柱經》《太上靈寶凈明洞神上品經》等同卷,也與《許真君凈明宗教録》形式相同。其中,《太上靈寶凈明洞神上品經》不分卷,作一卷計,實際僅含卷上的十七篇,並非完帙,與《許真君凈明宗教録》存在鮮明的差異,但應當並不是因爲底本的殘缺,應是有意截取了卷上,而放棄了卷下的十八篇。

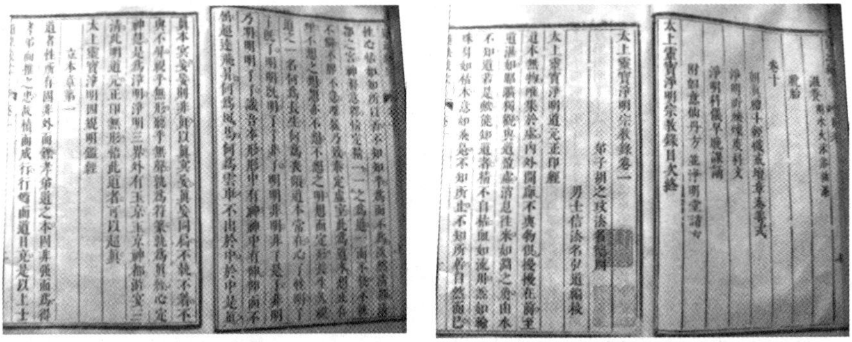

《太上靈寶凈明宗教録》本《太上靈寶凈明道元正印經》

---

① 關於該書版本及内容的討論,參見許蔚:《斷裂與建構:凈明道的歷史與文獻》,第 83 ~ 102 頁。

② 《許真君凈明宗教録》卷一,北京大學藏明萬曆三十一年(1603)楊爾曾序刊本,葉二。承佛羅里達大學王崗教授提供書影,謹致謝忱。

③ 關於該書編撰年代、版本及内容的討論,參見許蔚:《斷裂與建構:凈明道的歷史與文獻》,第 130 ~ 148 頁。

④ 《太上靈寶凈明宗教録》卷一,南昌新風樓藏清青雲譜刊本,葉二 a。承新風樓王令策先生提供借閲,謹致謝忱。

儘管就後知的立場不難發現,《太上靈寶净明宗教録》在卷一收録以上四經應當是從《許真君净明宗教録》沿襲而來;但在面對他的預設讀者時,朱道朗却並不説這是襲舊,而是爲此種編排形式賦予了教理上的特定意義。他在全書《跋》中提到:"《净明宗教》首明《道元》《洞章》《中黄》《明鑑》,分四經以補三才,更洽神氣,互爲其根,返還招攝,暢丹旨而定九論,又繼以《靈寶赤文》,爲飛仙度人寶筏"①。此説與他在該卷《衍》中的闡釋稍有差異:

天文家以二十八宿各有常度,而無更變,名曰經星。吾《净明宗教録》首録四經,蓋取其主有常度,而無更變者也。稽之《靈寶赤書玉篇真文》生於元始之先、空洞之中,已有制星秘文,主召星官,明度數,正天分矣。道之有經,乃人之有命;天之有仙,乃命之有元辰耳。不立命,不可以明經;不知天,不可以造命。星君可不顯乎?經功可不信乎?《道元正印經》曰:伸而不屈,超達飛昇。伸者,信(音申)也。太上云:其精甚真,其中有信。自古及今,不無超達之士,何飛昇之不數數見也?亦其屈之未盡伸歟?亦其中之未盡信歟?乃知超匪真超,達匪真達,是以雲車風馬,空懷瞻望而已。嗟夫,目未親覩,其誰信之。任斯道者,能不高懸金鑒,以印無形之正印者乎?《四規明鑑經》曰:明真而信夫道,則道爲汝有矣。信者,慤實也,不疑也。能慤實而不疑者,斯可以動天地,格鬼神,調心性,而明人倫矣。《曲禮》云:執友稱其仁也,交遊稱其信也。是豈山澤之癯童者哉?又豈坐廟堂而握權衡者哉?惟當於日用人倫之間,真忠至孝,各率性天之自然;聖智庸愚,咸識尊親之大本。爲汝有者,不益多乎!璇機日湊,光明其日遠矣。中者,八方之空也。黄者,五色之正也。八者,少陰之數也。柱者,兩極之幹也。虚四谷,塞二兑,開二洞,立八柱,以位中黄,而城郭宫室具矣。洞者,通徹而無碍也。神者,陽氣而靈明也。上者,下方之對照也。品者,仙官之階級也。天官列次,昇真受符,上帝賜名,《靈書》隱玄,而圖籙金書定矣。蓋城郭完而文武備,宫室具而主人在其中,經道燦然,天人懽慶。爾時都仙受玉皇誥命,主校神仙圖籙金名,攝星官,明天度,制北酆,正鬼炁,召蛟龍,伏水神,皆出於南雲通天寶經、空洞自然之靈書。於是括其秘要,演是四經,以防釐運,以消雜法,用廣流傳,以至下元之期,微妙秘密,功並玉章。祖師傳經,置其

① 《太上靈寶净明宗教録》卷十,葉二五 b。

身於千百世之後。學人尊經,置其身於千百世之前。則古人之深意可得,而微言足徵矣①。

他在這裏説首録此四經,是主其有常,"以消雜法",目的性是很强烈的,與總結全書時的"配三才"之説似乎尚有可以溝通之處。而他對《太上靈寶净明道元正印經》《太上靈寶首入净明四規明鑑經》的闡釋,强調的是信道、明真,"申者,信也",信道不疑,即陽明學中所謂"信得及"。這並非隨意的比附。朱道朗本以聖學與修真爲一,並且明確説"吾修真之道,與正心誠意之學,千古一理,千聖一心"②,"真儒即道,真道即儒"③。在爲青雲譜弟子立《規》時,他强調"大衆修持,先在慎獨。此刻信不到處,莫待來日。參求乾惕之用,六時無暇。清静之體,一息不染。同堂互相究竟得個主宰,慎勿逐浪隨波,忘却本相。今認此身此心與凡聖微分,須見此身此心與凡聖迴合,這裏莫放過去,外物斷不進來"④,即是此意。當然,具體到對應的經典,也未必就一定是聖學的翻版。他對《太上靈寶净明中黄八柱經》所謂城郭宫室的引申與經文有關,當然應屬修證上的譬喻,但與該經的内丹修煉意旨顯然也有一定的隔膜。至於《太上靈寶净明洞神上品經》,他所取偏於品階,顯然與他衹選取了該經上卷,而放棄了下卷的具體法術内容有關。從以上對各經的解説來看,他雖然多少引用了該經的文字,但基本上都是作選擇性的闡釋,與該經本身的意旨關係並不太大,主要是表達他對信道、明真、修證、定品的系統性想像,理學色彩或者説道論的意味較爲濃厚。

(四)《道藏輯要》本及《重刊道藏輯要》本

該本收録於《道藏輯要》及《重刊道藏輯要》危集第四《太上靈寶净明宗教録》,末數字亦作"此明道元,正印無形。悟此道者,可以超真"⑤。《重刊道藏輯要》本身是《道藏輯要》的重刊。關於二者所收經典的異同,莫尼卡已有較詳細的

---

① 《太上靈寶净明宗教録》卷一,葉二七 b—二九。

② 《青雲譜志略》,北京大學圖書館藏清康熙刊本,葉二十 a。據《青雲譜志略・藝文》所收《語略附記》,朱道朗《語略》由其弟子沈兆奎(弘慈)、鄭弘果記録並編輯付梓,但未刻完就被朱道朗阻止。儘管《青雲譜志略》所附經板目録中並未著録,但北大藏本在目録前裝入了版式不同的兩葉語録,版心上題作《青雲圃語略》,可證朱道朗的語録先前確實曾單獨刊行,經比對可知,此兩葉中除部分文句外,已收入《青雲譜志略》所收《語略》。關於《青雲譜志略》版本情況的討論與介紹,參見許蔚:《斷裂與建構:净明道的歷史與文獻》,第 413 ~ 415 頁。

③ 《太上靈寶净明宗教録》卷八,葉三四 a。

④ 《青雲譜志略》,葉十四 a。

⑤ 《太上靈寶净明宗教録》,京都大學人文科學研究所藏清嘉慶刊本《道藏輯要》危集四,葉一 b。承香港中文大學黎志添教授提供書影,謹致謝忱。

論述,在此不贅[1]。而《道藏輯要》及《重刊道藏輯要》所收録《太上靈寶凈明宗教録》一卷,在内容上應當説是完全一致的,爲免繁瑣,姑作一種介紹。此一卷本《太上靈寶凈明宗教録》,從題署方式與内容來看,應是從青雲譜刊本選輯的[2],内容包括青雲譜刊本的卷一、卷七的全部内容、卷三的部分内容以及不見於青雲譜刊本的《純陽祖師降示詩》並跋一首。其中,原屬青雲譜刊本卷三的《飛仙度人經法》被剔除了,帶有明顯的去道法的目的,而其後的《太上靈寶凈明法序》《太上靈寶凈明入道品》則被置於卷前,從而將此一卷本僞裝成完整的一部書。而《太上靈寶凈明道元正印經》在此一卷本中的收録形式與青雲譜刊本相同,也是與《四規明鑑經》等同卷。不同的是,四經後所附《衍》有所改寫:

> 吾《凈明宗教録》首録四經,蓋取其主有常度而無更變。更傳於千世萬世、前聖後聖,只是這一個道心爲主,强名之曰道元正印。經曰:道本常在,心了性明。此乃三教同源之旨,何如直捷!所謂神中有伸,伸而不屈,超達飛昇。此乃道元正印之妙用也。悟此道者,四規明鑑,朗然洞徹,聖功生焉,神明出焉。一感而鉛汞生,再感而黄芽茁,三感而龍虎交。觀其感通,元本忠孝立其基。及至寶鼎安矣,慶雲生矣,以吾之忠,使人之不忠者盡變而爲忠,以吾之孝,使人之不孝者盡變而爲孝,其功德可勝言哉?《中黄八柱經》曰:心腎正,鉛汞生,而後可以安金鼎,爲大烹矣。故善學者,以身爲安宅,以見聞覺知爲風雨,立八柱,安垣墉,而風雨之患消。《洞神上品經》曰:倬倬孝弟,忠義不虧,雖無大藥,亦可悟法,名列巍巍。或行符咒,給藥度厄,未若以孝弟而服炁,事雙親,養一身,不屍解,即超昇。不治身,不事親,是曰貧而欲黄金。天官列次,不易書名,不難書名,不難不易,至道之精。嗟夫!是四經者之在琅函流傳已久,諸學仙童不知凝神,何以變化身形,得我寶圖元炁之本、流演之綱、昇仙之藥。昇仙之方,得之云何?孝弟六親。能孝弟者,可行吾書。吾書非常,上帝之符。帶書佩圖,忽然乘虚。又云:太上簡易,不尚紙筆,念念真經,自然有得。信傳之千世萬世,前聖後聖,同符一軌而無變更者也。願執經者,忽爾飛騰,咸劵靈書而膺寶籙矣[3]。

---

① 參見莫尼卡:《〈道藏輯要〉及其編撰的歷史——試解清代〈道藏〉所收道經書目問題》,第一届道教仙道文化國際學術研討會會議論文,高雄:中山大學,2006年,以及《清代道教における三教として寶庫の『道藏輯要』—在家信徒と聖職者の權威の對峙—》,載麥谷邦夫編:《三教交涉論叢続編》,京都:京都大學人文科學研究所,2011年。

② 參見許蔚:《斷裂與建構:凈明道的歷史與文獻》第137頁。

③ 《太上靈寶凈明宗教録》,《道藏輯要》危集四,葉二十a—葉二十一a。

這一解説與青雲譜刊本所見朱道朗解説差異極大,除開始的一句外,可以説是完全不同的文字,具有非常突出的内丹修煉方面的意趣。值得注意的是,將"道心"之説與"道本常在"云云比附,較朱道朗原文更加理學化,但衹是爲下文的内丹心性之説做鋪墊。而"所謂神中有伸"云云,比照青雲譜刊本可知,應是從朱道朗的解説中删存下來的,但與上下文不甚協調,是比較突兀的一句,爲什麽要保留這一句,不得而知。但即便插入了這一句,也並不改變此處所强調的應是"衹是這一個道心爲主","道本常在,心了性明"的意義組合。而之所以强調這一句,從下文來看,可能是爲了順利導入關於《太上靈寶首入净明四規明鑑經》《太上靈寶净明中黄八柱經》内丹修煉也即是"飛昇"方法的解説。實際上,儘管《太上靈寶净明洞神上品經》確實也含有孝悌成仙的明確主張,但此處應該是爲了配合前述諸經的内丹心性特别是命功解説,而强調其性功的一面。這樣的改寫,可能在《道藏輯要》所據底本中即已存在,也可能是在選輯入《道藏輯要》時所添改。

按《重刊道藏輯要》本卷末見有《純陽祖師降示詩》"斗中原有孝悌王"云云並跋一首,據京都大學人文科學研究所藏本,《道藏輯要》該卷末有不少闕葉,但殘存的葉四十九尚見有"吾是以降而娓娓。少選,另有一盤星老實至言,爲子二人現破也"一句,可證該詩及跋確實應出自《道藏輯要》本。據跋,吕祖自稱是由一位名爲"還誠"的人特别爲某二人(均是縣尹)降示。此外,在跋中吕祖還提到此前曾度陸光旭、蔣礎、劉餘霖等,此六人俱中怠,又度賈藻,尋得了真道路,此外,度"天然"已有二十二年,度"還誠"也已七年。①《道藏輯要》本身是由信仰吕祖的鸞壇"覺源壇"弟子蔣予蒲編輯完成,其所收經典除選自《道藏》等書外,將覺源壇道書盡數收入,彰顯吕祖信仰與丹道修煉的特色。② 由於早在覺源壇以前在廣大地區長期流行吕祖鸞壇及降經活動,特别是康熙至乾隆間湖北江夏涵三宫的吕祖降鸞與經典編撰工作影響深廣,因而,《純陽祖師降示詩》與一卷本《太上靈寶净明宗教録》的組合究竟是在編入《道藏輯要》時形成,還是在《道藏輯要》之前就已存在這樣一個組合文本,目前尚無更多的證據可予證明。③ 同樣,陸光旭等人,特别是吕祖降詩時的鸞手"還誠",儘管從名字來看接近涵三宫構成人員"厶恕""厶誠"的法名命名方式,但目前看來也並無確實的證據表明是出自涵

① 《重刊道藏輯要》危集四,清光緒刊本,葉四十八。

② 莫尼卡:《"清代道藏"——江南蔣元庭本〈道藏輯要〉之研究》,《宗教學研究》2010 年第 3 期。

③ 我此前認爲是編刊《道藏輯要》時附入,顯然並没有什麽證據,見許蔚:《斷裂與建構:净明道的歷史與文獻》,第 139 頁。

三宫或者覺源壇以至其他吕祖鸞壇。[1] 不過，雖然目前還無法證明對《太上靈寶凈明宗教録》的截取究竟是出自覺源壇的蔣予蒲等人還是涵三宫等其他吕祖鸞壇，《衍》的改寫確實符合《道藏輯要》突出内丹修煉的追求與特色。

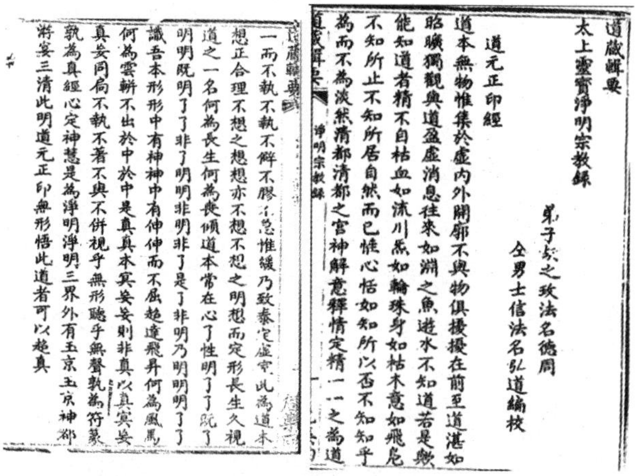
道藏輯要
太上靈寶淨明宗教錄
弟子胡之玫法名德周
仝男士信法名弘道編校
道元正印經
道本無物惟集於虛內外開廓不與物俱擾擾在前至道湛如
照曠獨觀與道盈虛消息往來如淵之魚遊水不知道若是歟
能知道者精不自枯血如流川烝如輪珠身如枯木意如飛凫
不知所止不知所居自然而已惟心恬如知所以否不知知乎
爲而不爲淡然清都清都之宮神解意釋情定精一一之爲道
道藏輯要 淨明宗教錄
一而不執不執不僻不膠不急惟綫乃致泰定虛室此爲道本
想正合理不想之想想亦不想不想之明想而定形長生久視
道之一名何爲長生何爲喪傾道本常在心了性明了了既了
明明既明了了非了明明非明非了是了非明乃明明明了了
識吾本形形中有神神中有伸伸而不屈超達飛昇何爲風馬
何爲雲軿不出於中於中是真真本冥妄妄則非真以真冥妄
真妄同扃不執不著不與不併視乎無形聽乎無聲孰爲符篆
孰爲真經心定神慧是爲淨明淨明三界外有玉京玉京神都
遊宴三清此明道元正印無形悟此道者可以超真

清嘉慶刊《道藏輯要》本《太上靈寶凈明道元正印經》

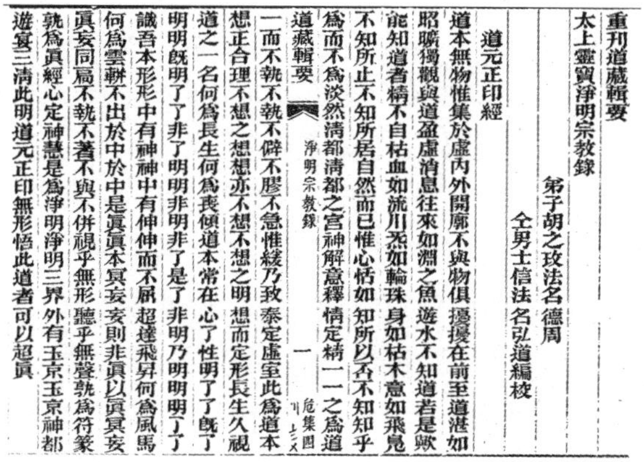
重刊道藏輯要
太上靈寶淨明宗教錄
弟子胡之玫法名德周
仝男士信法名弘道編校
道元正印經
道本無物惟集於虛內外開廓不與物俱擾擾在前至道湛如
照曠獨觀與道盈虛消息往來如淵之魚遊水不知道若是歟
能知道者精不自枯血如流川烝如輪珠身如枯木意如飛凫
不知所止不知所居自然而已惟心恬如知所以否不知知乎
爲而不爲淡然清都清都之宮神解意釋情定精一一之爲道
道藏輯要 淨明宗教錄 一 危集四
一而不執不執不僻不膠不急惟綫乃致泰定虛室此爲道本
想正合理不想之想想亦不想不想之明想而定形長生久視
道之一名何爲長生何爲喪傾道本常在心了性明了了既了
明明既明了了非了明明非明非了是了非明乃明明明了了
識吾本形形中有神神中有伸伸而不屈超達飛昇何爲風馬
何爲雲軿不出於中於中是眞眞本冥妄妄則非眞以眞冥妄
眞妄同扃不執不著不與不併視乎無形聽乎無聲孰爲符篆
孰爲眞經心定神慧是爲淨明淨明三界外有玉京玉京神都
遊宴三清此明道元正印無形悟此道者可以超眞

清光緒刊《重刊道藏輯要》本《太上靈寶凈明道元正印經》

[1] 當然，這些人也不見於同樣崇奉吕祖的青雲譜士人群體。關於涵三宫與吕祖乩壇及文獻編撰，參見尹志華：《〈吕祖全書〉的編撰與增輯》，《宗教學研究》2012 年第 1 期；以及黎志添：《清代四種〈吕祖全書〉與吕祖扶乩道壇的關係》，《中國文哲研究集刊》（台灣）2013 年第 42 期、《識見、修煉與降乩——從南宋到清中葉吕洞賓顯化度人的事蹟分析吕祖信仰的變化》，《清華學報》（台灣）2016 年新 46 卷第 1 期。關於覺源壇的歷史及人員構成，參見黎志添：《〈吕祖全書正宗〉——清代北京覺源壇的歷史及其吕祖天仙派信仰》，《中國文哲研究集刊》（台灣）2015 年第 46 期。

(五)《净明忠孝經》本

湖南省圖書館藏《净明忠孝真經》一卷,清同治七年(1868)湘潭聖訓堂重刊本,未見。《澹生堂藏書目》著録《净明忠孝宗教經》二卷二册,《傳是樓書目》著録《吕祖覺世净明忠孝經》二本,又同治《新建縣志》載明末熊人霖有《净明忠孝經注》,不知是否即《净明忠孝真經》。[①] 又孔夫子拍賣網成交民國長沙刊《净明忠孝經》一種,扉页題“民国二十年辛未歲(1931)聖化堂重鋟”“長沙聖化文社敏真子胡榮家、泰真子楊濬湘翻印”,書口下題“聖化文社”,可能與聖訓堂刊本《净明忠孝真經》有關。該書前爲焚香讚、燃燭讚等以及諸真寶誥,後爲《許仙旌陽真君净明忠孝經》,據書影所收至少應包括《太上靈寶净明道元正印經》及《太上靈寶首入净明四規明鑑經》。末仍有讚曰“道原立本,正己修身,克行忠孝建功勳。學貴乎成終,性理圓融,拔宅飛昇”,並三稱“太上净明普化大天尊”,似乎應是出自一個尊奉净明或者許真君的團體。

按“聖化文社”見於南京圖書館藏民國十七年(1928)石印本《净明儀範》扉葉背所載,爲參與刊印該書的五十七家文社之一。另據民國二十三年(1934)湖南善書流通處發行鉛印本《净明溯源》所收諸文社名單,“聖化文社”在“長沙城外天心馬路”[②]。根據《净明溯源》,其信仰活動源自湖北襄陽人譚蘭甫據吕祖乩示所立之善堂。此後,譚蘭甫受吕祖乩示雲遊訪道,在張之洞署中請乩之後,往老河口住持安化壇,又受吕祖乩示改壇名爲“安化文社”,與江西清江藥材商人羅運開等人證明普天福主(許真君)夢授玄關秘訣,承繼净明法脈。接著,他再奉吕祖乩示前往湖南寶慶刊行經典,光緒二十七年(1901)在湘潭三皇宫,與在當地開設藥棧的羅運方(羅運開之弟)約江西豐城人曾文開、熊天楨、江西清江人楊培美、鄒慶善、張振聲、傅作礽以及湖南湘潭人李作聖等湘贛兩省緣人共同創建、維持“宣化文社”,成爲後來

---

① 許蔚:《斷裂與建構:净明道的歷史與文獻》,第394、426頁。《吕祖覺世净明忠孝經》所反映的吕祖與净明文獻的結合應與龍沙讖記有關。約成書於萬曆末的《瀛洲仙籍》提到“感師相遇宗兩口”,兩口即吕,宗兩口即宗吕祖。胡之玫《太上靈寶净明宗教録序》即引用“宗兩口”來説明吕祖爲紹學宗師。《逍遥山萬壽宫志》收録吕祖傳記,也題作《龍沙應讖吕真人傳》。關於《瀛洲仙籍》年代的討論,參見許蔚:《斷裂與建構:净明道的歷史與文獻》,第373~374頁。我有關《瀛洲仙籍》《龍沙八百地仙歌》等的論述,2015年底曾爲某女士抄襲並提交我也出席的道教文學會議,特予説明。

② 譚煐編:《净明溯源》,長沙:湖南善書流通處民國二十三年(1934)發行鉛印本,葉七b。承復旦大學朱明川贈與複印件,謹致謝忱。

諸多扶鸞文社信仰網絡的先聲。[①] 值得注意的是,稱許真君爲普天福主是這一扶鸞文社活動的發明,該稱隨著文社運動影響的擴大,也爲民國間西山萬壽宫及進賢縣净明道壇所接受,出現在相應的文檢與科儀鈔本之中[②],而今日江西豐城香會所使用的《普天福主演玄法懺》實際上也是出自諸文社之一、位於江西遂川西溪的"闡化文社"的扶鸞作品[③]。

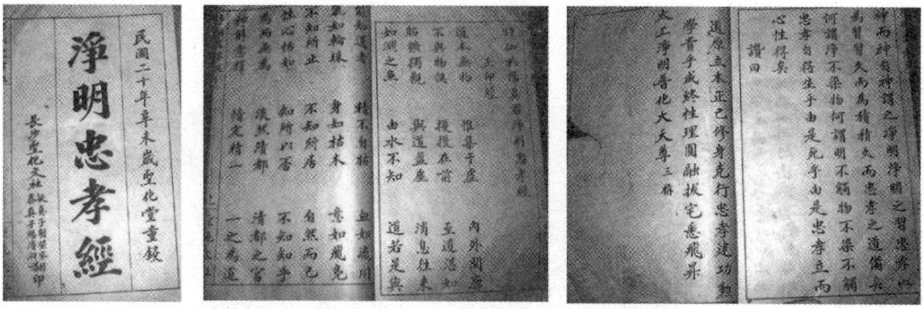

《净明忠孝經》本《太上靈寶净明道元正印經》

(六)《净明忠孝龍沙經懺》本

該本收録於民國八年(1919)張勳刊《净明忠孝龍沙經懺》卷首,次於《净明忠孝龍沙會上真像》、張勳《序》、張嘉猷《序》《許真君寶誥》《康節先生早晚誦文》《玄天上帝十勸文》等之後,其下尚依次收有《太上靈寶首入净明四規明鑑經》《太上靈寶净明中黄八柱經》。該本末數字作"此明道元,正印無形。悟此道者,可以超真"[④]。

按《净明忠孝龍沙經懺》扉頁注明"張松壽堂。板存净明壇。附存江西廣内甲戌坊劉乙照齋"。張勳號松壽老人,"張松壽堂"見於西山萬壽宫現存民國募化題名碑刻,有可能是奉新張氏張勳一支的堂號。[⑤] 江西廣内甲戌坊即江西省城

---

① 以上參見《譚普度真人傳》《羅覺世真人傳》《曾明德真人傳》等,《净明溯源》,葉三十八——四十。光緒三十年(1904)宣化文社刊《三教正鵠》卷一《七十二峰大仙飛鸞記》也提到"辛丑春,譚真人來自古鄮,率同人於三皇宫恭行宣講,並設乩壇。江右之服賈於兹者,多樂從之。故我聖帝鑒諸生有向善之機,特封講壇爲宣化文社,亦不過欲入壇者能代天宣化,無負神聖闡教之苦衷耳"(葉一 a)。承復旦大學朱明川贈與照片,謹致謝忱。關於譚蘭甫扶乩活動與中皇信仰的關係,參見朱明川:《清末以來的關帝昇格運動——兼談道教净明派在近代的發展》,未刊稿。

② 參見許蔚:《作爲净明科儀的"正一表懺都仙勝會"——以晚清民國進賢縣興真古觀分派道壇鈔本爲主》,《古典文獻研究》第 19 輯上卷,南京:鳳凰出版社,2017 年,第 149、151 頁。

③ 關於該懺及闡化文社的討論,詳見另文。

④ 《净明忠孝龍沙經懺》卷首,中國國家圖書館藏民國八年(1919)張勳刊本,葉四 b。

⑤ 參見許蔚:《作爲净明科儀的"正一表懺都仙勝會"——以晚清民國進賢縣興真古觀分派道壇鈔本爲主》,第 149 頁,脚注 2。

（南昌）廣潤門内甲戌坊，是清代南昌書坊、刻字店集中街區[1]。省城萬壽宫（鐵柱宫）亦在廣潤門内，除刻過《逍遥山萬壽宫志》外，還刻過一些俗文學和善書。净明壇則很可能是指前舉扶鸞文社系統的“净明”文社或“净明”壇，據《净明溯源》所載應在“江西省城凌雲巷”[2]，距離張勳公館（友竹花園）不遠（如圖）。不過，《净明忠孝龍沙經懺》中的《許真君寶誥》儘管與《道藏》本《諸師真誥》及其他道書、科儀鈔本所見《許真君寶誥》差異甚大，但並未出現“普天福主”或者“普天福主濟世消魔大帝”的説法。

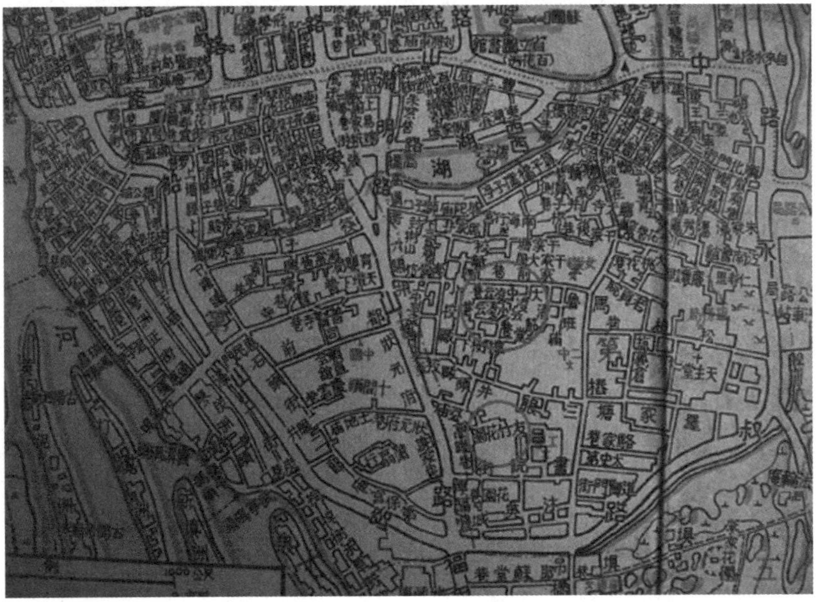

民國三十八年（1949）左克昇編繪、知行地學社發行《南昌市區暨街道圖》

（七）《净明大道心傳正宗》注解本

該本目前未見公立圖書館收藏，孔夫子舊書網及古泉社區各成交一册，綜合二册書影簡介如下。據卷首戊寅仲春文帝（文昌帝君）降序《净明大道心傳正宗》，應印行於民國二十七年（1938），目録後録《大學》《道元正印經》白文二篇，其次内容根據《净明大道心傳正宗目録》則包括《大道淵源》《神道設教》《入道規律》《學道志願》《煉道法門》《心印妙語》《薪傳要旨》《大學釋義》《大學分解》《道

---

① 與净明道相關的傅金銓《樵陽經》，也有一種版本爲光緒十三年（1887）江西省廣潤門内甲戌坊乙藜齋藏版。乙藜齋所刻書還有光緒十八年（1892）《文昌帝君救劫寶誥》、民國元年（1911）《吕祖注講金剛心經》等。

② 《净明溯源》，葉七 a。

元正印闡微》《道元正印分解》。其中,《道元正印經》白文末數句爲“此明道元,正印無形,悟此道者,可以超真”。

考慮到該書將《大學》與《道元正印經》並列的情況,或許正是由於《太上靈寶凈明道元正印經》篇幅短小,並且也衹是泛泛而論而不是專深的修煉文本,因而纔獲得較爲廣泛的流行和尊崇。

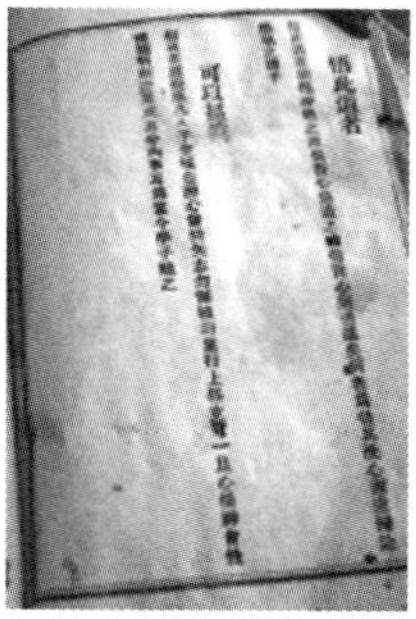

古泉社區成交本

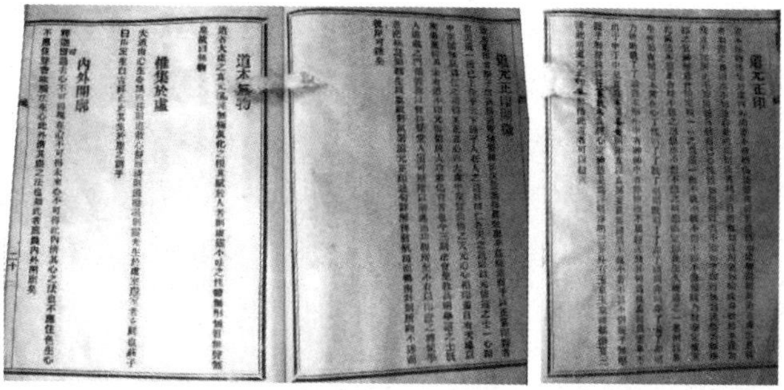

孔夫子拍賣網成交本

(八)道壇鈔本

該本見抄於孔夫子拍賣網成交署“玉堂贊化雷壇書”鈔本《許祖妙經》卷末,題作《太上靈寶飛昇凈明忠孝道元正印經》,與刻本系統一樣,“神有所申”作“神中有伸”,而後數字則作“此名道元,正印無形。悟此道者,可以超真”。“名”字不同於刻本系統的“明”,但與《道藏》本一致,有關意義的討論如上,不贅。

值得注意的是,該鈔本所呈現的物質形態反映了動態的書寫過程。一方面,該鈔本存在明顯的筆誤或者改動。如“識吾本形”作“非吾識形”。鑒於上文“了”字和重文符號幾乎一致,連續的“非”“了”帶來書寫順暢的同時,可能也使得下文誤鈔了“非”字,進而在此誤鈔上順勢將“本”改爲“識”字,儘管保存了原本四個字中的三個字,意義也似乎差别不大,但也就製造了異文。另一方面,也存在明顯的二次補字。如“道本常在”的“道”“視乎無形”的“形”均爲補寫,表明初寫後又有校正。同時這一物質形態上的特徵也表明“非吾識形”以及“此名道元”應是遵照底本而來,確有可能反映該道壇某個階段鈔本或者祖本的文本情況。

另外,玉堂贊化雷壇是受籙奏職受領壇位,屬《天壇玉格》所記載的六十甲子壇靖,分别見於乙亥“降真集靈靖玉堂贊化雷壇”、乙巳“契真保元靖玉堂贊化雷壇”①,據書影,該鈔本未標明何靖,故不知抄寫者應爲乙亥生人還是乙巳生人。該鈔本名爲《許祖妙經》,據内文首葉所見經題,應即《太上靈寶許老真君顯化度人正印妙經》。該經不見於《正統道藏》《萬曆續道藏》《道藏輯要》,也不見於清初《太上靈寶净明宗教録》等書,《藏外道書》及其他已出版的科儀本或民間宗教集成文獻也未收録,似應屬清代以來民間道壇流行的許祖經懺之一,流行地域目前尚不明確。江西上饒廣豐縣横山鎮廿三都萬壽宫廟會中火居道士使用一種《許老真君經》,因目前尚未採集到相關經本,不知是否即該經。② 拙藏“金輪堂銘記”鈔本《許、李老真君經》所收《普天福主許老真君寶經》亦名爲“許老真君經”,但與該經内容並不相同。③

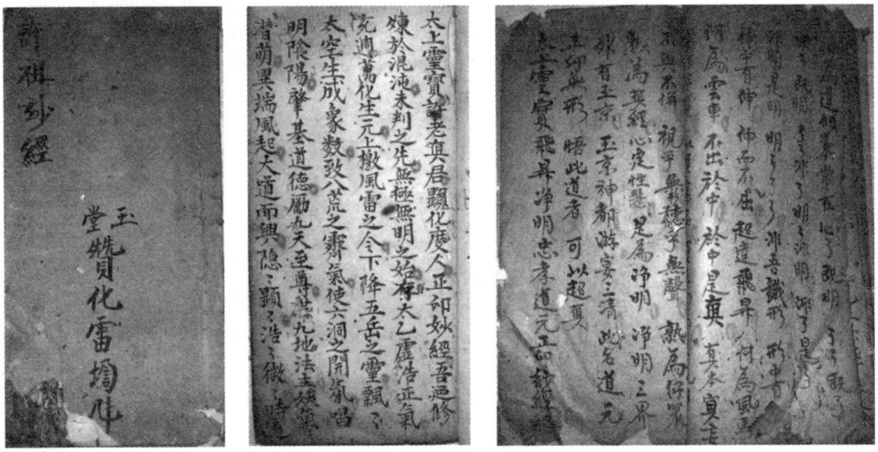

道壇鈔本《太上靈寶净明道元正印經》

① 《正一天壇玉格》卷下,北京大學圖書館藏清順治十五年(1658)張洪任序刊本,葉二b、四b。

② 周虹、李彪、吴雪蕾:《伙居道教科儀考察——以廣豐縣萬壽宫廟會爲例》,《四川戲劇》2015年第11期。

③ 按該經中稱許遜爲“九天高明大使神功妙濟真君”“神功妙濟許老真君”或“許老真君”,且採用净明普化天尊寶誥,而並不採用普天福主寶誥,可知其經題和部分經句中出現的“普天福主”衹是一種局部的文本現象,很可能是受到扶鸞文社“普天福主”及《普天福主演玄法懺》影響而出現的調整。類似地,拙藏民國十六年(1927)西山萬壽宫出給的《正一圓香繳願净明仙醮憑帖》中的“祖師普天福主神功妙濟玉隆萬壽真君”及民國十年(1921)進賢縣興真古觀分派萬法雷壇何遠生鈔本中的許真君讚中的“普天福主,萬壽真君”也都是一種局部的增飾。而前舉民國八年張勳刊本《净明忠孝龍沙經懺》以及李豐楙先生所藏民國七年(1918)王鼎義、劉明彝鈔本《太上靈寶净明普保真君雪罪法懺》(《道法海涵》第一輯《諸神醮科》下册)就未受到影響,没有出現“普天福主”。此外,拙藏尚有《許祖真君經》《許仙真君經懺》兩種,均未出現“普天福主”。後者包括《許仙真君寶經》及《太上説許仙真君消災滅罪寶懺》,其内容則大體見於西山萬壽宫教務處鞠静儉道長提供的《太上許仙真君消災滅罪寶懺》,也都與此不同。

二、吕祖降乩與金丹後派——《金丹祭煉》的成立背景

清代杭州道教流行的《金丹祭煉》,全稱《玉清内相警化孚佑帝君混元金丹度靈祭煉真科》,儘管今日已被《薩祖鐵罐煉度施食焰口》所替代,所幸尚有科本留存。從目前公佈的部分書影來看,上卷《孚佑帝君内煉度靈真科》所收《聖語》起“道本無物”訖“可以超真”,即爲《太上靈寶净明道元正印經》全部經文。①

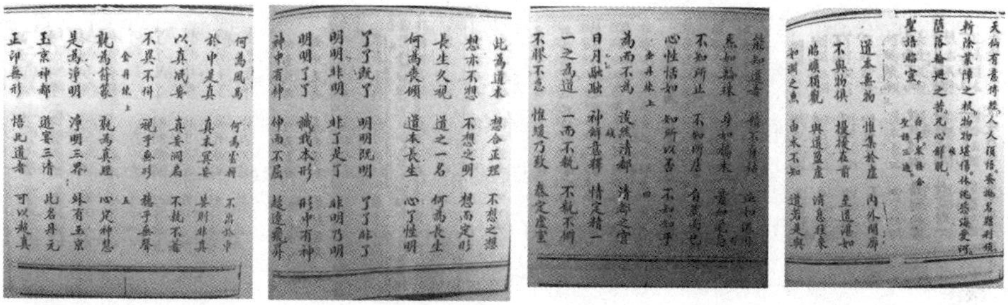

《太上靈寶净明道元正印經》全部經文

就文本而言,《聖語》末十數字與《道藏》本不同,而與上述明清諸本基本一致。當然,從具體的文字上來看,《聖語》與明清諸本也還存在衆多的差異。如“身如枯木”,此本作“身如槁木”;“性心恬如”,此本作“心性恬如”;“清都之宫”下,此本有“日月融融”四字;“道本常在”,此本作“道本長生”;“識吾本形”,此本作“識我本形”;“何爲雲車”,此本作“何爲雲軿”;“以真冥妄”,此本作“以真泯妄”;“真妄同扃”,此本作“真妄洞扃”;“此明道元”,此本作“此名丹元”。其中,多數差異可以視爲傳寫造成的訛變,但“日月融融”“此名丹元”則顯然並不易被認定爲傳寫訛變,而很可能是有意的改動。考慮到該科儀稱爲“金丹祭煉”,上卷又稱“内煉度靈真科”,“日月融融”“丹元”應是表達與“金丹”“内煉”等有關的修煉層面的意旨。另外,值得注意的是,“此名”不同於明清刻、印本,而與《道藏》本及前舉某道壇鈔本一致,考慮到《聖語》本身是“完整”的文本,其所據爲底本的《太上靈寶净明道元正印經》顯然並非《道藏》本,而應與明清刻、印本特别是某道壇鈔本屬於同一系統,從而使得某道壇鈔本不再是孤例,其可靠性增强,存在第三個文本系統的可能性也就更大了。

該《聖語》在上卷所述科儀程序中,處於在入壇、禮追攝官將、至寒林所灑净、

① 曹本冶、徐宏圖:《杭州抱樸道院道教音樂》,臺北:新文豐出版公司,2000 年,第 479 ~ 482 頁。

昇座舉偈、焚净壇符、念白之後，由兩序道衆所念誦，其下是否還接有其他科文，還是上卷就到此爲止，目前尚不清楚，因而難以判斷是如念白所表達的意思那樣是開悟亡魂，還是另有别的意涵。而在《金丹祭煉》整個科儀或者各卷完整文本環境中，該《聖語》又處於什麽樣的位置，承擔什麽樣的功能，目前也尚難斷言。而該科爲何會對《太上靈寶净明道元正印經》作出這樣或有意或無意的文本改造或變動，並將之稱爲《聖語》，進而融入到煉度科儀之中，無疑需要對該科儀的成立背景和編撰過程作進一步的考察。

根據曹本冶、徐宏圖的介紹，該科本據説曾經四次刊刻，版存杭州西湖昭慶慧空經房。[①] 他們關於四次刊刻並没有提供更多的信息，不知根據何在；版存昭慶慧空經房則爲《浙杭西湖慧空經房梵本價・道家梵本價目表》著録《金丹祭煉正科》所證實。[②] 而他們所轉引的序跋則有道光二十年(1840)嗣金丹後派章元靖《重刻金丹祭煉原跋》與光緒二十年(1894)杭州雲道堂下祝慧信《後記》。根據這兩篇文字，似乎衹刻過三次。

《後記》提到因庚辛之難(太平天國攻陷杭州)，科儀遺失，遂於同治九年(1870)請蔡崧甫去"荻"尋找，次年(1871)寄來章瑞堂所存"申江之原本"一册，至光緒十八年(1892)又有周涵虚出示樂石友鈔本，使内功、外秘遂爲完璧。[③] 光緒二十年似乎應即目前能够見到的昭慶慧空經房所刊本的刊行年代。而《重刻金丹祭煉原跋》則應見於所謂"申江之原本"，爲道光二十年重刻時所作。該跋提到最初參與編撰的陳錦簾等幾位人物，但並没有提到該書具體在何年編成。從書影來看，下卷《金丹祭煉科儀回向内秘文檢》前有署"嗣金丹後派初代弟子陳錦簾謹序"的《陳錦簾原序》[④]，應該也見於"申江之原本"，並且應該是初刻時所作，但該序並未標明年代。上卷前有《孚佑帝君金丹内煉自序》，署"時壬午孟夏"。[⑤] 這應該是該科儀最初編撰成立的年代。不過，該干支紀年並未標明年號。所幸在乾隆四十年(1775)邵志琳所編《吕祖全書》卷四十三《名壇新詠》中收録《金丹内煉自序》一首，即《孚佑帝君金丹内煉自序》，文末署"時乾隆壬午孟夏"[⑥]，並

---

① 曹本冶、徐宏圖:《杭州抱樸道院道教音樂》，第 164 頁。

② 《道家梵本價目表》著録"《吕祖金丹懺》二角二分"(第 40 頁)、"《太極金丹祭煉》二角五分""《金丹祭煉正科》六角"(第 43 頁)，見定源整理:《浙省西湖慧空經房書目》(民國二十二年)，《"地府與十王"工作坊資料集》，上海:上海師範大學哲學系，2017 年 9 月。

③ 曹本冶、徐宏圖:《杭州抱樸道院道教音樂》，第 158 頁。

④ 曹本冶、徐宏圖:《杭州抱樸道院道教音樂》，第 485 頁。

⑤ 曹本冶、徐宏圖:《杭州抱樸道院道教音樂》，第 473 頁。

⑥ 《吕祖全書》卷四十三，哈佛大學燕京圖書館藏清乾隆四十年(1775)武林王履階刊本，葉十二 b。

且標題下還另標有小字注“乾隆二十七年，吕祖降筆湖郡雲巢精舍，傳此度靈真科，以濟幽爽”[1]，可知該序降世的年代應可確定爲乾隆二十七年（1762），昭慶慧空經房刊本漏了“乾隆”二字，而該科初次刊行也不應早於乾隆二十七年。

注意到上卷卷首有“金丹後派傳道弟子陳錦簾重訂”的署名[2]，似乎在陳錦簾之前另有刊本（如果有，則就是共有四次刊刻了）。實際上，“重訂”是指該科的最初編撰。對此，《重刻金丹祭煉原跋》有比較詳細的描述。鑒於該跋對於我們了解該科編撰及相關乩壇活動而言非常重要，兹轉録如下：

> 吾荻有樓曰玩真，仙人嘗居之，時而談真講道，蓋即錦簾陳先生之廬也。表伯春陽朱先生，年甫十三歲，亦侍焉。吕祖降，令扶鸞。身矮小而手難抬，立墩乃稱。舊傳有張紫陽真人所纂《吕祖慈航無極懺》，出於康熙戊申年，刻於武林元妙觀。吕祖以其前後未馴，復編次之，並博採真詮洞章，翻作拯幽之法，垂爲祭煉之科，廣惠泉壤，承恩不淺矣。第向之法士，行持純熟，不假諸科，故所刊有正科、副科。啓聖、回壇、内秘、符籙、行儀散列諸本，遇事預修，合一明了。厥後，前輩漸解化去。惟有繍源陳先生，乃錦簾先生之季子，嗣法，係後派第二代，佩受籙職，曾奉此科。以他阻，未克依科修奉。遂慨後學人稀，又恐真科秘失，特授堂兄養泉先師。師亦勉力修奉，係後派第三代。道光元年地蠟日，傳授於靖。逮壬午，師歸道山時，泣謂靖曰：凡行持道法，不依科修奉者，律有罪。其毋忽焉！靖誌遺言，不敢忘。今因同志，發心重刊，隨將啓聖、正、副、回向本貫鎸成册，即注内功、外秘並飛符式，以便後之行持者温習。或曰：科中注默啓帝師，回壇俯伏，何又有啓靈、回向儀文耶？曰：此固有兩法也。吾祖師開壇闡教，廣化人間。或在壇下行事，則依科内儀文。若須立壇場，請降聖師，必照啓聖、回向科。或曰：此則是矣，而元奥太泄，恐有藉此欺世者憎爲多事，及稍知涉獵者執此誇能，奈何？曰：吾祖師序内不云乎，發心傳派，庶幾下嗣無誤。陳序又云：全憑内美，不事外觀。蓋至理真常，亦在乎人之慧力精貫。其憎者、執者，吾未如之何也已矣。其捐貲重刻者，王聿來、鄭錦宗、葉雲鵬、丁莛生、丁汲、勞本岱。書者，臨水王元福也。道光二十年，歲在庚子，道德蠟之辰，嗣金丹後派第四代芝陽章元靖謹跋。[3]

---

[1] 《吕祖全書》卷四十三，葉十二 a。

[2] 曹本冶、徐宏圖：《杭州抱樸道院道教音樂》，第 474 頁。

[3] 曹本冶、徐宏圖：《杭州抱樸道院道教音樂》，第 156 ~ 157 頁。

由上可知,《金丹祭煉》是一個自稱"金丹後派"的乩傳道派,以康熙初年降筆的《吕祖慈航無極懺》爲基礎,根據乩示重新編訂而成的祭煉科儀。該乩傳道派最初在"荻"之玩真樓建立乩壇請吕祖乩,並由吕祖乩示啓派。據《孚佑帝君金丹内煉自序》稱"重陽受道,派自終南,始誤上陽,遥傳失秘。今者蘭場設備,重建金丹,接上世之祥光,繼下嗣之仙悟。乃兹緣聚玩真,整書傳於覺路;鳩集同嗣,得方明於見式。……特發虔心,以傳後派。庶幾下嗣無誤,以覺出凡入聖之階"①。所謂"重陽受道,派自終南"是指王重陽受吕祖之道,創立全真派。"始誤上陽,遥傳失秘"則是指自上陽子陳致虚開始,大道誤失。而針對這一情況,吕祖現在玩真樓下降乩示要"重建金丹",再傳"金丹正真法派"。② 該序且署"金丹授道吕嵒",即金丹後派的授道之師。而金丹後派的"後"則應該是相對全真派説的。

該乩傳道派自陳錦簾始,爲初代。其季子陳繡源嗣法爲第二代,並曾受籙補職,成爲道士。到第三代傳至其堂兄陳養泉。道光元年(1821),陳養泉傳法給章元靖,是爲第四代。而章元靖則是初代陳錦簾從事降乩時的鸞手朱春陽的表侄。可知金丹後派的主要成員基本上都有親緣關係,並且都是"荻"人。

"荻"是傳出《金丹祭煉》的地方,清末祝慧信在喪亂之後也是請人到"荻"去尋找該科,並且確實在那裏得到一本。該本原屬章瑞堂。他與同样是"荻"人的章元靖可能也有親緣關係。"荻"是什麽地方呢?《陳錦簾原序》都是些美飾之辭,没有提到乩壇的任何信息,署名時也没有提到鄉貫。

不過,《吕祖全書》卷二十二《金丹示掌初編》收録有《長生圖》一種,署"玉清門下弟子錦簾、雲漢、杏林、春煦、赤城合參"③。該書前有《孚佑帝君自序》,署乾隆二十八年(1763),即吕祖降下《金丹祭煉》的次年。據《吕祖全書》卷前《凡例》所載,《金丹示掌初編》"出湖城雲怡草堂刻本"④,該卷題下小字注則説"出湖城雲巢精舍降筆鈔本",這似乎存在矛盾。但《吕祖全書》卷四十三《名壇新詠》收録《秋夜》一首,題下注"出雲怡草堂鈔本",而其"共向南巢結伴游"一句下有小

① 曹本冶、徐宏圖:《杭州抱樸道院道教音樂》,第473頁。《吕祖全書》卷四十三,葉三。
② 《吕祖全書》卷二十二《孚佑帝君自序》,葉一a。
③ 《吕祖全書》卷二十二,葉六b。
④ 《吕祖全書》凡例,葉二a。

字注“南巢即湖郡南關之雲巢精舍”①,可知雲怡草堂與雲巢精舍即使不是指稱同一個乩壇,也應屬於同一個乩壇,而與《金丹祭煉》出自雲巢精舍降筆的説法還是相應的。而《金丹示掌初編》雖然經過邵志琳的重新排序與增補,但據《孚佑帝君自序》,該書最初即含有《長生圖》②,因而《吕祖全書》所收本應該是可以反映該書降世時的情況的。所謂“玉清門下”即吕祖門下,而“錦簾”似乎應該就是陳錦簾。陳錦簾從事降乩的乩壇最初在他所居住的玩真樓,玩真樓似乎並非雲巢精舍或者雲怡草堂,但既然與他有關的《金丹祭煉》《金丹示掌初編》都被説成是出自雲巢精舍降筆,二者顯然應該有密切的關係,可能屬於同一個乩壇,至少應該在同一個地方。另外,《吕祖全書》卷五十八收録《玉清金丹救劫度人寶懺》,即《吕祖金丹懺》,也曾有慧空經房刻本。該懺據卷末《雲崖自述》署“丁亥(1767)十月辛酉日,降筆於善養書屋”,而邵志琳於題下注(小字)則稱“乾隆丁亥孟冬,石雲崖先生降筆於湖郡雲巢精舍”,此點與懺中“命下南巢,宣此寶懺”一語相合,可知養善書屋應即屬雲巢精舍。其題中“金丹”應與《金丹祭煉》《金丹示掌初編》一樣均爲金丹後派之“金丹”,實際上該懺志心敬禮諸真最末爲“金丹法派歷代祖師”③,即應指金丹後派,當然這衹是爲後世起例,在壇扶筆之人應即初代弟子,除非陳錦簾已去世,否則不可能列名其中。總之,金丹後派所活動的“荻”,可以確定應該就在湖城或者湖郡,也就是應在湖州。

章元靖提到,陳錦簾在玩真樓從事扶乩時的鸞手是年僅十三歲的童子朱春陽。據《歸安縣志》載,朱烜,字春陽,歸安縣荻岡(也寫作“堽”)鎮人,是荻岡吕祖廟(祖師堂)的募建者。該廟由他於乾隆三十四年(1769)發起募緣,“雙林金洪夔購基,里人章遹翰、章寶芝等助資捐地,先後興建”,最終落成於乾隆四十三年(1778),嘉慶五年阮元奏請賜額“玉清贊化”。而該廟大殿前即雲怡堂。④《吕祖全書》卷二十二《金丹示掌初編》末有《金丹示掌初編後記》,署“乾隆甲午初秋,純陽子降撰於雲怡草堂”⑤。乾隆甲午即乾隆三十九年(1774),距吕祖廟募化興建已五年。

此外,《歸安縣志》也收載一則較簡略的朱春陽傳記,注稱據程同文《朱春陽

① 《吕祖全書》卷四十三,葉四十六b。

② 《吕祖全書》卷二十二,葉一b。

③ 《吕祖全書》卷五十八,葉十三b、一a、一b、三a。

④ 陸心源等修:《歸安縣志》卷十七,《中國方志叢書》華北地方第八十三號,臺北:成文出版社景印光緒八年刊本,1970年,第158頁。

⑤ 《吕祖全書》卷二十二,葉三十一a。

先生傳》。[1]《金蓋山志略》收録了程《傳》,同時還收録荻壇人章藩所作《朱春陽真人傳》,此外,閔一得也作有一篇《朱春陽先生傳》,見於《金蓋心燈》。程《傳》以記述朱春陽的生平經歷和創建樓宇等事跡爲主,比較詳實,相應的繫年也很明確,從行文來看應是根據家人提供的資料所作傳狀碑志一類的文字;章《傳》以記述他爲鄉里行雷法祈雨、除妖等事跡爲主,是一篇鄉人傳記;閔《傳》以記述他在金蓋山的師承與興建事跡爲主,則爲本山道脈傳記。

據程《傳》稱,朱春陽曾讀書雲巢精舍,此應即閔《傳》所説朱春陽十四歲入金蓋山從徐隆巖學道之事。[2] 而雲巢精舍則是金蓋山的一個釋氏静室,一名净衆,在其東偏供奉著純陽帝君像。後來他在荻壇創建吕祖祠,前堂後樓,名爲雲怡草堂[3],據章《傳》在"溪隱堂故址"[4]。這與《歸安縣志》的記載稍有不同。"雲怡草堂"可能是乾隆三十四年吕祖祠最初興建時的命名,而《歸安縣志》所謂吕祖祠大殿前的雲怡堂則可能是乾隆四十三年最終擴建完成後的形制,當然,也可能是在嘉慶間獲得賜額以後爲保留"雲怡"舊名而所作的調整。[5] 吕祖祠(雲怡草堂)建成後,最晚在乾隆三十九年,朱春陽邀請道士蔡來鶴來住持,並師事之。而蔡來鶴不僅參與降乩,並且將有關乩傳文獻幾乎都帶到杭州交邵志琳刊刻流通。[6]

乾隆五十四年己酉(1789)新正,朱春陽離開荻壇,養静於雲巢精舍。閔《傳》説朱春陽入金蓋山之時,他自己剛去雲南做官。鮑廷博注稱"懶雲子於五十五年丁未服官入滇南,次年戊申春陽子始入山"[7],與程《傳》不合。而閔一得所作《金

---

① (清)陸心源等修:《歸安縣志》卷四十三,《中國方志叢書》華北地方第八十三號,第 449 頁。

② 閔一得編,鮑廷博注,鮑鯤評:《金蓋心燈》卷七,《藏外道書》第 31 册,成都:巴蜀書社,1992 年,第 309 頁。

③ 李宗蓮編:《金蓋山志略》卷四,《中華山水志叢刊》(山志)第二十册,北京:綫裝書局景印光緒二十二年古書隱樓刊本,2004 年,第 329 頁。

④ 《金蓋山志略》卷四,《藏外道書》第 31 册,第 330 頁。

⑤ 鮑廷博注稱,史常哉"後同朱春陽創開荻岡雲怡堂者",也稱爲"雲怡堂",見《金蓋心燈》卷七《蔣雨蒼先生傳》,《藏外道書》第 31 册,第 316 頁。另外,《吴竹巢傳》稱吴峙"雲怡開山春陽朱君大弟子",他在金蓋山與沈仁備扶乩,獲許旌陽乩示振興雲巢,見《金蓋心燈》卷七,《藏外道書》第 31 册,第 331 頁。

⑥ 蔡來鶴是與邵志琳一同編刊《吕祖全書》的諸人之一。邵志琳所據雲巢精舍鈔本、刻本以及雲怡草堂鈔本、刻本等降筆資料都是蔡來鶴提供的(參見卷前諸序、刊校人名、邵志琳按語及卷末蔡來鶴跋等)。這些降筆資料時間跨度前後約十年,標明紀年最晚的乾隆甲午(參見黎志添:《清代四種〈吕祖全書〉與吕祖扶乩道壇的關係》)。邵志琳爲《金丹示掌初編》所寫按語也提到"甲午初秋,蔡君之湖,師命捧回交琳重輯"(《吕祖全書》卷二十二,葉三十一 b)。所謂師命,即吕祖乩示,《吕祖全書》卷四十三《名壇新詠》收録《示邵萬善重輯金丹示掌初編》七絶一首,注"出雲怡草堂鈔本"(《吕祖全書》卷四十三,頁五十九 b),可知蔡來鶴最晚應在乾隆三十九年受邀住持荻壇吕祖祠(雲怡草堂),並參與乩壇降乩。另據《邵秋漪先生傳》載,邵志琳年十五六,禮蔡來鶴爲師,鮑廷博注稱邵志琳"受記於吕祖,時在朱春陽居山時五年間",見《金蓋心燈》卷七,《藏外道書》第 31 册,第 322 頁。

⑦ 《金蓋心燈》卷七,《藏外道書》第 31 册,第 310 頁。

蓋山純陽宫古今蹟略》提到"專殿址復,由於朱君之寓守,歲在乾隆己酉也"[①],則應以程《傳》爲是。當然,不論閔一得究竟是乾隆五十二年丁未(1787)還是五十五年庚戌(1790)赴雲南,乾隆五十四年己酉新正的前一天就是乾隆五十三年戊申(1788)的除夕,鮑廷博的注其實與程《傳》也祇相差了一天。

到雲巢精舍之後,由於是客居[②],而吕祖也祇是東邊的偏祀,所以朱春陽决定重拓基創造,在舊址前建設殿宇,並於乾隆五十六年(1791)完工,重命名爲"撥雲巢"。不久,他便去世了。關於他的生卒,程《傳》稱他"生雍正癸丑(1733)臘月初二卯時,歸真於乾隆癸丑(1793)重五戌時"[③],得年計六十歲(或六十一歲)。《閔》傳稱他在乾隆壬子(1792)金蓋山的興建剛剛完工,五月五日就去世了,年五十九歲。[④] 無論是工程完工還是朱春陽去世的時間以及得年,都與程《傳》不同。實際上,五十九歲也是三篇傳記中最少的。章《傳》説他"年六十餘歲,童顔鶴髮,仙骨飄然"[⑤],由於是要渲染他的道術高妙,所以應是文章上的修辭,並非實數。而閔《傳》的差異則顯然並非由於傳記書寫的原因。閔一得是在朱春陽身後纔從雲南返回的。他在《金蓋山純陽宫古今蹟略》中自述"朱歿,又四載,余入山守"[⑥],以他恢復净衆"始自嘉慶二年(1797)"[⑦]逆推,四年前即乾隆五十八年,與程《傳》相合,可見閔《傳》應屬誤記。另外,閔《傳》説朱春陽"三十五始開雲怡堂於荻岡"[⑧],無論是以乾隆五十七年歿、年五十九計還是以乾隆五十八年歿、年六十計,或者以雍正十一年生計,都是乾隆三十三年,與《歸安縣志》所載乾隆三十四年稍有差異,或許是指擇地改建前,朱春陽在荻壜演教寺、三元宫旁奉祀吕祖之事[⑨],可能那時候已有"雲怡"之名。

《閔》傳提到朱春陽幼年"受記於吕祖",被稱爲"小神仙"(出自朱春陽自述),十四歲時到金蓋山,徐隺巖請他試乩,上手即飛舞,出詩文七千餘言,"宿學老儒咸

① 《金蓋心燈》附録,《藏外道書》第31册,第367頁。

② 閔一得引潘秀峰語説朱春陽"寄居撥雲",鮑廷博注稱"時撥雲精舍基址尚隸岑山,故曰寄居",見《金蓋心燈》卷七《潘秀峰先生傳》,《藏外道書》第31册,第319頁。

③ 《金蓋山志略》卷四,《藏外道書》第31册,第330頁。

④ 《金蓋心燈》卷七,《藏外道書》第31册,第309頁。閔一得自述於乾隆壬子自滇歸,鮑廷博注仍稱朱春陽卒於乾隆五十七年,見《金蓋心燈》卷七《陳天行先生傳》,《藏外道書》第31册,第317頁。

⑤ 《金蓋山志略》卷四,《藏外道書》第31册,第331頁。

⑥ 《金蓋心燈》附録,《藏外道書》第31册,第368頁。

⑦ 《金蓋心燈》附録,《藏外道書》第31册,第367頁。

⑧ 《金蓋心燈》卷七,《藏外道書》第31册,第309頁。

⑨ 《金蓋山志略》卷四,《藏外道書》第31册,第330頁。

奉爲選體",徐隆巖也留他在山學道[①],可知他在湖州是有名的神童鸞手。章元靖是朱春陽的晚輩,與閔一得爲同時人。章元靖提到朱春陽在玩真樓扶筆的年紀是十三歲,與閔一得所記十四歲初試不同,可能存在誤記,也可能是出於敘述立場的不同而產生的差異。閔一得是以金蓋山爲本位來敘述的,章元靖則是以玩真樓降真或者金丹後派爲本位來敘述的。而不論以何者爲準,《金丹祭煉》如前所述應該可以確定是降於乾隆二十七年,其時朱春陽年二十九,遠大於十三歲(乾隆十一年,1746)或十四歲(乾隆十二年,1747),顯然並不是朱春陽最初從事扶筆時的作品。考慮到《金丹示掌初編》降於乾隆二十八年,如果同意參與降筆的"錦簾"即陳錦簾,那麽,玩真樓降真似乎可以認爲持續了近二十年。不過,邵志琳注稱《金丹祭煉》降筆於雲巢精舍,與章元靖所説扶筆地點爲玩真樓也不相同。乾隆二十七年,雲怡草堂尚未建立,降筆地點肯定不會在雲怡。而閔一得説朱春陽十四歲在雲巢初試扶筆,可知雲巢確有乩壇。乾隆二十七年主雲巢者爲陳樵雲。他與朱春陽年紀相仿,稍長三歲,也是荻岡人,並且也是徐隆巖的弟子[②]。陳樵雲與前輩陳錦簾可能有親緣關係,具體是何關係,目前尚不清楚。如果《金丹祭煉》確實是降於雲巢,則可能也與陳樵雲有關。

三、"聖語"與"人心"——從《吕祖慈航無極懺》到《金丹祭煉》

如前所述,《金丹祭煉》是以《吕祖慈航無極懺》爲基礎重新編撰而成的。章元靖提到《吕祖慈航無極懺》爲張紫陽降筆編次,"出於康熙戊申年,刻於武林元妙觀"。儘管我們並未見到這一杭州玄妙觀刻本,但邵志琳《吕祖全書》卷五十九即據杭州玄妙觀刻本收録該懺。據《吕祖全書》本,該懺名爲《玉清純陽慈航無極寶懺》,爲張紫陽降筆所編,前有《孚佑帝君慈航無極寶懺原序》(於守珍庵降筆),末有《紫

① 《金蓋心燈》卷七,《藏外道書》第31册,第309頁。鮑廷博注稱徐隆巖傳朱春陽茅山顯異法秘各種。另據閔一得據陳樵雲《紀事録》及口述,所作《徐隆巖嗣師傳》稱,徐隆巖,名一返,字龍元,號隆巖,山東東昌人,皈正一法派,名漢臣,康熙五十二年(1713)曾來金蓋山,康熙五十八年(1719)再至,師事徐紫垣,其後蔣雨蒼、陳樵雲、朱春陽、史常哉四人傳其斗法。據鮑廷博注,蔣雨蒼(洞庭人,在荻岡經營染坊)從徐隆巖受"茅山祈禱法","承張真人正一法派","名通祥"(以上見《金蓋心燈》卷四,《藏外道書》第31册,第244頁)。史常哉,名吉,荻岡人,修煉於雲怡,以祈禱(月字法)、驅邪法術行鄉里,事見章潘《史公子傳》,載《金蓋山志略》卷四,《藏外道書》第31册,第331頁。

② 陳樵雲,名陽復,原名去非,字翼庭,世居荻岡,生於雍正八年庚戌(1730),殁於乾隆五十年乙巳(1785),據鮑廷博注引陳樵雲《紀事録》,乾隆十年(1745)入山,年方十六,從徐隆巖受《道源》一卷,乾隆十九年(1754)再至,從徐隆巖受紫光梵斗法,見《金蓋心燈》卷五《陳樵雲律師傳》,《藏外道書》第31册,第259頁。另外,乾隆二十七年,閔一得年十五,讀書雲巢,亦見《陳樵雲律師傳》,《藏外道書》第31册,第259頁。

陽張真人後跋》，署“康熙七年歲在戊申”或“康熙戊申”①，與章元靖所述相合。另外，該懺末有《讚》（目録列作《懺後讚》）提到“樵陽啓化”，可知該懺是因應許真君龍沙讖而産生的文獻。以目前能够見到的《金丹祭煉》部分書影與《慈航無極寶懺》對讀，可知該懺的絶大部分内容都被捨棄了，衹有最後的《回向》儀節中一段被稱爲“聖語”的内容被保留了下來，實際上相當於完全新編。如前所述，金丹後派通過乩筆另編了一種《吕祖金丹懺》。該懺雖然也讚禮吕祖顯化事蹟，但與《慈航無極寶懺》不存在文本上的關聯，並且實際上也完全可以替代其懺儀功能。對比此種情況，採用了“聖語”的《金丹祭煉》也確實是一種“重訂”。

就《金丹祭煉》書影中所見，《聖語》是在“士”（高功）念白之後，由兩序道衆所念誦。而在《慈航無極寶懺》中，作爲“聖語”的《太上靈寶净明道元正印經》則是以一句“無極今完，乃人心之所喻；丹元再續，則聖語而未終”引起，直接置於回向文之末。所謂“無極今完”顯然是指本懺即《慈航無極寶懺》到此已拜誦完畢。而“丹元再續”初看不知所云，但顯然應是指接下文。從下文將“此名道元”改作“此名丹元”，可知“丹元”確實就是指《太上靈寶净明道元正印經》。該經文在此被稱爲“聖語”，從《回向》儀節的整個文本來看似乎並没有什麽特别的涵義，很可能衹是爲了與上句的“人心”形成修辭而已。

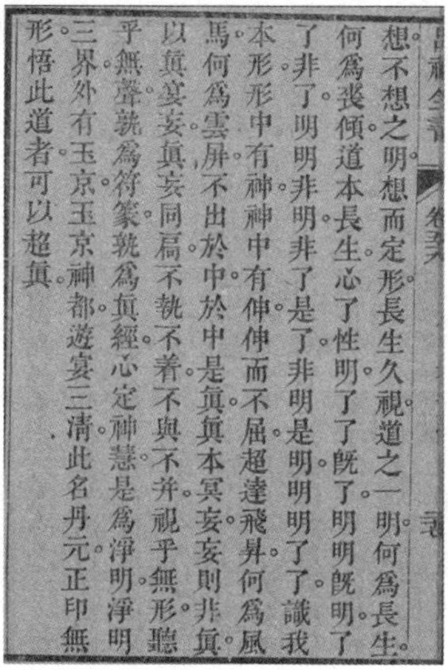
想。不想之明。想而定。形長生久視。道之一明。何爲長生。
何爲喪傾。道本長生。心了性明。了了既了。明明既明。了
了非了。明明非明。非了是了。非明是明。明明了了。識我
本形。形中有神。神中有伸。伸而不屈。超達飛昇。何爲風
馬。何爲雲屏。不出於中。於中是眞。眞本冥妄。妄則非眞。
以眞宴妄。眞妄同扃。不執不着。不與不并。視乎無形。聽
乎無聲。孰爲符篆。孰爲眞經。心定神慧。是爲淨明。淨明
三界。外有玉京。玉京神都。遊宴三清。此名丹元。正印無
形。悟此道者。可以超眞。

《金丹祭煉》

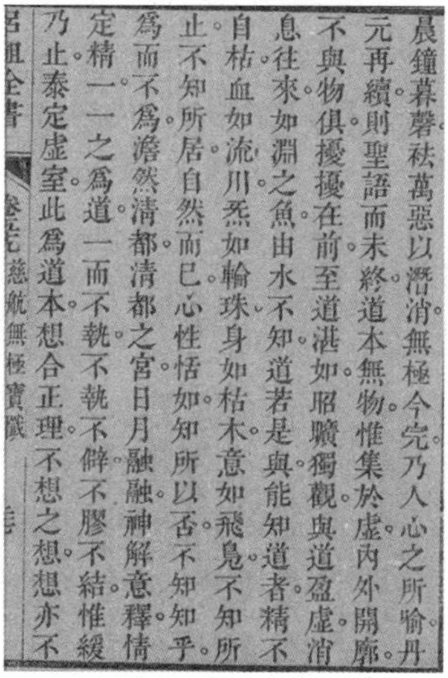
晨鐘暮磬。袪萬惡以潛消。無極今完。乃人心之所喻。丹
元再續。則聖語而未終。道本無物。惟集於虛。內外開廓。
不與物俱。擾擾在前。至道湛如。昭曠獨觀。與道盈虛。消
息往來。如淵之魚。由水不知。道若是與。能知道者。精不
自枯。血如流川。炁如輪珠。身如枯木。意如飛鳧。不知所
止。不知所居。自然而已。心性恬如。知所以否。不知知乎。
爲而不爲。澹然清都。清都之宮。日月融融。神解意釋。情
定精一。一之爲道。一而不執。不執不僻。不膠不結。惟綏
乃止。泰定虛室。此爲道本。想合正理。不想之想。想亦不

《吕祖慈航無極懺》

① 《吕祖全書》卷五十九，葉二十九 b。

該懺引入《太上靈寶净明道元正印經》的原因不明，可能與吕祖是應龍沙讖而出的宗師有關，不過，該懺所朝禮的諸仙真中雖然出現許真君，但衹是作爲三省的一員，並不具有净明色彩。至於爲何將"道元"改爲"丹元"，從該懺全文敘述來看似乎也難以得出結論。不過，從該懺在朝禮的諸祖師中將吕祖列爲開山，將劉海蟾、王重陽列爲玉清法派，並列出"玉清法派無上聖師虚靈神妙顯化王真人""玉清法派總司五雷佐化宣道萬法葛天君""玉清法派九天紫府司丹真宰雲崖石仙師"來看，可能在守珍庵或者玄妙觀存在一個自稱"玉清法派"的乩傳道派。而雲崖石仙師則是金丹後派編撰《吕祖金丹懺》時臨乩的仙真。據《吕祖金丹懺》卷末《雲崖自述》，他自稱是萬曆間進士，被謀害而死，少時曾夢吕祖授以《金丹内篇》，被害後受吕祖指引習誦《金丹内外篇》，後受命爲受煉司司丹真宰[①]。儘管這是遠在乾隆間湖州的降筆，可能附加上了雲怡草堂或者金丹後派的理念，但從錦簾等人曾署"玉清門下"來看，很可能與杭州"玉清法派"有一定的關聯。而金丹後派編出的《金丹祭煉》既然沿用了《慈航無極寶懺》的《聖語》，"丹元"的舊文也被保持下來，不論《慈航無極寶懺》最初的改動是否與"玉清法派"的内丹主張有關，在被沿用之後也就與所謂"金丹"相印合了。

與"此名丹元"類似，前舉《金丹祭煉》與《太上靈寶净明道元正印經》的差異中，"心性恬如""日月融融""道本長生""識我本形"等也都襲自《慈航無極寶懺》。但這並不代表《金丹祭煉》是完全沿用《慈航無極寶懺》的文本。二者實際上也存在不少文字差異。如"道之一名"，《慈航無極寶懺》作"道之一明"。"不膠不急"，《慈航無極寶懺》作"不膠不結"。"惟緩乃致"，《慈航無極寶懺》作"惟緩乃止"。"身如槁木"，《慈航無極寶懺》作"身如枯木"。"非明乃明"，《慈航無極寶懺》作"非明是明"。"何爲雲軿"，《慈航無極寶懺》作"何爲雲屏"。"以真泯妄"，《慈航無極寶懺》作"以真宴(冥)妄"。"真妄洞扃"，《慈航無極寶懺》作"真妄同扃"。"不異不並"，《慈航無極寶懺》作"不與不並"。

其中，"身如枯木""以真冥妄""真妄同扃"均與《太上靈寶道元正印經》相同，《慈航無極寶懺》並未改動，但《金丹祭煉》却也並未沿用，而是另作新的改動。《金丹祭煉》這幾處改寫既有文學上的好尚如"泯妄"，也有意義上的調整如"洞扃"。而"槁木"雖然看上去没有改變原文的意義，衹是文學上的修飾，但却植入了金丹後派的觀念。《雲巢精舍語録》所載吕祖乩語稱"可知此道原非旦夕

---

① 《吕祖全書》卷五十八，葉十三。

間事也。到得身如槁木,心若死灰,則進道之階矣”[1]。此應即陳錦簾等人改“枯木”爲“槁木”之緣由。

“道之一明”不知玄妙觀刊本是否即如此,既可能是《慈航無極寶懺》編撰時的有意改動,也可能是刊刻時(初刊或者重刊)的訛誤。“惟緩乃止”則似乎並非邵志琳重刊時發生的訛誤,而很可能是《慈航無極寶懺》對文意所作調整。至於“非明是明”與“非明乃明”意義相同,並没有高下之分,似乎是很隨意的改寫。而“不膠不結”則顯然是有意的改動。以“膠”對“結”,最初可能衹是出於文句上的修辭,但也改變了原文的意義。與此類似的是“不與不並”。令人驚訝的是,對於這幾處或隨意或有特别意圖的改動,《金丹祭煉》不僅没有接受,反而全都恢復爲《太上靈寶净明道元正印經》的相應原文。類似的,“雲屏”與“雲車”差異明顯,無疑爲《慈航無極寶懺》的改動。但《金丹祭煉》既没接受“雲屏”,也没有接受“雲車”,而是選取了一個與“屏”同音,同時含有“車”的意義的“軿”,作出一種折中的處理。可見,陳錦簾、朱春陽等人在扶出《金丹祭煉》時應當是明白這段“聖語”就是《太上靈寶净明道元正印經》的[2],因而纔能作出相應的文本調整,但他們仍稱之爲“聖語”而未像恢復上述文字那樣恢復經名,顯然是並不認同《太上靈寶净明道元正印經》本身,衹是將其文本作爲編修時的一種參考,並且也不以其文本爲標準,衹是隨其心意(或許是乩示)而予以選擇性的處理。

既然他們並不認同《太上靈寶净明道元正印經》,同時也將《慈航無極寶懺》删略幾盡,那又爲何要保留這一“聖語”呢?

注意到出自雲巢精舍降筆鈔本的《金丹示掌初編》中有一篇《金丹捷法論》,提到“功在進退,道介有無。云道有道,何常有道。云道無道,誰道無道。道道是道,道是非道。不道之道,方爲是道。非道是道,方見道了。了了明明,明明了了。非了是了,明明是明。明明了了,識見真形。誠一不二,反了原形。原形無外,衹在無心。心焉能無,無心是無。無心能無,心自無矣。非心不心,不心是心矣。其中妙理,應有神機。非人能透,能透非人。人人有道,道道依人。得是道者,可以長生”[3]。其所論意旨與“聖語”基本一致,並且“了了明明,明明了了。

---

① 《吕祖全書》卷四十四《語録會粹》,葉二 b。

② 鑒於陳樵雲傳紫光斗法,而紫光斗法出自董漢策(參見童誠《上海道教〈紫光斗科〉初探》,上海道教學院 2017 年本科學位論文),董漢策曾參與編撰《太上靈寶净明宗教録》,並且閔一得也提到過《太上靈寶净明宗教録》,湖州當地的奉道(奉乩)士人無疑是可以見到《太上靈寶净明道元正印經》的。

③ 《吕祖全書》卷二十二,葉六 b。另外,《吕祖全書》卷四十三《名壇新詠》據雲怡草堂鈔本收録降筆《悟道》一首,曰“是道是非道,見人不是人。人道俱不見,方得見道人”(葉七十三 a)。

非了是了,明明是明。明明了了,識見真形”也很明顯是從“聖語”的“了了既了,明明既明。了了非了,明明非明。非了是了,非明是明。明明了了,識我本形”轉寫而來。結合《長生圖總論》中“後但不覺我有身,彼即我身。不見有身也,是如真身了。凡身去也,真身成也。此了身也,非了身也。得道身也,非道身也。化無形也,自有神也。非有神也,静静機也。非是機也,天地清也。清清而神明也。神明而變化無窮也。無窮而道生也。道生而道道也,道道而道無也。無道而無著也,無著而性得也。性得而道現也,道現而理遍也。理遍而大道通也”的論述來看,他們應當是認爲“聖語”所改動的文本“丹元”比“道元”更加符合他們心目中金丹修證之意味,因而接受了“聖語”,而放棄了《太上靈寶净明道元正印經》。

另外,有意思的是,類似的論述也見於《孚佑帝君證道成真心懺》的《啓懺偈》作“妙哉大道,無神無形。今今古古,古古今今。即今是古,即古是今。非今是古,非古是今。明明了了,了了明明。非了是了,非明是明。明了是了,了明是明。形神俱妙,與道合真”①。該懺據邵志琳小字注“出湖郡張氏刻本”,雖然不確定是否雲巢精舍或者雲怡草堂所出,但也是來自湖州的文獻。其中,“明明了了”等與《金丹捷法論》有關,“今今古古”則與《慈航無極寶懺》的《啓請頌》“是非非是非非是,今古古今古古今”②有關。

由上可知,陳錦簾、朱春陽等人或者説湖州一帶的扶鸞文人對作爲“聖語”的《太上靈寶净明道元正印經》的語言形式非常著迷,並將其奉爲金丹修證之圭臬,用之科儀,化爲丹論,從而使本來並不高深的文本也顯得意味無窮,蘊含深刻。由此,也可以理解後世何以竟會有人將《太上靈寶净明道元正印經》與《大學》相提並論,以爲字字珠璣了。

四、結語

在《太上靈寶净明道元正印經》現存諸本中,《道藏》本是最爲特殊的一種,除了作爲《道藏》的一部分頒藏各地宫觀,基本上並没有進入流通。明清時代爲道教或者奉道人士所認同和使用的,基本上都是文中作“神中有伸”以及末爲“此明道元,正印無形。悟此道者,可以超真”的文本。其中,明萬曆間楊爾曾刊行的《許真君净明宗教録》本是目前所見該系統最早的本子,而其文本包括四經組合

---

① 《吕祖全書》卷六十,葉一 a。
② 《吕祖全書》卷五十九,葉二 b。

的形式也爲清康熙間青雲譜編刊的《太上靈寶净明宗教録》所繼承。並且這種可能衹是出於偶然的編排方式也被賦予特定的意涵,從而使得包括《太上靈寶净明道元正印經》在内的南宋初净明法四種被尊奉爲首要的經典。此後的《道藏輯要》本、《重刊道藏輯要》本《太上靈寶净明宗教録》沿襲了這一内容與形式,並在相應的《衍》中改换文句,更加突出《太上靈寶净明道元正印經》在内丹修煉中的心性意涵。此種處理與吕祖鸞壇有關,但是否出自覺源壇或者涵三宫,目前尚難决斷。而這一認識顯然並不僅僅反映在《道藏輯要》中。清乾隆間湖州荻岡的乩傳道派金丹後派,由於秉承吕祖"再建金丹"的乩示,即對《太上靈寶净明道元正印經》的經句作此種理解。衹不過,他們並不尊崇《太上靈寶净明道元正印經》,而是尊崇作爲"聖語"的該經文本本身。

作爲"聖語"的該經文本,被金丹後派運用於他們所編訂的《金丹祭煉》之中。在金丹祭煉科儀中,該文本是用於覺悟亡魂,還是用來授亡魂以道從而使其昇天,由於目前公佈的書影並不完全,尚難以决斷。而由於其科儀功能不明,該文本爲何會被運用於煉度科儀便難以解明。不過,僅就文本淵源的層面而言,該文本之所以被融入煉度科儀,並不是因爲金丹後派通過某版本的《太上靈寶净明道元正印經》認識到其意義從而加以轉化,而是因爲《金丹祭煉》本身是通過吕祖乩示在清康熙初年杭州玄妙觀刻本《慈航無極寶懺》基礎上删修、增廣而成,而"聖語"即出現在該懺之中。經對讀可知,《慈航無極寶懺》的内容除"聖語"外,其他内容在目前所見《金丹祭煉》書影中完全没有出現,可見《金丹祭煉》是特意選擇了"聖語"。而這一"聖語"在《慈航無極寶懺》中原本是被置於《回向》儀節之末。鑒於其回向文講述大道流行及修持大道等内容,結合"聖語"將"道元"改爲"丹元"來看,似乎已經具有突出丹道的意味。這樣的處理符合明清時代吕祖信仰及降乩實踐所蕴含的内丹風尚,也契合荻岡吕祖乩壇衆人的金丹理念,因而其文本遷徙便順理成章。有意思的是,"聖語"所據爲底本的《太上靈寶净明道元正印經》不出意外地並非《道藏》本,而應是與明清諸本屬同一系統的本子。目前所見兩個版本的"聖語"雖然並不是康熙原刊,並且"聖語"本身還經過文本上的遞次改造,但所反映的《太上靈寶净明道元正印經》的文本面貌却恰與某道壇鈔本存在一絲關聯的可能,暗示該道壇鈔本所據底本爲《道藏》本、明清諸本以外的第三種文本的可能性確實存在。

(本文爲國家社科基金一般項目"净明道科儀文書收集、整理與研究"階段性成果,項目編號:15BZJ032)

(責任編輯:胡常春)

《通報》與西方漢學研究的發展,1890—2016

□壽酣(Johan Rols)

摘要:作爲歐洲第一份專注於漢學研究的學術雜志,創刊於1890年的《通報》是彼時荷蘭、法國、德國以及英國等諸多國家偉大的漢學家及其漢學傳統的結晶。不過,《通報》却並非僅僅是西方漢學的遺産,《通報》編委會也從未停止過甄選高品質且原創性研究文章的步伐。在雜志的指導方向上,從起初的力圖研究中國、中亞以及位於亞洲的歐洲殖民地,一直到1978年以後的歷史時期,《通報》的編輯路綫專門指向了中國。此外,對《通報》的分析還表明,漢學研究在第二次世界大戰之後就發生了急劇的變化,優秀的漢學研究工作不再是歐洲的特權,《通報》本身也敞開懷抱,走向了國際化,而在最後的這幾十年中,它所發表的文章傾向於使用單一的交流語言,即英語。此外,從1980年代開始,《通報》中與宗教相關的論文開始集中於所謂的中國"傳統"宗教尤其是道教的研究,並且,作爲國際漢學研究的標杆,《通報》中與宗教相關的文章首先見證了道教研究興趣的增長,但同樣也展示了近年來帝制晚期(明、清和民國時期)道教研究的重要性。

關鍵詞:《通報》　漢學研究　道教

作者簡介:壽酣(Johan Rols),法國高等研究實踐學院(école Pratique des Hautes études)博士研究生,主要研究興趣爲六朝道教與自然環境問題。

一、歐洲漢學的三個起源

歐洲首批描述中東亞的著作,發端於十三世紀時蒙古軍隊對東歐的入侵。緊跟這場由彼時蒙古軍隊所造成的新的可怕威脅,1245年,羅馬教皇派出了意大利籍方濟各會傳教士柏郎嘉賓(Giovanni dal Piano dei Carpini)。他從里昂出發,首先在今俄羅斯西部的草原遇到了金帳可汗拔都,隨後繼續向西遊歷。儘管最終未能到達蒙古舊都哈拉和林,但在離此不遠的地方,柏郎嘉賓見到了大汗貴由。不過,貴由大汗拒絕了這位方濟各會士上呈的和平協議。1247 年,柏郎嘉賓返回里昂,並用拉丁語撰寫了《出使蒙古記》(*Historia Mongolorum quos nos Tartaros appellamus*)。與同爲方濟各會傳教士的法國人盧布魯克(Guillaume de Rubrouck)於十年後撰寫的《蒙古國遊記》(Voyage dans l' empire mongol)一起,這兩部著作構成了最先對中亞進行細緻觀察和描述的作品,以及人們關於東亞知識的集大成之作。①

三個世紀之後,即從十六到十八世紀,歐洲人關於中國的興趣開始伴隨著耶穌會士的"傳教士漢學"而蓬勃發展起來。衆多耶穌會士成功地紮根中國,並與中國的精英們分享西方的科學、文學以及藝術等知識。同樣地,他們也收集和記録了大量中國的信息,如中國的語言、文化等。這些耶穌會士中最爲傑出的代表利瑪竇(Matteo Ricci,1552—1610),甚至還曾受到過朝廷的接見。在朝廷上,他向其他人傳授了他在數學、天文以及製圖等方面的知識,且其影響力之深遠,甚至是在近代中國對鐘錶極度迷戀的風潮中,也發揮著非常重要的作用。然而,從歐洲方面來説,這位醉心於中國文化的耶穌會學者之所以著名,原因還在於他將漢字轉寫爲拉丁字母以及用西語(葡萄牙語)編撰第一部漢語字典等工作。因其博學,利瑪竇和他同時期的耶穌會士時至今日被視爲了歐洲漢學之父。

我們今天所謂的"學院派漢學",即立場中立並建立在細緻研究基礎之上的研究傳統,從十九世紀時開始興起。一些專注於亞洲及中國研究的系部或講席先後在歐洲的幾個大國中出現,如法國、荷蘭、德國以及英國等:

1530 年,法蘭西學院(Collège de France)創建,1814 年左右,法國漢學學術傳統開始確立。

1409 年,德國萊比錫大學(Leipzig University)創建,1845 年左右,德國漢學學術傳統確立。

1669 年,法國國立東方語言文化學院(Institut national des langues et civilisations orientales ,Inalco) 創建,十九世紀,該院漢學學術研究傳統開始確立。

---

① 關於這一主題,現存很多研究的資料,略舉幾例,比如,可參見 Salaville Sévérien, "Missionnaires franciscains en Orient au XIIIe et au XIVe siècle", in *échos d'Orient*, *tome* 17, *n*°107, 1914, p. 349 ~ 360; Richard Jean, *La papauté et les missions d'Orient au Moyen - âge* (*XIII - XIVème siècle*), Rome: école Franç aise de Rome, 1977.

1575 年,荷蘭萊頓大學(Leiden University)創建,19 世紀末,荷蘭漢學學術傳統開始確立。

1868 年,高等研究實踐學院(école Pratique des Hautes études,EPHE)創建,1886 年,該院成立了宗教研究系。

1898 年,法國遠東學院(école Franc aise d' Extrême – Orient ,EFEO)創建。

1916 年,倫敦大學亞非學院 (the School of Oriental and African Studies, SOAS) 創建。

應該説,漢學研究的發展,是與同時期的偉大漢學家分不開的,正是由於他們的存在,兼之各人的上乘之作,纔使得前述歐洲國家漢學研究的發展成爲可能。在這些偉大的漢學家中,我們可以發現諸如高延(Jan Jakob Maria de Groot,1854—1921,荷蘭),沙畹(Edouard Chavannes,1865—1918,法國),瑪律克 · 奧賴爾 · 斯坦因(Aurel Stein,1862—1943,英國),伯希和(Paul Pelliot,1978—1945,法國),葛蘭言(Marcel Granet,1884—1940,法國)以及何可思(Eduard Erkes,1891—1958,德國)等人。在科學的求真探索方面,這些漢學家和諸歐洲國家之間既競爭又合作,且正是在此推動之下,第一批專注於亞洲研究的雜志,依其各自目標,用各自的語言來分享他們已經完成的工作。接下來我們所説的,就是這批雜志中的一部分:

《亞洲學報》(Journal Asiatique),1822 年創刊於法國巴黎,出版周期爲半年刊,出版社爲法國研究中心及亞洲協會(Société Asiatique),主題爲亞洲學。

《皇家亞洲協會學刊》(Journal of the Royal Asiatic Society),1834 創刊於英國倫敦,出版周期爲半年刊,出版社爲皇家亞洲協會及劍橋大學出版社(Cambridge University Press),主題爲考古學、歷史學、文學、宗教學及藝術學。

《美國東方協會學刊》(Journal of the American Oriental Society),1843 年創刊於美國紐黑文市(New Haven),出版周期爲季刊,主題爲語文學、文學、古文字學、金石學、語言學、考古學、歷史學、哲學及宗教學。

《通報》(T' oung Pao), 1890 年創刊於法國巴黎和荷蘭萊頓,出版周期爲年刊,出版社爲博睿學術出版社(Brill Academic Publishers),主題爲亞洲和中國歷史學、地理學、語言學、人類學及宗教學。

《倫敦大學亞非學院學報》(Bulletin of the School of Oriental and African Studies),1917 年創刊於英國倫敦,出版周期爲季刊,出版社爲倫敦大學亞非學院,主題爲非洲和亞洲的語言學、文化學及文明學。

與上述其他科學性雜志不同的是,《通報》是第一份國際意義上且主要致力於漢學研究的學術雜志。不僅如此,從其誕生之日起,這份雜志就是法 - 荷合作的成果,而爲了提升歐洲的漢學研究水準,《通報》的創始人選擇用歐洲的三大語言來發表他們的文章,即英語、法國和德語。

二、《通報》簡史

如前所述,《通報》是一份專門面向漢語世界的學術雜志,其研究領域則涉及諸如歷史、語言、文學以及藝術等。在從 1890 年到 2016 年這 126 年的出版時間内,《通報》發表了不少於 5 頁的文章至少 1060 篇。不過,從 1920 年開始,每卷中的期次數開始急遽的下降。之所以如此,是因爲有時出版的一卷中的第 1、2、3 期會合並在一起,第 4、5 期會合並在一起,而這樣一來就減少了發表的文章的數量①。

表 1 《通報》每十年所發表的文章

每十年	文章數量	所佔百分比
1890—1899	116	10.94%
1900—1909	126	11.89%
1910—1919	127	11.98%
1920—1929	60	5.66%
1930—1939	74	6.98%
1940—1949	31	2.92%
1950—1959	67	6.32%
1960—1969	71	6.70%
1970—1979	67	6.32%
1980—1989	82	7.74%
1990—1999	86	8.11%
2000—2009	81	7.64%
2010—2016	72	6.79%
合計	1060	100.00%

① 從 1890 年到 2016 年,《通報》總共出版了 102 卷。

從其創刊之日起,法-荷合作的傳統就已確立,並一直持續到 2010 年,因爲此後一位德國主編和另外一位美國主編被提名參與了進來。以下便是《通報》主編的編年歷史:

1980—1903:荷蘭的施古德(Gustav Schlegel)與法國的高第(Henri Cordier)

1903—1916:高第與沙畹(俱爲法國)。

1918—1925:高第與伯希和(俱爲法國)。

1925—1935:法國的伯希和。

1935—1945:法國的伯希和與荷蘭的戴聞達(Jan Julius Lodewijk Duyvendak)。

1947—1957:荷蘭的戴聞達與法國的戴密微(Paul Demiéville)。

1957—1975:法國的戴密微與荷蘭的何四維(Anthony Franç ois Paulus Hulsewé)。

1976—1992:荷蘭的許理和(Erik Zürcher)與法國的謝和耐(Jacques Gernet)。

1993—2000:法國的魏丕信(Pierre - Etienne Will)與荷蘭的伊維德(Wilt Idema)。

2001—2008:法國的魏丕信與荷蘭的田海(Barend Ter Haar)。

2010—2016:法國的魏丕信、德國的柯馬丁(Martin Kern)及美國的柯羅爾(Paul Kroll)。

2017—:法國的高萬桑(Vincent Goossaert),德國的柯馬丁以及美國的柯羅爾。

《通報》的前兩位主編,即高第(1849—1925)和施古德(1840—1903),也是這份雜志的創辦者。前者是巴黎東方現代語言專科學校(école Spéciale des Langues Orientales Vivantes)主持東方學和中國史的講座教授,而後者則是荷蘭萊頓大學的漢學教授。1889 年,他們二人相遇於瑞典舉行的國際東方學學者代表大會。在博睿出版社,即當時一間位於萊頓的從十九世紀下半葉開始就能够刊印帶有漢字的學術出版物的編輯所的協助下,高第與施古德從次年即 1890 年開始編輯了《通報》的第 1 期[①]。據期副標題,《通報》起初的目標是“東亞(中國、日本、朝鮮、印度支那、中亞以及馬來西亞)的歷史、語言、地理以及民族學研究”[②],

① 參見洪怡沙(Isabelle Ang)、魏丕信(Pierre - étienne Will):《〈通報〉雜志小史》,載《法國漢學》第 4 輯,北京:清華大學出版社,1998 年, 第 308 頁。

② 參見 1890 年《通報》創刊號封面内頁圖片。

而其首要的關注點則是研究中國及其與鄰國的交通。不過,依據主編的意圖,《通報》有時對亞洲大陸研究不同專家之間的跨學科性和互動性也同樣持開放的態度,而非一定要發表與中國有關的研究①:

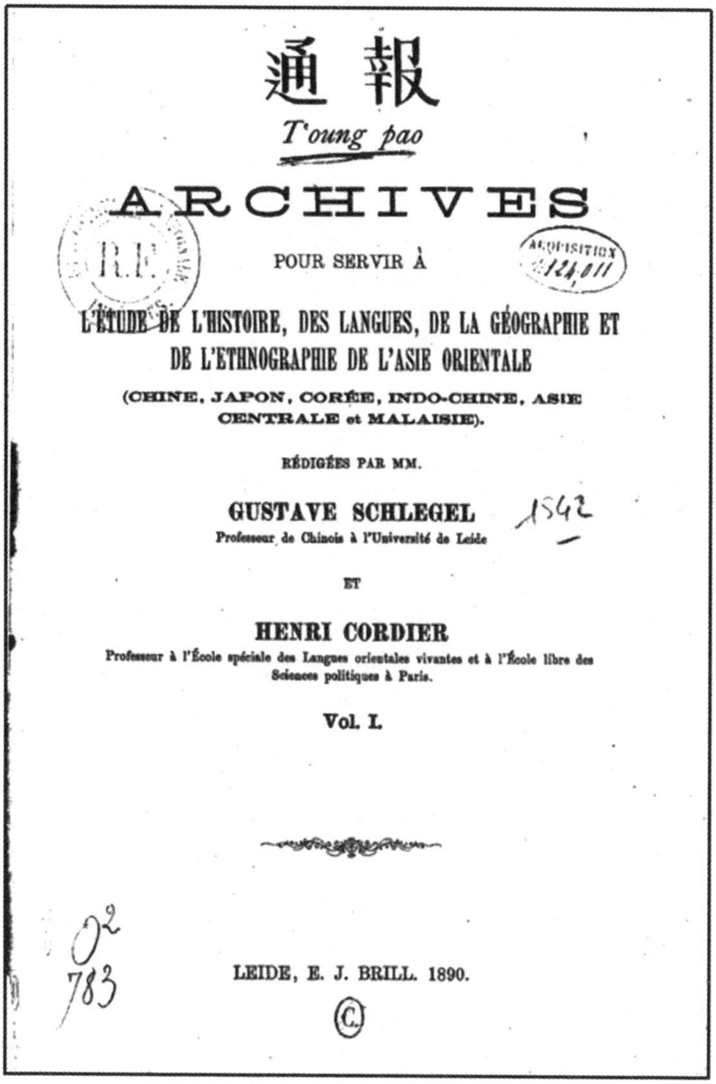

通報

T'oung pao

ARCHIVES

POUR SERVIR À

L'ÉTUDE DE L'HISTOIRE, DES LANGUES, DE LA GÉOGRAPHIE ET DE L'ETHNOGRAPHIE DE L'ASIE ORIENTALE

(CHINE, JAPON, CORÉE, INDO-CHINE, ASIE CENTRALE et MALAISIE).

RÉDIGÉES PAR MM.

GUSTAVE SCHLEGEL

Professeur de Chinois à l'Université de Leide

ET

HENRI CORDIER

Professeur à l'École spéciale des Langues orientales vivantes et à l'École libre des Sciences politiques à Paris.

Vol. I.

LEIDE, E. J. BRILL. 1890.

《通報》書影

該雜志的内容不僅僅根據其主編的個性,而且也根據國際政治環境以及在

① 洪怡沙(Isabelle Ang)、魏丕信(Pierre - étienne Will):《〈通報〉雜志小史》,《法國漢學》第 4 輯,第 309 頁。

研究方向上出現的動盪而演變。①

基於主編對政治環境的預估,我們可以將這 126 年的出版歷史依編輯傾向而劃分爲三個不同的時期。第一個歷史時期即 1890 年至 1919 年,由高第和施古德首倡,主要感興趣於漢學研究(文章比例在 60% 到 70% 之間②)。不過,受此一時期殖民背景的影響,主編們在編輯選擇上對討論南亞和東亞問題的文章也同樣表現出了强烈的興趣。從 1890 年至 1899 年,《通報》所發表的 26% 的文章是關於南亞及東南亞各國,而從 1910 年至 1919 年,這一數字降低到了 17%,此後,從 1920 年起,與此相關的文章則幾乎從《通報》中消失了(例外的情況是 1930 年至 1939 年的 12% 以及 1950 年至 1959 年的 7%)。對南亞以及東南亞最爲關注的當屬以法語發表的文章(佔此類文章的 68%,《通報》所有文章的 7%),英語文章不及其半數(佔 29%,或所有文章的 3%),而德語文章則近乎聊勝於無(分別佔 3% 和 0.4%)。

第二個歷史時期是從 1920 年到 1978 年,佔主導地位的是漢語世界與中亞、遠東(蒙古、朝鮮和日本)鄰國之間各研究專家的交叉互動性和跨學科性,而中亞和遠東正是《通報》主編高第和伯希和尤爲感興趣的兩個區域。從 1978 年開始的第三個歷史時期,標志著編輯思路的選擇問題上發生了一個明顯的轉折,因爲在這一年,許理和和謝和耐將《通報》的副標題改爲了《國際漢學研究學刊》(*International journal of chinese studies/ Revue internationale de sinologie*)。從那時起,《通報》就成爲一份專注於中國研究的學術雜志。

在這一轉折發生的三十年前,第二次世界大戰的結束見證了科學研究中一項非常重要的交流手段的改變,而這項改變也同樣波及到了《通報》的編輯,即英語作爲通用語言的普遍化。1949 年以前,《通報》的文章大部分是以法語發表的(以每十年計,佔 43% 到 70% 不等),英語(17% 到 41% 不等)和德語(1% 到 25% 不等)佔少數。③

---

① 洪怡沙(Isabelle Ang)、魏丕信(Pierre – étienne Will):《〈通報〉雜志小史》,《法國漢學》第 4 輯,第 310 頁。

② 參見表 2:以所涉國家(或地區)區分每十年發表的文章主題。

③ 參見表 4:每十年所發表文章的語言。

表 2　以所涉區域區分每十年發表的文章主題①

每十年＼國別	中國(不含西藏)	日本	中國西藏	越南	蒙古	印度	中亞	學者②	東南亞	韓國	緬甸	泰國	印度尼西亞	馬來西亞	南亞	柬埔寨	亞洲	老撾	東亞	菲律賓	合計
1890—1899	72	7	3	2	5	6	0	1	0	4	4	3	6	6	4	0	2	1	0	1	127
1900—1909	81	9	2	7	1	3	3	1	8	2	6	2	4	2	2	0	0	2	0	0	135
1910—1919	90	2	4	11	0	2	7	2	5	1	0	3	0	0	0	1	1	0	1	0	130
1920—1929	48	2	0	0	3	1	2	6	0	0	0	0	0	0	0	0	0	0	0	0	62
1930—1939	53	4	7	0	2	2	3	1	1	0	2	3	0	0	0	2	0	0	0	0	80
1940—1949	21	0	0	0	6	0	3	2	0	0	0	0	0	0	0	0	0	0	0	0	32
1950—1959	52	3	5	1	1	1	0	1	1	2	1	0	0	0	0	1	0	0	0	0	69
1960—1969	66	2	3	0	0	1	0	0	0	1	0	0	1	0	0	0	0	0	0	0	74
1970—1979	57	3	6	0	2	0	1	1	0	3	0	0	0	0	0	0	0	0	0	0	73
1980—1989	81	0	0	0	0	1	0	1	0	0	0	0	0	0	0	0	0	0	0	0	83
1990—1999	85	2	0	0	0	0	0	0	0	1	0	0	0	0	0	0	0	0	0	0	88
2000—2009	81	0	0	0	0	2	0	0	0	0	0	0	0	0	0	0	0	0	0	0	83
2010—2019	72	0	0	1	0	0	0	0	0	0	0	1	0	0	0	0	0	0	0	0	74
合計	859	34	30	22	20	19	19	16	15	14	13	12	11	8	6	4	3	3	1	1	1110

① 某些文章涉及了多個區域。筆者也將這些文章添加到了所涉及的區域當中:中國和中亞,4 篇(x2);韓國和日本,2 篇,(x2);韓國和中國,1 篇(x2);印尼和中國,1 篇(x2);中亞和蒙古,2 篇,(x2);馬來西亞和中國,1 篇(x2);日本和中國,10 篇(x2);中國和南亞,3 篇(x2);中國(西藏)和蒙古,2 篇(x2);中國和東南亞,1 篇(x2);中國、越南和泰國,1 篇(x3);中國、韓國和日本,1 篇(x3);中國(西藏)和緬甸,2 篇(x2);越南和中國,2 篇(x2);印度和中國,16 篇(x2)。這樣一來,《通報》所發表文章的總數就增加了 50 篇。

② "學者"一欄是指討論重要的研究學者(如沙畹、伯希和等)或學術活動(國際會議)的文章。

表3　每十年所發表文章的語言

語言 / 每十年	德語	比重	義大利語	比重	法語	比重	英語	比重	文章總數	比重
1890—1899	24	20.69%	0	0.00%	59	50.86%	33	28.45%	116	100.00%
1900—1909	16	12.70%	0	0.00%	88	69.84%	22	17.46%	126	100.00%
1910—1919	9	7.09%	0	0.00%	92	72.44%	26	20.47%	127	100.00%
1920—1929	1	1.67%	0	0.00%	44	73.33%	15	25.00%	60	100.00%
1930—1939	11	14.86%	0	0.00%	32	43.24%	31	41.89%	74	100.00%
1940—1949	8	25.81%	0	0.00%	16	51.61%	7	22.58%	31	100.00%
1950—1959	1	1.49%	1	1.49%	23	34.33%	42	62.69%	67	100.00%
1960—1969	3	4.23%	0	0.00%	18	25.35%	50	70.42%	71	100.00%
1970—1979	1	1.49%	1	1.49%	18	26.87%	47	70.15%	67	100.00%
1980—1989	4	4.88%	0	0.00%	13	15.85%	65	79.27%	82	100.00%
1990—1999	0	0.00%	0	0.00%	18	20.93%	68	79.07%	86	100.00%
2000—2009	0	0.00%	0	0.00%	6	7.41%	75	92.59%	81	100.00%
2010—2016	0	0.00%	0	0.00%	4	5.56%	68	94.44%	72	100.00%
合計	78	7.36%	2	0.19%	431	40.66%	549	51.79%	1060	100.00%

從 1949 年開始,德語越來越少被使用,一直到 1990 年代初則完全消失了。同樣,法語的使用也在逐漸地減少,與此相反,英語則從 1950—1959 的 63% 逐漸地上升到從 2000 年開始超過 90%。到二十一世紀時,德語的消失以及法語的弱勢,表明了《通報》正在變得越來越國際化(我們在稍後的結論中還會談到這一點)。不過,正如洪怡沙和魏丕信在他們共同署名的文章《〈通報〉雜志小史》中所恰當地指出的那樣,《通報》“並未喪失其歐洲的特徵”。該雜志的現任主編和

編委會成員主要還是來自於歐洲的大學,並堅持編輯、刊發"保持中國和歐洲人文科學的偉大傳統"的文章,而極力避免某些新的"意識形態的傾向"。①

三、宗教類文章與道教學的發展

《通報》中與宗教相關的文章佔總數的 19%(宗教類文章計有 197 篇,總文章數爲 1060 篇)。在三個不同的歷史時期,宗教類文章的平均數爲 1890—1919 的 17%,1920—1079 的 14%,而從 1980 年開始一直到 2016 年,這一數字增長爲 24%(參見表 4)。與《通報》整體的刊文趨勢相同,在最後的 66 年中,用德語發表的文章僅有 1 篇,而法語的文章也在逐漸減少,甚至到 2010 年後完全銷聲匿跡。而在表中,我們發現,1978 年以前的文章所感興趣的是中國歷史上出現的所有宗教。

不過,從 1980 年開始,《通報》所發表的與道教相關的文章數量有了切實的增加。儘管道教是法國學術研究的重要領域之一,但從 1990 年代開始,這一狀況却表現的比較平淡,因爲在所有與道教相關的 33 篇文章當中,衹出現了 6 位來自法國大學的研究者(英語和法語文章各佔 3 篇)。這表明,儘管直到彼時仍然發展緩慢,但從 1980 年開始,道教研究開始成爲國際漢學的一個重要研究領域。

表 4　每十年的宗教類文章

文章 / 每十年	文章總數	宗教類文章的數量	比重
1890—1899	116	20	17%
1900—1909	126	23	18%
1910—1919	127	19	15%
1920—1929	60	11	18%
1930—1939	74	8	11%
1940—1949	31	1	3%
1950—1959	67	12	18%
1960—1969	71	10	14%

① 洪怡沙(Isabelle Ang)、魏丕信(Pierre - étienne Will):《〈通報〉雜志小史》,《法國漢學》第 4 輯,第 316 ~ 317 頁。

（續表）

文章 每十年	文章總數	宗教類文章的數量	比重
1970—1979	67	15	22%
1980—1989	82	16	20%
1990—1999	86	21	24%
2000—2009	81	27	33%
2010—2016	72	14	19%
合計	1060	197	

與道教相比，佛教的狀況没有得到顯著的提升。之所以如此説，是因爲它一直處於人們的視綫當中。儘管戴密微（1894—1979）參與到了1920—1949以後重拾佛學研究興趣的思潮中，[①]但事實上，從《通報》創刊之日起，佛教研究就一直得到了不同主編的特别關注，並且直到今日也没有中斷（除1940—1949的明顯下降外）。在《通報》誕生時，佛教研究就是極爲令人感興趣的中心之一，並發了諸多分析中國與其他亞洲國家之間關聯的研究性工作（參見表5和表6）。發表佛學研究文章的傳統一直延續了下來，並在《通報》126年的出版歷史中，佔據了宗教類文章的近一半（48%）以及所有文章總數的10%。

爲了克服某些歸類上的難題，筆者創造了兩個概念，即“上古信仰”和“本地信仰”，用以集中概括那些不能被界定爲佛教或道教的不同文章的研究主題。第一個概念中聚集了最晚到六朝時期出現的諸信仰系統，包括各種經典、國家祭禮、儒家餘藴以及古代的實踐技術和地方信仰等。與此相對，第二個概念則從唐朝開始，包括所謂的“民間”或地方宗教，不同的信仰體系，甚至是精英的宗教實踐以及更晚出的儒家流派等。從1980年開始，佛教、道教、上古信仰以及本地信仰就成爲《通報》所發表的宗教類文章的四大研究主題（參見表5）。

准此，就《通報》上面所發表的文章來説，其研究興趣顯然更傾向於所謂的中國“傳統”宗教，而非中國的基督教或伊斯蘭教問題，儘管後兩者在中國的出現也已經有一千多年的歷史了。

---

① 洪怡沙（Isabelle Ang）、魏丕信（Pierre - étienne Will）：《〈通報〉雜志小史》，《法國漢學》第4輯，第311頁。

表 5　每十年的宗教類文章

每十年＼教派	佛教	道教	古代信仰	傳統信仰	基督教	清真教	神道教	猶太教	摩尼教	景教	太平天國	合計
1890—1899	13	1	4	1	0	1	0	0	0	0	1	21
1900—1909	13	0	1	0	2	4	2	0	0	1	0	23
1910—1919	11	2	0	1	4	1	0	0	0	1	0	20
1920—1929	6	0	0	1	2	0	0	1	1	0	0	11
1930—1939	4	0	3	0	1	0	0	0	0	0	0	8
1940—1949	0	0	1	0	0	0	0	0	0	0	0	1
1950—1959	9	3	1	0	2	1	0	0	0	0	0	16
1960—1969	6	4	1	1	0	0	0	1	0	0	0	13
1970—1979	9	4	0	0	0	1	0	0	1	0	0	15
1980—1989	9	7	3	0	0	0	0	0	0	0	0	19
1990—1999	9	13	7	3	0	0	0	0	0	0	0	32
2000—2009	13	13	1	5	0	0	0	0	0	0	0	32
2010—2016	6	7	0	1	0	0	0	0	0	0	0	14
合計	108	54	22	13	11	8	2	2	2	2	1	225

表 6　按教派和區域區分的文章

區域＼教派	佛教	道教	古代信仰	傳統信仰	基督教	清真教	景教	猶太教	神道教	摩尼教	太平天國	合計
中國(不含西藏)	74	53	19	11	8	6	2	2	0	2	1	178
印度與中國	13	0	0	0	0	0	0	0	0	0	0	13
中國西藏	7	0	0	0	0	0	0	0	0	0	0	7
日本	2	0	1	0	0	0	0	0	2	0	0	5

（續表）

國家或地區＼教派	佛教	道教	古代信仰	傳統信仰	基督教	清真教	景教	猶太教	神道教	摩尼教	太平天國	合計
日本與中國	3	0	1	0	0	0	0	0	0	0	0	4
韓國	1	0	1	0	0	0	0	0	0	0	0	2
中國西藏與蒙古	2	0	0	0	0	0	0	0	0	0	0	2
中亞	0	0	0	0	2	0	0	0	0	0	0	2
馬來西亞	0	0	0	0	0	2	0	0	0	0	0	2
印尼與中國	0	1	0	1	0	0	0	0	0	0	0	2
中國,韓國與日本	1	0	0	0	0	0	0	0	0	0	0	1
亞洲	1	0	0	0	0	0	0	0	0	0	0	1
泰國	1	0	0	0	0	0	0	0	0	0	0	1
印度	1	0	0	0	0	0	0	0	0	0	0	1
東南亞	0	0	0	0	1	0	0	0	0	0	0	1
蒙古	1	0	0	0	0	0	0	0	0	0	0	1
馬來西亞及中國	1	0	0	0	0	0	0	0	0	0	0	1
印尼	0	0	0	1	0	0	0	0	0	0	0	1
合計	108	54	22	13	11	8	2	2	2	2	1	225

此外,值得注意的是,從發表論文的數量來看,道教研究的興趣從 1980 年代以後獲得了顯著的提升。不僅如此,自 1990 年代開始,《通報》共計 6 位編委會成員中有 3 位是道教研究專家(伊維德、田海、高萬桑),也潛在地展現出了編委會就此而言所擁有的引導力量。

這種道教研究興趣的高漲,可與同時期法國以亞太宗教爲研究主題的博士論文等而觀之。[1] 换言之,以中國宗教爲研究主題的法語博士學位論文也大部分地偏向了道教(參見表7)。[2] 從1990年到2000年,道教研究的興趣達到了頂峰,其論文數量甚至超過了自2000年開始至2013年道教研究論文數量的總和(參見表8)。[3]

因此,傳統上由來自於荷蘭、法國兩國的兩位主編共同負責的《通報》,也就成爲了這兩個歐洲國家漢學研究中致力於道教研究的主陣地(巴黎、萊頓)。《通報》之於論文的選刊,目的是借助較少使用的資料而爲學術研究帶來新見地,因而,若論文主題重複或資料相近的話,《通報》不會予以發表。

表7 1970年到2013年法國研究亞洲宗教的博士論文

宗教 / 國家	佛教	印度教	基督教	清真教	本地宗教	道教	薩滿教	考古與祭祀	古代宗教	新宗教及邪教	其他	論文總數	比重
印度	40	94	15	12	14	0	0	2	3	0	…	190	23.20%
中國(不含西藏)	36	3	31	2	7	54	0	3	8	1	…	151	18.44%
伊朗	0	0	6	57	3	0	0	2	3	1	…	86	10.50%
日本	30	0	3	0	5	3	0	2	0	3	…	56	6.84%
韓國	10	0	17	0	3	6	6	1	1	2	…	46	5.62%
越南	4	0	14	0	12	0	0	0	0	3	…	33	4.03%

① 亞太網絡(Réseau Asie et Pacifique,自2013年GIS - Asie創建以來共同的管理者,參見www.reseau - asie.com)實施了一項"論文工具"(outil thèse)計畫,即涉及亞洲和太平洋地區地理文化領域的法語研究狀況白皮書。我們在書中找到了人文社科類論文,並挑選出了與亞洲和太平洋地區相關的法語論文。通過逐文分析,我們共計得到了6419篇論文(6025篇論文涉及亞洲地區,404篇論文涉及太平洋地區,而其中有10篇同時涉及了兩者)。本文的研究儘管並非完善,但却充分利用了從1970年至2013年在法國通過的與亞洲和太平洋地區相關的學位論文這一可資利用的信息。從整體上來説,在所有這些學位論文中,共計有643篇即10%的論文專門研究了亞太地區的宗教,其中三分之二主要討論了佛教、印度教、基督教、伊斯蘭教和道教五種宗教。值得注意的是,有一些論文同時涉及了多種宗教,共計57篇:45篇涉及兩種宗教,11篇涉及三種宗教,1篇涉及了四種宗教。不過,隨後的兩個表格却不再著重於準確的論文數量(643篇),而是一種宗教被分析的次數(714次)。

② 我們有意識地將西藏這一地理區域區分了出來,因爲與之相關的研究主要是圍繞著藏傳佛教而展開的。

③ 此一時段内的博士學位論文主要是在施舟人(Kristofer Schipper)的指導下完成的,學位獲得者大部分都擁有教師和(或)研究員的職位,從而使道教的研究和講授在法國一如在國際上那樣得到了更廣大範圍的傳播。

（續表）

國家＼宗教	佛教	印度教	基督教	清真教	本地宗教	道教	薩滿教	考古與祭祀	古代宗教	新宗教及邪教	其他	論文總數	比重
中國西藏	21	0	1	1	2	0	0	0	0	0	…	25	3.05%
亞洲	10	1	2	5	3	0	0	3	0	0	…	25	3.05%
泰國	10	1	2	1	3	0	1	0	0	0	…	18	2.20%
印尼	0	1	2	9	5	0	1	0	0	0	…	18	2.20%
柬埔寨	6	1	3	0	5	0	0	0	0	1	…	16	1.95%
…	…	…	…	…	…	…	…	…	…	…	…	…	…
合計	197	115	123	110	97	68	20	19	17	11	14	819	100.00%

表 8　1970 年到 2013 年法國研究亞洲宗教的博士論文

	1970—1979		1980—1989		1990—1999		2000—2009		2010—2013		合計	
宗教	總數	比重	總數	比重	總數	比重	總數	比重	總數	比重	總數	比重
佛教	22	25.29%	32	22.54%	49	25.93%	52	24.19%	14	17.28%	169	23.67%
印度教	17	19.54%	23	16.20%	27	14.29%	30	13.95%	10	12.35%	107	14.99%
基督教	12	13.79%	18	12.68%	30	15.87%	29	13.49%	11	13.58%	100	14.01%
清真教	10	11.49%	19	13.38%	22	11.64%	29	13.49%	19	23.46%	99	13.87%
本地宗教	11	12.64%	23	16.20%	15	7.94%	28	13.02%	9	11.11%	86	12.04%
道教	6	6.90%	9	6.34%	26	13.76%	12	5.58%	5	6.17%	58	8.12%
薩滿教	0	0.00%	4	2.82%	5	2.65%	6	2.79%	3	3.70%	18	2.52%
考古與祭祀	0	0.00%	5	3.52%	2	1.06%	2	0.93%	4	4.94%	13	1.82%
古代宗教	4	4.60%	2	1.41%	4	2.12%	6	2.79%	1	1.23%	17	2.38%
新宗教及邪教	3	3.45%	2	1.41%	2	1.06%	3	1.40%	1	1.23%	11	1.54%
…	…	…	…	…	…	…	…	…	…	…	…	…
合計	87	100.00%	142	100.00%	189	100.00%	215	100.00%	81	100.00%	714	100.00%

然而,從2000年開始,《通報》出現了一種新變化。各類文章儘管層出不窮,且涉及了整體的道教歷史,但自2007年開始,宋代以後的道教却逐漸引起了人們的研究興趣,而在隨後直至2016年的共計15篇道教文章中,宋代以後的文章有12篇。在這12篇文章中,有一半即6篇是討論與全真道相關的宗教問題。因此,與法語的博士論文相同,《通報》所刊發的論文也隨著道教研究興趣的高漲而同比例地增長。相反,從1990年到2006年,《通報》共發表道教文章28篇,其中漢、唐道教文章14篇,唐以後的道教文章也是14篇,這一時期的文章主要關注於《道藏》研究以及六朝時期三大主要教派(天師、上清以及靈寶)的歷史和儀法,但同時也涉及了中國大陸的開放以及諸多新資料的獲取。當然,這事實上也推動了明清民國時期相關研究主題的增加。因此,《通報》刊發論文的標準清晰地展示出了當前(2007—2016)道教研究的趨勢,即明顯偏向於對十四至二十世紀歷史資料的分析和研究。

除此之外,我們還可以説,《通報》在一定程度上反映了國際漢學研究的新形象,即越來越多的中國研究者投身其中。在《通報》77篇關於道教的文章中,15篇的作者是華人。不過這些作者大部分都有海外留學的經歷,已經比較瞭解西方漢學的研究情況。現在,中國大陸在道教研究方面的成果在國際道教研究中佔的比例越來越大,因爲《通報》的歷史傳統是反映學術研究的世界影響,所以最近它開始增加了對中國大陸的研究成果的關注(如:今年開始加入中文的摘要)。

四、結論

歐洲人對遠東國家的興趣,肇端於十二世紀時蒙古自東而對歐洲的入侵,隨後又從十六世紀開始隨著耶穌會傳教士的出現而與日俱增。這些傳教士爲歐洲帶來了對中國文化的深刻認識,而直到十九世紀時,近代的人文和社會科學纔取得了統治地位。在歐洲的認知歷史中,作爲當時諸多的認知傳播載體之一,創刊於1890年的《通報》是第一份專注於漢學的學術雜志。這份雜志是歐洲(荷蘭、法國、德國以及英國)偉大的漢學傳統的遺産,對此,許多偉大的漢學家憑藉各自的工作而做出了自己的貢獻。

不過,《通報》却並不僅僅是西方漢學的"遺跡"。一直以來,在博睿編輯部的陪伴下,《通報》編委會從未停止過甄選高品質且原創性的研究文章的步伐。

在雜志的指導方向上,我們區分了三個歷史時期,從起初的力圖研究中國、中亞以及位於亞洲的歐洲殖民地,一直到1978年以後的歷史時期,即《通報》的編輯路綫專門指向了中國。此外,這樣一種對《通報》的分析還表明,漢學研究在第二次世界大戰之後緊接著就同樣發生了急劇的變化。優秀的漢學研究工作不再是歐洲的特權,《通報》本身也敞開懷抱,走向了國際化。在最後的這幾十年中,它所發表的文章傾向於使用單一的交流語言:英語。

自二十一世紀初開始,《通報》迎來了自身歷史發展中一個新的轉捩點,且對這種轉折的逆動幾乎不再可能實現,即在當今世界不同的大學中,德語和法語都不再是漢學研究的必修科目之一。相反,自 2018 年開始,《通報》將在所發表的文章中增加漢語摘要。漢語的加入,反映了近年來中國漢學研究的顯著增長。儘管思維方式有所不同,但中國的漢學研究水準還是在快速地前進。當然,大部分曾在《通報》刊發過文章的華裔學者都有在海外大學授課的經歷,且作爲事後總結,我們可以説,他們所使用正是在西方發展起來的社會科學方法。

此外,從 1980 年代開始,《通報》中與宗教相關的論文開始集中於所謂的中國"傳統"宗教,尤其是道教研究。然而,自二十一世紀肇端之時,分別圍繞道教發展自漢至唐的第一時期以及其後自宋至民國時期發展狀況而展開討論的平衡被打破了。作爲國際漢學研究的標杆,《通報》中與宗教相關的文章首先見證了道教研究興趣的增長,但同樣也展示了近年來帝制晚期(明、清和民國時期)道教研究的重要性。

(責任編輯:秦國帥)

王重陽與全真七子研究綜述

□韓占剛

摘要：近一百多年來，有關全真道的研究成果極其豐碩，這其中與王重陽和全真七子相關的早期全真道研究成果更是突出。以王重陽和全真七子爲中心，通過宗教史研究、宗教思想研究以及宗教文學研究三個方面的梳理，可以發現與王重陽和全真七子相關的研究成果有這樣的特點：以人物來看，主要集中在王重陽和丘處機身上；以内容來看，主要集中在宗教思想和宗教史方面；以文體來看，則主要集中在詩詞研究上。然而，對於王重陽與全真七子在詩詞中所作的"自傳"，却還重視不够，缺乏系統的挖掘。對與王重陽和全真七子相關的傳記、雜劇、寶傳、小説等也缺乏系統的研究。研究者對於相關的文獻，大多都是直接引用，對於其本身並没有深入的考察，更不必説打破各種文體之間的限制，將其視爲整體，做深入、完整的研究。另外，圖像、書法、民俗等跨學科的研究還有待加强。

關鍵詞：王重陽　全真七子　全真道　研究綜述

作者簡介：韓占剛，男，1989 年生，河北邯鄲人，華東師範大學人文社會科學學院中文系古籍研究所 2016 級博士研究生，研究方向爲中國宗教與文學。

隨著全真道研究成果的不斷增多，近年來一些關於全真道研究的綜述文章也開始陸續出現。王曉穎大致對 1989 年到 2009 年之間的全真道研究成果做了分類評述。[①] 陳明、吕錫琛比王曉穎上溯了 20 年，主要分國内與國外，介紹全真道的研究情況。[②] 張廣保将時限上溯到 1879 年，止於 2009 年左右，分開創期、奠基期、復蘇期、全面發展期，對全真道的諸多研究成果進行了歷時性的評述。[③] 劉

① 王曉穎：《全真道研究綜述》，《才智》2009 年第 3 期。

② 陳明、吕錫琛：《全真道研究綜述》，《世界宗教研究》2010 年第 5 期。

③ 張廣保：《全真教研究述評》，《中國史研究動態》2009 年第 4 期。

永海則單獨對丘處機的研究情況做了介紹。[①] 另外，羅争鳴對2005到2012年間的金元全真道詩歌研究情況，也有过一些總結和思考。[②]

以上的這些綜述文章，以及牟鍾鑒等《全真七子與齊魯文化》所附的“全真道研究論著要目”，郭武《丘處機學案》所附的“有關丘處機研究之成果目録”等，爲相關研究資料的彙集提供了重要綫索。在這些成就與問題並存的全真道研究成果之中，與王重陽和全真七子相關的部分最爲突出。這與他們的身份也是相匹配的，因爲他們八人分别爲全真道的祖師與早期大宗師，相互之間的關係又錯綜複雜，完全可以作爲一個整體來進行考察。下面就以王重陽與全真七子爲中心，主要從宗教史研究、思想研究以及文學研究三個方面，對相關的研究成果做一下梳理和概括。

一、道教史研究中的王重陽與全真七子

1879年，全真龍門派的陳銘珪作了《長春道教源流》一書，有學者將其視爲全真道研究的開山之作。[③] 該書共八卷，匯録了王重陽、全真七子，以及不少全真龍門派高道的傳記資料，並對一些史實進行了考辨。作爲全真龍門派的後學，由於局限於“自家”的宗派觀念，陳銘珪的一些觀點是值得商榷的。比如，他堅持認爲王重陽曾反抗金朝就是子虚烏有，這通過王重陽的一些詩詞也能得到印證。陳垣先生的《南宋初河北新道教考》(1941)，以專題的形式對全真道、真大道、太一道做了詳細的考察。陳垣利用了大量的金石資料，取材更加廣泛，研究也進一步深入。但因爲特定的歷史原因，陳先生用“南宋初”而不用“金”，對於部分史實的考證也有失實。比如，王重陽並未以宋朝遺民自居，也並未有反金的意圖。趙衛東《金元全真道教史論》與張廣保《全真教的創立與歷史傳承》。對全真道的歷史進行了專題式的研究，對諸如“三州五會的建立”“五祖七真的形成”“全真七子拜師順序”“全真教大宗師的傳承”“早期全真道戒律的形成”“全真内丹學”等問題進行了探討。其中，張廣保的論述還大體勾勒出了全真教傳承的歷史輪廓。牟鍾鑒等著《全真七子與齊魯文化》則重點梳理了全真道與齊魯文化的關係，對早期全真道在山東的歷史做了詳細論述，對以往的道教史研究有所補充。

---

① 劉永海：《丘處機研究綜述》，《中國史研究動態》2012年第2期。

② 羅争鳴：《宋金元時期道教與詩歌研究的回顧與思考(2005—2012)》，《貴州社會科學》2013年第6期。

③ 張廣保：《全真教的創立與歷史傳承》，北京：中華書局，2015年，第2頁。

該書對全真道在山東創建時的社會背景,以及全真七子的思想特色亦有論及,書後還附録了不少相關全真道研究論文、專著的目録。卿希泰、任繼愈分别主編的《中國道教史》、趙芃的《山東道教史》,相關章節對早期全真道的歷史也有所論及。

另外,關於全真道初創時的研究成果也有一些,並且集中在二十世紀的後半葉。其中較早的是日本學者吉岡義豐的《全真教的成立》(1952)和漥德忠的《中國的宗教改革——全真教的創立》(1967),兩書分别從當時的社會狀況和三教關係分析了全真教成立的思想及社會文化背景。稍晚還有郭蓉蓉的《全真教之創立與盛行》,詹石窗的《全真道的創立及其特點》,閔智亭的《全真派創立的時代背景和對道教的更新發展》,潘雨廷的遺作《南宋初全真道的創教過程》以及周立昇《行願與修證——王重陽的創教與修真》①等。朱越利的《有關早期全真教的幾個問題》②對丘處機西行動機、西遊成功的主觀條件進行了分析,認爲早期全真教已使用符籙。日本學者福井文雅則探討了王重陽創教時所宣導的三教合一與禪宗的關係,認爲禪宗重視"色即是空、空即是色",而王重陽却重視"心無掛礙",全真教的教理重視"心"③。舒焚對全真教在金朝的出現、師傳、文獻、宗旨,以及王重陽的詩文作了考察,並對"全真"二字的含義作了新的解釋。④ 姜守誠對全真道"三州五會"的建立、構成、影響等作了一些考察。⑤ 日本學者蜂屋邦夫通過王重陽和全真七子考察了全真教草創期的信仰對象,認爲初期全真道的信仰對象並不明晰,對王重陽和七真來説,認識自身内在的"本來面目"比依存於神格更爲重要,並指出,太上老君是他們最崇奉的神祇。⑥ 高良荃從民族矛盾所引起的動盪社會環境,儒家文化失重所導致的多元文化空間的形成,以及全真教適應社會潮流的成熟圓融的理論三個方面,對全真教的興起原因做了論述⑦。周立昇《全真道的創建與教旨》⑧也是與此相關的文章。另外,張應超從創建教團、訂立教規、選拔和培養全真道骨幹人物、内丹修煉、撰寫道教著作五個方面討論了王

① 分别見:《道教學探索》1988 年 1 號;《中國哲學史研究》1989 年第 1 期;《道教文化》1991 年第 3 期;《中國道教》1992 年第 3 期;丁鼎主編:《崑崙山與全真道——全真道與齊魯文化國際學術研討會論文集》,北京:宗教文化出版社,2006 年,第 145 頁。

② 朱越利:《有關早期全真教的幾個問題》,《中國文化研究》1994 年第 4 期。

③ 〔日〕福井文雅:《佛教與全真教的成立》,《世界宗教研究》1996 年第 2 期。

④ 舒焚:《金全真道及其創始人王哲》,《湖北大學學報》1997 年第 4 期。

⑤ 姜守誠:《全真道三州五會考略》,《宗教學研究》2000 年第 2 期。

⑥ 〔日〕蜂屋邦夫:《全真教草創期的信仰對象》,《宗教學研究》2000 年第 4 期。

⑦ 高良荃:《試論金元時期全真教興盛的原因》,《山東大學學報》2001 年第 2 期。

⑧ 《文史哲》2006 年第 3 期。

重陽對全真道創立和發展的貢獻。[①] 唐麗沙的碩士學位論文《王重陽與全真教的創立》[②],以及湯其領《王重陽與全真道之創立》、鍾海連《王重陽與全真道的初期傳播》也是此類的文章。在這一方面,有關王處一的研究成果以臺灣居多,如趙鈞波《全真道崙山派的創始人王玉陽行道蹤跡初探:兼論其在中國道教史上的地位》,以及劉焕玲《全真教體玄大師王玉陽之研究》《齋醮與全真教初之傳佈:以王玉陽爲例》《全真教初期的困境與王玉陽之貢獻》[③](這幾篇文章筆者尚未目睹)。劉焕玲還認爲王處一鞏固了山東全真教的大後方,爲日後全真教在北方全面發展,以及馬丹陽、丘處機返歸山東後的弘教奠定了基礎。[④] 在劉焕玲之前,趙衛東有梳理過王處一前後五次被金廷宣見的經過,以及王處一對全真教發展所做的貢獻。[⑤] 趙榮珦《道教"七真"劉、譚、孫傳道洛陽考》[⑥],以及李曉艳的碩士學位論文《金元時期河南全真教的傳播研究》[⑦],則對早期全真道在洛陽的傳播進行了考察。相關文章還有張曉松《論馬鈺在全真教中的作用與地位》、梁淑芳《論馬鈺在關中的修道與傳教生活》、尹志華《丘處機與全真道在燕京的發展》、鍾海連《丘處機與全真道教團管理制度的創建和成熟》、趙玉玲《金元全真道社會功能探析》[⑧]等。

關於全真道宗祖譜系形成的文章有馬頌仁《七真各自的思想特色、活動的再評價——兼論四哲、七真説的出現過程》、張廣保《蒙元時期全真宗祖譜系形成考》[⑨]、樊光春《〈全真列祖賦〉所述人物考》、郭武《全真七子"入門"次序略考》、吴光正與王一帆《鍾吕傳説與金代全真教的譜系建構》[⑩]等。趙衛東《金元全真道教史論》、張廣保《全真教的創立與歷史傳承》也均有專章討論全真道宗祖譜系

① 張應超:《王重陽對全真道創立和弘揚的重大貢獻》,丁鼎主編:《崑崙山與全真道——全真道與齊魯文化國際學術研討會論文集》,第160頁。

② 分别見:《河南科技大學學報》2003年第4期;《漳州師範學院學報》2010年第2期。

③ 分别見:《道教文化》1991年第4期;成功大學歷史研究所碩士學位論文,1994年;《"宗教與心靈改革研討會"論文集》,臺灣:高雄道德院,1997年;《道教歷史與文學》,臺灣南華大學宗教文化研究中心,2000年。

④ 劉焕玲:《光大全真教門的奠基者——王玉陽》,《湖南科技學院學報》2009年第9期。

⑤ 趙衛東:《王處一五次被宣與全真道的發展》,《齊魯文化研究》第二輯,濟南:齊魯書社,2003年,第118頁。

⑥ 《中國道教》2001年第5期。

⑦ 山東大學碩士學位論文,2014年。

⑧ 分别見:《中國道教》2004年第3期;趙衛東主編:《全真道研究》第6輯,濟南:齊魯書社,2017年,第40頁;《中國道教》2005年第6期;《學海》2011年第3期;《河南師範大學學報》2013年第6期。

⑨ 兩文見盧國龍編:《全真弘道集》,香港:青松出版社,2004年。

⑩ 分别見:《中國道教》2004年第1期;丁鼎主編:《崑崙山與全真道——全真道與齊魯文化國際學術研討會論文集》,第29頁;趙衛東主編:《全真道研究》第4輯,濟南:齊魯書社,2015年,第78頁。

的形成問題。此外,郭武對英國牛津大學博德利圖書館收藏的《金蓮正宗仙源圖讚》碑文拓片進行了考察,並結合其他史料,認爲"全真七子"各自的宗派字譜在明代嘉靖年間就已經完整地出現,這一方面是教團内部師承混亂有强化内部認同的需要,另一方面也與明初政府加强宗教管理以及頒行《周知册》有關。① 趙衛東還曾對全真道宗派問題研究做過總結回顧。②

另外,有關全真道與金元政府關係的成果也有一些,如郭旃《全真道的興起及其與金王朝的關係》③,以及鄭素春的碩士學位論文《全真教與元代帝室之關係》(1985)、博士學位論文《全真教與大蒙古國帝室》、肖鑫的碩士學位論文《全真教在元朝中後期與政府關係研究》④等。張廣保的《全真教的創立與傳承》也有專章討論相關問題。

以上所述與宗教史相關的全真道研究,通常都會涉及王重陽和全真七子。此外還有一些以王重陽和全真七子生平事蹟爲主的成果。如郭武《全真道祖王重陽傳》⑤、于國慶《甘水仙源——王重陽的全真之路》⑥皆以史料爲基礎勾勒王重陽的主要事蹟。此外,唐代劍對王重陽的生平事蹟、家世、科舉、官職及其創立全真教的過程和社會背景作過考述。⑦ 樊光春認爲王重陽受吕洞賓、劉海蟾點化的説法是後世據王重陽的學術傳承做出的推斷。⑧ 趙國慶從分析王重陽《踏莎行・别道友遊白鹿觀》一詞入手,對王重陽遊賞驪山並訪道白鹿觀之事進行了考證。⑨ 趙衛東對馬鈺仙體安葬與遷移的問題有過詳細考證。⑩ 此外,還有宋福利《王重陽入道時間及早期道號考》⑪等。

關於丘處機生平事蹟的研究成果更多。單今人所撰的丘處機年譜、傳記就有多種,如姚從吾《東北史論叢》下册之《元邱處機年譜》⑫、朱紹顯《道教全真大

① 郭武:《〈金蓮正宗仙源圖讚〉碑文與明清全真道宗派"字譜"》,《世界宗教研究》2017 年第 2 期。

② 趙衛東:《全真道宗派問題研究回顧與展望》,《回顧與展望——青城山道教學術研究前沿問題國際論壇文集》,成都:巴蜀書社,2016 年,第 98 頁。

③ 《世界宗教研究》1983 年第 3 期。

④ 内蒙古大學碩士學位論文,2014 年。

⑤ 香港中華書局,2001 年。

⑥ 宗教文化出版社,2011 年。

⑦ 唐代劍:《王喆生平事蹟考述》,《宗教學研究》2001 年第 1 期。

⑧ 樊光春:《王重陽終南遇仙的幾個問題》,《華中師範大學學報》2009 年第 1 期。

⑨ 趙國慶:《王重陽詩詞中有關白鹿觀情況的考述》,《宗教學研究》2015 年第 4 期。

⑩ 趙衛東:《馬鈺仙體事件始末考》,《道在養生——第四屆中國(成都)道教文化節高峰論壇暨道教研究學術前沿國際會議論文集》,成都:巴蜀書社,2015 年,第 493 頁。

⑪ 《新鄉學院學報》2018 年第 2 期。

⑫ 臺灣正中書局,1959 年。

師丘長春》。[①] 王民信《邱處機》[②]、趙益《丘處機——一個人與一個教派的傳奇》[③]、趙衛東《丘處機與全真道》[④]、常大群《全真脊樑——丘處機大傳》[⑤]等。這些著作大多以相關史料爲依據,勾勒丘處機的生平事蹟。曾却《丘處機兩遊嶗山本事和幾個有關的問題》《泰山丘處機遺跡真僞辨》對丘處機遊泰山、嶗山之相關事蹟進行了考辨。[⑥] 舒天嘯《長春丘真人"磻溪六年"述略》《長春丘真人"龍門七載"述略》《長春丘真人"振教祖庭"述略》[⑦]分别概述了丘處機在磻溪、龍門和終南時的事蹟和傳教經歷。類似的考證文章還有麻天祥《丘處機二入關中與全真道的發展》、佟柱臣《成吉思皇帝賜丘處機聖旨石刻考》、李喬《邱處機被北京玉器業奉爲祖師考述》[⑧]等。

關於丘處機西行面見成吉思汗一事,相關文章就更多,如劉直《丘處機與成吉思汗》、劉鳳鳴《我之帝所臨河上,欲罷干戈致太平——丘處機遠赴成吉思汗行營的動因》、趙文坦《成吉思汗與丘處機關係辨析》、夏當英《成吉思汗禮遇丘處機分析——以權力與宗教互動的視角》[⑨]等。然而,除了一些史實分析之外,類似文章更多的是些歌頌之詞。楊訥於 2002 年、2007 年先後發表了兩篇辨僞的文章,其《丘處機"一言止殺"再辨僞》[⑩]從考辨與解讀最早的資料入手,揭示丘處機"一言止殺"故事的産生與發展過程,以爲這是丘處機後繼者炮製的謊言。趙衛東《金元全真道教史論》對此事也有考辨,相比於楊訥來説,趙衛東持一種較爲中和的態度。另外,關於《長春真人西遊記》的研究也有不少,但多集中在它的文獻價值方面,申喜萍則對該書的藝術特徵進行了初步的探討。[⑪]

另外,王育成《明代彩繪全真宗祖圖研究》[⑫]對明代《寶善卷》與《御製全真群仙集》中的圖像進行了研究,書後還附録了相關的彩圖。申喜萍結合《道藏》、壁

---

① 臺灣商務印書館,1982 年。

② 臺灣商務印書館,1987 年。

③ 江蘇人民出版社,1999 年

④ 山東文藝出版社,2004 年。

⑤ 宗教文化出版社,2011 年。

⑥ 曾却:《棲霞歷史人物》,煙臺:山海書社,1992 年,第 54、68 頁

⑦ 分别見:《中國道教》1995 年第 3 期、1996 年第 3 期、1999 年第 4 期。

⑧ 分别見:《人文雜志》1992 年第 2 期;《文物》1986 年第 5 期;《中國道教》1987 年第 3 期。

⑨ 分别見:《二十一世紀中國道教展望——茅山中國道教文化研討會會議論文集》,2001 年,第 119 頁;《魯東大學學報》2008 年第 1 期;《東嶽論叢》2009 年第 10 期;《温州大學學報》2011 年第 3 期。

⑩ 《中華文史論叢》2007 年第 1 期。

⑪ 申喜萍:《〈長春真人西遊記〉的藝術特徵》,《宗教學研究》2006 年第 4 期。

⑫ 中國社會科學出版社,2003 年。

畫等文獻和繪畫資料，對王重陽繪畫作品所表達的主題、作用等進行了分析。[1]劉連香對洛陽譚處端、丘處機所書金代石碑，從書法的角度做了考察[2]。劉科的博士學位論文《金元道教信仰與圖像表現——以永樂宫壁畫爲中心》[3]對永樂宫的壁畫進行了考察。吴端濤的博士學位論文《蒙元時期山西地區全真教藝術研究》[4]也有專章對永樂宫重陽殿的壁畫進行了分析，還結合相關文獻對孫不二的形象演變進行了論述。

二、道教思想研究中的王重陽與全真七子

1992 年，日本汲古書院刊行了蜂屋邦夫的《金代道教研究——王重陽與馬丹陽》，作者自言該書出版以後在日本並没有引起太大的反響。中國社會科學出版社於 2007 年出版了中譯本，譯者爲蜂屋邦夫的學生欽偉剛。該書主要探討了王重陽與馬鈺的生平和教義。生平部分使用了傳記、詩詞等各種材料，教義部分則主要以詩文爲主。作者自稱在傳記資料以外，把詩詞當成第一手資料，想通過這樣的研究，盡可能接近他們的宗教精神本身。該書的姊妹篇《金元時代的道教——七真研究》於 1998 年由日本汲古書院刊行。齊魯書社於 2014 年出版了中譯本。該書的"七真研究"其實是對除馬丹陽以外的"六真"的研究，研究方法、思路與前書一致。這兩本書均由"考論"與"資料"兩部分構成。"考論"部分爲相關研究人物的生涯和教説，"資料部分"則對他們的詩詞做了編號和初步整理。總的來説，蜂屋邦夫的研究細緻深入，對王重陽和全真七子的一些生平事蹟，尤其是宗教思想做了細緻的梳理。鄺國强《全真北宗思想史——王重陽、邱處機對教理的發展》[5]也是較早的全真道思想研究著作，主要對全真思想的淵源及王重陽、丘處機對教理的興革與救世濟人的貢獻進行了闡述。陳俊民以史志材料爲基礎，對以王重陽和丘處機爲主的早期全真道的思想源流做了考論，認爲全真道是民族矛盾尖鋭化的産物，"三教圓融"既是特定社會政治的産物，同時也是唐宋道教"弊極而變"的必然結果[6]。師道剛通過對陳垣《道家金石略》中所收

① 申喜萍:《王重陽繪畫作品考述》,《世界宗教研究》2015 年第 1 期。
② 劉連香:《譚處端丘處機書金代石碑初論》,《中國國家博物館館刊》2014 年第 2 期。
③ 中央美術學院博士學位論文,2012 年。
④ 中央美術學院博士學位論文,2014 年。
⑤ 中山大學出版社,1993 年。
⑥ 陳俊民:《全真道教思想源流考略》,《中國哲學》第十一輯,北京:人民出版社,1984 年,第 140 頁。

元好問、劉祁、杜仁傑三篇佚文進行考察,論證了全真教在歷史發展中的積極作用,並認爲遼、金、元統治時期,北方儒學有一股援佛道思想入儒的思潮,全真教在這個思潮中起了促使民族融合的關鍵作用。[①] 張廣保《金元全真道内丹心性學》[②]不僅闡釋了道教内丹心性論的基本内容,而且還對王重陽及以後全真各派心性論的特點做了分析。該書在結構上分爲歷史篇、心性篇與比較篇。歷史篇梳理了金元時期全真道的創建與傳播的歷史。心性篇分析了丹陽派、龍門派、盤山派和後期江南全真道的心性理論。比較篇則將全真道的内丹心性理論分别與理學、禪宗做了比較。此外,孫亦平認爲全真道能順應時代發展的需要,融合三教並從人的心性上探討生命超越的可能,這改變了傳統道教"得道成仙"的内涵,對道教的發展産生了重要的影響[③]。唐代劍《王嚞丘處機評傳》[④]則以宗教改革爲核心,評述了王嚞、丘處機三教圓融思想、内丹心性理論、教義教制觀、倫理道德、教育思想及其對中國社會的影響,勾勒出了他們的思想框架,展示了早期全真教的思想來源和基本内容。蘇德樸(Eskildsen Stephen)的《早期全真道宗師的教義和實踐》[⑤]從心性鍛煉、禁欲主義、養生、神秘體驗、死亡、傳道、儀式等方面對全真道宗師的教義和實踐進行了考察,以爲全真道宗師不僅通過冥想,也通過日常生活進行心性訓練。丁原明等著《早期全真道教哲學思想論綱》[⑥]考察了早期全真道在山東創建時的社會、文化和道教背景,並對王重陽和全真七子的哲學思想逐一做了梳理。李延倉《早期全真道教思想探源》[⑦]採取"溯流而上"的方法,追尋全真道的思想淵源,指出全真道的理論不是包容儒、釋、道的"雜家",而是有一以貫之的中心思想,即以内丹修煉爲中心的成仙證真信仰。在具體的論述上,則是對全真道的各種思想淵源——儒學、道家思想、重玄學、内丹學、佛學、易學等分别加以考察。王廷琦的博士學位論文《金元全真心學研究》[⑧]從史、論結合的角度,研究了全真道的心性思想,勾勒了全真心學的總體風貌。劉恒《心性靈明之階——早期全真道情欲論思想研究》[⑨]則從現代心理學、生理學的角度,對王重

---

① 師道剛:《金元之際儒學與全真教的關係》,《山西大學學報》1992 年第 4 期。

② 生活・讀書・新知三聯書店,1995 年。

③ 孫亦平:《論早期全真道心性論的理論指歸——從人的本真的生命存在中去追求生命的超越》,《南京大學學報》1997 年第 4 期。

④ 南京大學出版社,2000 年。

⑤ *The Teachings and Practices of the Early Quanzhen Taoist Masters*,紐約州立大學出版社,2004 年。

⑥ 齊魯書社,2011 年。

⑦ 齊魯書社,2014 年。

⑧ 中央民族大學博士學位論文,2005 年。

⑨ 巴蜀書社,2010 年。

陽和全真七子的心性修煉思想做了探討。夏當英《中國傳統社會宗教的世俗化研究——以金元時期全真教社會思想與傳播爲個案》[①]從社會學的角度,對早期全真道的社會思想和傳播做了研究,以爲全真道的社會思想既有超越性又有世俗性,而世俗性是理解全真道的行爲與教義的邏輯起點。關於全真道思想與佛教的關係,孫亦平認爲早期全真道援佛入道,調整了傳統道教追求肉體成仙的價值取向,使道教的修行理論産生了質的飛越,由對形而下之術的探求轉向了形而上的心性修養。[②] 而聶清則以爲,全真與禪宗心性思想關聯的複雜性在於,禪宗内部很多派系本身就吸收了源自先秦道家人性思想的性净塵染觀念。所以,全真與禪門某些觀點的近似,未必全然是出自對佛教的吸收,而很可能源於全真與禪門某些觀點有著相同的源頭。[③] 相關文章還有韓星《全真道三教合一的理論特徵》、夏當英《女性視角下的全真教修道觀》、常大群《清净家風:王重陽與七真的丹法關要》[④]等。卿希泰主編的《中國道教思想史》,對王重陽和全真七子的思想也有涉及。吕錫琛和胡孚琛合著的《道學通論》也有介紹。下面分别介紹那些單獨對於王重陽、丘處機、馬鈺等思想所做的研究。

單獨對於王重陽思想的研究如下:孔令宏以王重陽的思想爲主,對全真道北宗的思想,從"識心見性"的心性論、先性後命的修道論、真功真行合一的功夫論三個方面做了探討,比較了北宗與南宗思想的異同以及北宗在思想史上的地位[⑤]。余虹以爲王重陽在人格上表現出一種"狂顛"的特徵,其狂顛人格經歷了一個由"人"之狂顛到"仙"之狂顛的演變過程。這一演變是王重陽自覺的宗教追求的結果,也是王重陽審美人格的形成過程。[⑥] 若水認爲王重陽"心本是道,道即是心"的心體説,不僅宗承了莊子哲學歸道入心的趣向,而且也是重玄學關於心道關係理論發展的必然邏輯。[⑦] 白如祥認爲王重陽從内丹的立場出發,以真性爲成仙的根據,吸收融合禪宗、儒家的心性思想,提出成仙必須明心見性、性命雙

---

① 巴蜀書社,2010 年。

② 孫亦平:《論全真道對佛教的借鑒與吸收》,趙衛東主編:《全真道研究》第一輯,濟南:齊魯書社,2011 年,第 37 頁。

③ 聶清:《初期全真教心性論與禪宗的關聯》,丁鼎主編:《崑嵛山與全真道——全真道與齊魯文化國際學術研討會論文集》,第 140 頁。

④ 分别見:《蘭州大學學報》2011 年第 5 期;《安徽大學學報》2011 年第 6 期;《宗教學研究》2009 年第 1 期。

⑤ 孔令宏:《王重陽與全真教北宗的思想略論》,《杭州師範學院學報》2003 年第 3 期。

⑥ 余虹:《王重陽"狂顛"人格之審美意藴——全真道審美人格建構(之一)》,《四川師範大學學報》2005 年第 3 期。

⑦ 若水:《王重陽的心體説及其理論淵源》,《中國道教》2006 年第 5 期。

修，宣揚人人皆可成仙，構建起了全真教的内丹心性論思想體系，最終取代了追求肉體長生不死這一傳統道教成仙觀念。[①] 熊鐵基對王重陽的詩詞進行了考察，認爲其"全真"是全三教之真、全老莊之真和全心性之真。[②] 鍾海連認爲王重陽以"全真而仙"爲核心的修道論，實現了對老莊思想的復歸與超越，增强了道教的普世性，提升了道教的思想水準。[③] 劉恒認爲"全真"一詞有保全真性、投真换假，真功真行俱全，全精全氣全神三方面的含義，並指出這三种含義是相互統一的，衹是從不同的角度進行詮釋而已。全真就是通過識心見性找到真正的自我（真性），並以真性統率真氣，投真换假，使人的精、氣、神統一於一靈真性，達到生命層次的超越和至真至善至美的理想人格。[④] 史冰川則對王重陽平等思想的產生背景、内涵進行了探析。以爲這一平等思想體現在人與自然的關係上，就是萬物平等，没有高下；體現在與其他教派的關係上，則是儒、釋、道三家圓融平等；而在處世待人上，就要平等待人，不分人之貴賤高低，均須恭敬處之。[⑤] 白如祥認爲王重陽要求全真教徒出家，並不是要其出世，而是要其在心地上超凡脱俗。王重陽的理想神仙境界是思想上出世，行動中入世，出世與入世有機結合。[⑥] 鍾海連認爲全真道社會思想的核心，是關於世俗社會生活在全真成仙過程中的價值問題。創教之初，王重陽的社會思想具有明顯的出世特徵。而至丘處機執掌全真道時，其社會思想有著鮮明的積極入世特點。[⑦] 陳翠芳《論王喆的道教教育思想》[⑧]、史冰川《王重陽人才教育思想分析》[⑨]則對王重陽的教育思想做了探討。另外，還有白如祥《王重陽道教思想研究》[⑩]、劉焕玲《王重陽與全真道之研究》[⑪]、龍騰《王重陽倫理思想研究》[⑫]、何文倩《王重陽出家思想研究》[⑬]、林漢標《場有哲學與王重

---

① 白如祥：《王重陽心性思想論綱》，《理論學刊》2007 年第 7 期。

② 熊鐵基：《試論王重陽的"全真"思想》，《世界宗教研究》2008 年第 2 期。

③ 鍾海連：《復歸與超越：王重陽修道論與老莊思想的關係》，《宗教學研究》2010 年第 1 期。

④ 劉恒：《全真主旨新探》，《齊魯文化研究》第九輯，濟南：齊魯書社，2010 年，第 298 頁。

⑤ 史冰川：《王重陽平等思想探析》，《宗教學研究》2008 年第 2 期。

⑥ 白如祥：《出世與入世的有機結合：王重陽倫理思想之特色》，《理論學刊》2008 年第 9 期。

⑦ 鍾海連：《早期全真道社會思想的演變及其原因初探——以王重陽、丘處機爲中心》，《江西社會科學》2009 年第 11 期。

⑧ 見陳德安、齊峰主編：《道家道教教育研究》，北京：教育科學出版社，1997 年，第 267 頁。

⑨ 《民族教育研究》2009 年第 4 期。

⑩ 山東大學博士學位論文，2002 年。

⑪ 中國社會科學院博士學位論文，2008 年。

⑫ 中南大學碩士學位論文，2006 年。

⑬ 南京大學碩士學位論文，2010 年。

陽内丹思想之比較研究》[1],以及徐長波的《先秦儒家與王重陽死亡觀之比較》[2]等。

單獨關於丘處機思想的研究如下:郭武對丘處機的宇宙觀、宗教人生觀、成仙學説及修行方法、政治和倫理學説等相關道教思想做了簡要的評述。[3] 鄧紅蕾對丘處機的教育思想做了初步的探討。[4] 左洪濤以爲丘處機的某些詞有明顯的文人化傾向,主要表現了全真道成仙證真、内修心性、外修功行、三教合一等思想,反映了全真道與舊道教不同的教義和教制,同時也反映了丘處機對全真道宗教思想的發展以及他對全真道的貢獻。[5] 左洪濤還對丘處機道教詞所表現的苦修進行了考察,認爲其詞作主要表現了全真道内修心性、外修真功等宗教思想,其外修真功部分主要反映了丘的交遊和齋醮活動,並還認爲表現其苦修的詞也反映了全真道森嚴的教制教規。[6] 申喜萍認爲丘處機在和成吉思汗的交談中反映出了社會内容美的思想,在修煉内丹過程中體現出了内丹模糊美的思想。[7] 余虹以爲"濟世"是丘處機一生的主要人格特徵,並從中探求了全真道的宗教美學思想。[8] 周立昇以爲丘處機結合自身的修煉實踐對道家的和諧觀作出了創造性發展,全真道的和諧思想主要體現在自然和諧、社會和諧、人際和諧與身心和諧四個方面。[9] 吴成國《丘處機和諧觀與老莊思想論略》[10]屬同類。趙衛東認爲丘處機重視養生,提出了順任自然、清心寡欲、煉養合一、德養結合的養生思想,把成仙與養生統一了起來,解決了全真道在養生與成仙之間所産生的理論矛盾。[11] 趙玉玲《論丘處機"衛生之道"》[12]屬同類。另外,趙玉玲還對丘處機的道教信仰、修道思想、傳道思想,及其道教思想的歷史地位做過分析。[13] 梁繼超的碩士學位

---

① 中山大學碩士學位論文,2011 年。

② 《平頂山學院學報》2014 年第 4 期。

③ 郭武:《丘處機道教思想述評》,《宗教學研究》1994 年第 1 期。

④ 鄧紅蕾:《論丘處機道家道教教育文化學的思想特色》,見陳德安、齊峰主編:《道家道教教育研究》,第 315 頁。

⑤ 左洪濤:《丘處機道教詞思想探析》,《湖南大學學報》2002 年第 2 期。

⑥ 左洪濤:《從丘處機道教詞看其苦修》,《天津大學學報》2002 年第 4 期。

⑦ 申喜萍:《丘處機的美學思想試探》,《宗教學研究》2002 年第 3 期。

⑧ 余虹:《丘處機"濟世"人格的審美意藴———全真道審美人格建構(之一)》,《宗教學研究》2004 年第 4 期。

⑨ 周立昇:《長春真人的和諧觀》,《魯東大學學報》2008 年第 1 期。

⑩ 《宗教學研究》2009 年第 3 期。

⑪ 趙衛東:《丘處機養生思想略論》,《山東師範大學學報》2008 年第 1 期。

⑫ 《信陽師範學院學報》2014 年第 1 期。

⑬ 趙玉玲:《悟道・修道・弘道——丘處機道論及其歷史地位》,成都:巴蜀書社,2012 年。

論文《丘處機的道教哲學思想研究》[①]對丘處機的道教哲學思想也有一些分析。此外,楊潤梅對丘處機所提出的“海潮應月而生”的觀點進行了論證。[②]

單獨關於馬鈺等人的思想研究如下:張强的博士學位論文《馬鈺“全真”思想研究》[③]對馬鈺的修道歷程、思想特色、“真性”本體論、清静煉養論、全真倫理思想、教化方式,以及對全真道的發展貢獻等做了論述,論文還附録了馬鈺年譜及馬鈺弟子考略。張成的碩士學位論文《丹陽子馬鈺研究》[④]對馬鈺的修道歷程、修道思想、教化思想做了考察。楊兆華《馬鈺研究》[⑤]對馬鈺的内丹思想、教育思想、三教合一思想、文學思想、男女平等思想,及其對早期全真道發展的貢獻做了考察。楊兆華從馬鈺勸化孫不二入道、指導孫不二修煉及對其他女性的勸化,闡述了馬鈺對女性的尊重及希望女性打破社會束縛的觀點。[⑥] 劉焕玲以爲馬鈺創立的全真清净家風,主要來源於其個人離俗出家的修真悟道之路。[⑦] 趙芃概述了譚處端《水雲集》中的一些養生思想和生態觀。[⑧] 趙衛東以爲譚處端的全真思想雖然在創造性上明顯不足,但在早期全真道的思想中有承上啓下的作用。[⑨] 白如祥以爲譚處端繼承了王重陽“全真而仙”的思想,以人的真性爲成仙的根據,徹底拋棄了肉體成仙的觀念,同時又把修性歸結爲修心,提出成仙必須明心見性、自我覺悟,這種思想深受佛教禪宗的影響,也合乎道家清静無爲的精神。[⑩] 鄺明威的碩士學位論文《譚處端研究》[⑪]對譚處端入道的時代背景、生平著作,尤其是其道教思想做了初步的闡釋。劉恒從心性修煉出發,對譚處端“鬥是”的内涵進行了辨析,認爲“是”指心中的情思雜念,“鬥是”指“鬥戰無明”,以道心化解情思舊欲。[⑫] 王文文的碩士學位論文《王處一全真思想研究》[⑬]對王處一的生平和思想

---

① 湖南師範大學碩士學位論文,2014 年。

② 楊潤梅:《淺談丘處機潮汐説的科學性》,《宗教學研究》1991 年第 Z2 期。

③ 山東大學博士學位論文,2010 年。

④ 四川大學碩士學位論文,2006 年。

⑤ 復旦大學出版社,2017 年。

⑥ 楊兆華:《馬鈺女性觀試探》,《宗教學研究》2009 年第 2 期。

⑦ 劉焕玲:《馬丹陽的清净之路》,見趙衛東主編:《問道崑嵛山——齊魯文化與崑嵛山道教國際學術研討會論文集》,第 130 頁。

⑧ 趙芃:《譚處端〈水雲集〉養生自然思想》,《魯東大學學報》2008 年第 6 期;《譚處端〈水雲集〉的生態觀》,趙衛東主編:《問道崑嵛山——齊魯文化與崑嵛山道教國際學術研討會論文集》,第 344 頁。

⑨ 趙衛東:《譚處端全真思想探析》,趙衛東主編:《問道崑嵛山——齊魯文化與崑嵛山道教國際學術研討會論文集》,第 149 頁。

⑩ 白如祥:《譚處端全真心性思想淺論》,《東嶽論叢》2010 年第 11 期。

⑪ 中山大學碩士學位論文,2010 年。

⑫ 劉恒:《真武廟言志之“鬥是”内涵新探》,《中國哲學史》2015 年第 1 期。

⑬ 南京大學碩士學位論文,2013 年。

背景、哲學思想、社會思想，及其思想的傳播做了概論。魏淼也有《王處一生平思想研究》[①]。葉怡菁的碩士學位論文《全真女冠孫不二及〈孫不二元君法語〉之研究》[②]探討了全真道對女性修煉的觀點和孫不二的身世與修道背景。隨後對與孫不二相關的著作加以解讀，探討《孫不二元君法語》的女丹思想，及其與後世女丹作品的關係。另外，周立昇對郝大通《周易參同契簡要釋義》中"法天地造化之理以論金丹修煉思想"一類的圖式做過一些介紹。[③]

三、道教文學研究中的王重陽與全真七子

2001年出版的詹石窗《南宋金元道教文學研究》[④]、楊建波《道教文學史論稿》[⑤]、張松輝《元明清道教與文學》[⑥]有章節對王重陽和全真七子的詩詞、元代全真雜劇，以及《長春真人西遊記》做了概括式的分析。陳耀庭對全真道詩文、戲曲、小説等文學形式做了概論，還附録了一些與全真道相關的文學作品以及研究成果的目録。[⑦] 下面就從相關詩詞研究、相關敘事作品研究，以及相關文獻整理等三方面分述之。

1. 相關詩詞的研究

黄幼珍將柳永詞與全真道士詞做了對比考察。[⑧] 徐翠先對全真詩詞的審美特徵做了探討，以爲它們既有符合一般詩歌創作的一面，又有特殊性的一面，是體道的，也是審美的。[⑨] 陳宏銘《金元全真道士詞研究》[⑩]主要對金元時期的全真道士詞做了内容與形式上的論述，其中包含王重陽與全真七子的生平概略和詞的研究。陶然《金元詞通論》[⑪]之"金元全真道教詞"部分，也涉及王重陽和全真七子詞的研究。余虹《禪宗與全真道美學思想比較研究》[⑫]對禪宗與全真道的美

---

① 山東師範大學碩士學位論文，2017年。

② 臺灣成功大學碩士學位論文，2003年。

③ 周立昇：《郝大通的易圖金丹學》，趙衛東主編：《問道崑嵛山——齊魯文化與崑嵛山道教國際學術研討會論文集》，第12頁。

④ 上海文化出版社，2001年。

⑤ 武漢出版社，2001年。

⑥ 海南出版社，2010年。

⑦ 陳耀庭：《全真道的文學研究》，《全真道學術研究報告》第九輯，香港：青松出版社，2013年。

⑧ 黄幼珍：《柳詞與全真道士詞》，《社會科學》1988年第4期。

⑨ 徐翠先：《論金代全真丹道詩的審美特徵》，《忻州師院學報》1999年第1期。

⑩ 臺灣花木蘭文化出版社，2007年。

⑪ 上海古籍出版社，2010年。

⑫ 中華書局，2008年。

學思想做了審美修養、境界、表現、人格等方面的比較論述,揭示了中國宗教人生審美化的特點,展現了宗教與審美的内在關聯。申喜萍《南宋金元時期的道教詩歌的文藝美學思想》①、杜玉榮的碩士學位論文《全真七子詩歌美學研究》②也有涉及早期全真道詩歌美學的研究。左洪濤《金元時期道教文學研究——以全真教王重陽和全真七子詩詞爲中心》③對金元時期全真道的興盛及文人棄儒從道做了考察,然後以王重陽與全真七子的詩詞爲重點,對其内容和藝術特色以及全真思想對金元文學的影響做了研究。邵琰澤的碩士學位論文《全真七子詞在宋金俗詞流變中的作用》④以爲全真七子不但更深層次的引用民間俗語,還進一步擴大了俗詞的功用,在俗詞和曲之間搭起了一座橋樑,爲後人摸索詞曲之間的淵源提供了綫索。張美櫻《全真七子證道詞之意涵析論》⑤從宗教文學的角度對全真七子的詞作在語言風格和形式上做了考察。在金元的時代背景與全真七子生平道跡的基礎上,對全真七子證道詞的形式特色、所表現的全真教義、所反映的社會意識和人生觀等方面做了研究,認爲全真七子的證道詞有其自足圓滿的意義世界,體現了宗教人的生命情調及道教文學的特殊旨趣。羅争鳴以王重陽、馬鈺的詩詞爲主,就早期全真道"不倦寫詩詞"的創教意識、全真派詩詞的分類、全真道詩詞研究的角度、王重陽與柳永詞作關係、早期全真道詩詞在丹道詩歌傳統中的定位、全真道詩詞的宗教文學意義等問題逐一展開了探討。並指出,雖然全真道詩詞多被看作研究全真道的文獻資料,但却少有從文學角度的深入探討。此外,還將全真道詩詞定位爲以傳道爲目的的"俗文學",以爲對這種宗教性文學作品的研究,應打破狹隘的"純文學"觀念,結合全真道的修行觀念,從真功、真行兩個層面切入,然後再從文學角度作審美觀照。⑥ 相關文章還有時培富的碩士學位論文《金代全真道士詞用典探論》⑦,以及蘭翠《全真七子詩詞的膠東映像》、王昊《論金代全真道士詞人對柳詞的接受》、吴光正《苦行與試煉——全真七子的宗教修持與文學創作》⑧等。除了上述内容之外,還有一些單獨對王重陽、丘處機、馬

---

① 中華書局,2007 年。
② 四川師範大學碩士學位論文,2015 年。
③ 人民出版社,2008 年。
④ 寧波大學碩士學位論文,2012 年。
⑤ 臺灣花木蘭文化出版社,2013 年。
⑥ 羅争鳴:《關於早期全真道詩詞研究的若干問題》,《宗教學研究》2016 年第 1 期。
⑦ 吉林大學碩士學位論文,2013 年。
⑧ 分別見:《煙臺大學學報》2014 年第 2 期;《蘭州大學學報》2011 年第 1 期;《中國文哲研究通訊》2013 年第 1 期。

鈺等人詩詞研究的文章,下面就以他們個人爲中心分述之。

單獨對王重陽詩詞的研究。梁淑芳《王重陽詩歌中的義理世界》。[①] 對王重陽的生平、時代背景有所介紹,對王重陽詩詞的類型、主題意涵、藝術表現、語言風格,及其所包含的修道思想做了分析。沈月的碩士學位論文《論王喆道士詞對柳永詞的接受》[②]分析了柳詞與王詞的關係,探討王喆道士詞如何受柳詞的影響。羅争鳴則從王重陽愛看柳詞的背景與歷程,"楊柳岸、曉風殘月"與内丹修煉的關係,道人看《樂章集》的變通與轉化三個方面,對王重陽"愛看柳詞"的本事做了考論,認爲《樂章集》中大量描述男女情愛的作品與丹道的核心觀念(陰陽、坎離、水火)之間存在先天的契合點,這正是王重陽"愛看柳詞"的根本原因之一。[③] 此外還有詹石窗《魔鏡自鑒亦鑒人——王重陽詩詞創作略析》、左洪濤《論王重陽道教詞對宋代俗詞的繼承》、吴光正《道眼觀世界——王重陽詩詞的審美思維》[④],以及張媛媛的碩士學位論文《王重陽及其詩詞研究》[⑤]、陶秀真的碩士學位論文《王重陽詩詞研究》[⑥]等。

單獨對丘處機詩詞的研究。楊懷源以爲丘處機的詩詞用韻反映了當時的實際語音與稍晚元好問的古體詩詞所用韻韻系相同。[⑦] 此外還有朱麗娟《丘處機〈磻溪集〉研究》[⑧]、徐翠先《金代全真教詩人邱處機詩歌創作初探》《論丘處機山水詩的象喻性》[⑨],以及郭文睿的碩士學位論文《論丘處機的思想與其詩詞的關係》[⑩]、穆亞娜的碩士學位論文《丘處機詩歌創作研究》[⑪]等。

單獨對馬鈺等人詩詞的研究。于慧的碩士學位論文《金代全真教文人馬鈺詞研究》[⑫]以爲馬鈺詞在詞體的形式特徵、語言特點、修辭手法上具有特色。在思想、情趣、審美風格上,馬鈺詞與元散曲之間存在共通之處。論文還附録了馬鈺

---

① 臺灣文津出版社,2002 年。

② 中南民族大學碩士學位論文,2015 年。

③ 羅争鳴:《王重陽"愛看柳詞"本事考論》,《古籍研究》2016 年第 2 期。

④ 分别見:《宗教學研究》1997 年第 2 期;《中國韻文學刊》2009 年第 4 期;《學術研究》2017 年第 2 期。

⑤ 河北師範大學碩士學位論文,2009 年。

⑥ 魯東大學碩士學位論文,2012 年。

⑦ 楊懷源:《丘處機詩詞用韻研究》,《重慶三峽學院學報》2009 年第 4 期。

⑧ 臺灣淡江大學碩士學位論文,2000 年。

⑨ 分别見:《甘肅社會科學》2004 年第 4 期;《文學遺産》2004 年第 2 期。

⑩ 山西大學碩士學位論文,2009 年。

⑪ 山西師範大學碩士學位論文,2014 年。

⑫ 暨南大學碩士學位論文,2007 年。

詞校注。關海龍的碩士學位論文《金代全真道教主馬鈺詞探析》[①]對馬鈺詞的思想内容和藝術特色做了分析。張悦的碩士學位論文《譚處端及其創作研究》[②]主要對譚處端《水雲集》做了文學上的研究,以爲譚處端作品俗中有雅,融合了豐富的語言形式,對詞牌調韻進行創新,在王重陽、馬鈺口語化的基礎上,更文雅空靈,爲丘處機文學化的轉型提供了經驗。

2. 相關敘事作品的研究

與王重陽和全真七子相關的雜劇存世極少,大概僅馬致遠《馬丹陽三度任風子》、楊景賢《馬丹陽度脱劉行首》兩篇。所以關於它們的專門研究幾乎没有,勉强可算的僅有一篇,即牛津大學已故教授霍克斯(Havid Hawkes)的《全真戲與全真宗師》[③]。此外,相關的研究論文還有侯先復《元前期曲壇與全真教》、張海新《浸乎世風,染乎世情——全真教與元雜劇關係談》、吴國富《全真教與元散曲諷世精神的淡化》、賀玉萍《論全真教對於神仙道化劇題材結構的影響及其他》《全真教對元雜劇清麗派藝術風格的影響》、吴光正《試論元明神仙道化劇的宗教意藴》[④],以及吴國富《全真教與元曲》[⑤]等。

與王重陽和全真七子相關的史傳、小説研究如下。温睿瀅的碩士學位論文《全真七子傳記及其小説化研究》[⑥]以《金蓮正宗記》《七真年譜》《金蓮正宗仙源像傳》《七真因果傳》《金蓮仙史》爲研究對象,從敘事的角度探討了七真傳記的小説化現象。論文首先用了大量的篇幅討論"傳記與小説"的關係,並針對清代的七真小説提出了一種"小説化"的説法。陳耀庭批評了這種"小説化"的説法,指出小説就是小説,傳記就是傳記,它們是截然不同的。[⑦](陳耀庭所指出的問題確實是存在的,但又矯枉過正,走向了另一個極端。因爲宗教人士的傳記,有許多内容都是虛構、附會和神化的,若將其與小説的虛構相比,有時候也是有過之而無不及。)温接著對這幾種文獻進行了解析,討論了其敘事語言、結構、主題、風格的演變,及其内在的意涵。衹是這些討論多以理論套之,具體分析並不深入。

① 寧波大學碩士學位論文,2011 年。

② 山西師範大學碩士學位論文,2015 年。

③ 張廣保、宋學立編譯:《多重視野下的西方全真教研究》,濟南:齊魯書社,2013 年,第 602 頁。

④ 分别見:《文學遺産》1988 年第 5 期;《上海大學學報》1999 年第 1 期;《江西社會科學》2001 年第 5 期;《洛陽工業高等專科學校學報》2003 年第 3 期;《河南科技大學學報》2003 年第 4 期;《長江學術》2008 年第 1 期。

⑤ 江西人民出版社,2005 年。

⑥ 臺灣政治大學碩士學位論文,2003 年。

⑦ 陳耀庭:《全真道的文學研究》,第 48 ~ 49 頁。

其次,該論文討論到的傳記和小説僅限於以上七種,而七真與王重陽的傳記却並不止這些。羅憶南的碩士學位論文《全真教的七真崇拜與相關宗教神話研究》[①]試圖梳理與七真崇拜相關的宗教神話,考察它們的形成過程,然而却失之簡略,並没有達到預期的設想。王毅的碩士學位論文《全真教傳記體小説研究》[②]對《金蓮正宗仙源像傳》《七真祖師列仙傳》《金蓮仙史》《七真因果傳》的概況、文本特徵、藝術特色做了簡單分析。但將其稱之爲"傳記體小説"却是有問題的。因爲《金蓮正宗仙源像傳》並不是小説,而是宗教傳記,衹有其他的三部纔是小説。作者在選取研究對象時存在以偏概全和混淆概念的問題。另外,張美櫻還著有《〈金蓮正宗記〉的敘述結構分析》《〈金蓮正宗仙源像傳〉的敘述分析》(筆者尚未目睹)。劉永海對《甘水仙源録》的史料價值也有所説明。[③] 秦國帥對現存於臺灣大學圖書館的《七真仙傳》做了簡介、編撰、流傳、内容演變等幾個方面的考察。[④] 對此,吴光正又有所補充。[⑤] 宋學立通過對李道謙的幾部教史作品的分析,認爲以史弘道是當時衆多全真教史文獻的共同特徵,並呈現出撰作教史文獻種類多、當代人撰寫"當代史"、直筆著"信史",以及以事實爲依據、實事求是、注重田野調查等的特點。[⑥] 馬頌仁(Pierre Marsone)《全真教的創立:仙傳與歷史》與康豹(Paul R. Katz)《撰寫歷史,創造認同——以〈玄風慶會圖〉爲例》[⑦],認爲早期全真道撰作教史文獻是爲了創造一種宗教認同感。秦國帥《明清民國時期七真度化故事的流傳及版本研究》[⑧]對明清民國時期七真度化故事作品的種類及版本做了概述。並且指出,在明清時期,有一些民間宗教通過對王重陽與全真七子故事的借用和改編,來宣傳自身的教義。

3. 相關文獻的整理考證等

陳垣《道家金石略》[⑨]和王宗昱《金元全真教石刻新編》[⑩]對全真道金石文獻

① 黑龍江大學碩士學位論文,2008 年。

② 浙江工業大學碩士學位論文,2015 年。

③ 劉永海:《論〈甘水仙源録〉的史料價值》,《中國道教》2008 年第 1 期。

④ 秦國帥:《七真仙傳與全真歷史: 以臺灣大學圖書館藏〈七真仙傳〉爲中心的考察》,《世界宗教研究》2017 年第 3 期。

⑤ 吴光正:《臺灣大學圖書館藏海内孤本〈七真仙傳〉考釋》,《中國文哲研究通訊》2017 年第 3 期。

⑥ 宋學立:《早期全真教以史弘道的教史思想——以〈甘水仙源録〉〈終南山祖庭仙真内傳〉〈七真年譜〉爲中心》,載趙衛東主編:《全真道研究》第五輯,濟南:齊魯書社,2015 年,第 106 頁。

⑦ 張廣保、宋學立編譯:《多重視野下的西方全真教研究》,第 55、80 頁。

⑧ 趙衛東主編:《全真道研究》第 6 輯,濟南:齊魯書社,2016 年,第 53 頁。

⑨ 文物出版社,1988 年。

⑩ 北京大學出版社,2005 年。

進行了搜集和整理。任繼愈《道藏提要》、潘雨廷《道藏書目提要》、蕭登福《正統道藏提要》等,對於不少相關書目做了提要。日本學者蜂屋邦夫也對王重陽和全真七子的詩文集有過初步整理。齊魯書社在2005年出版了白如祥、趙衛東輯較的王重陽和全真七子的詩文集,書後還附録了相關人物的傳記和方志資料,爲進一步研究提供了方便。宣融融還有《王重陽詩歌校注》①。另外,齊魯書社陸續出版的"全真學案",也涵蓋了全真道的一些重要人物。這套叢書的編纂體例不十分的一致,大致包括人物的生平事蹟、修煉思想、傳承譜系、年譜、著述輯録、傳記資料等幾個方面。有的是以專章的形式書寫,有的是以評傳的形式書寫。

還有一些考證文章與丘處機等人相關。如王玉良考察了丘處機《磻溪集》的版本問題②,朱越利對《磻溪集》中一些作品的創作時間作了考釋③,舒天嘯則對《磻溪集》的詞牌别名進行了闡釋④。另外還有如吉雲《訪邱祖在嶗山留下的遺跡》、王洞真與李瘦卿《丘處機及其詠嶗山詩詞》、陳敬陽《丘處機佚著〈鳴道集〉考略》、戈國龍《〈大丹直指〉非丘處機作品考》、金傳道《丘處機西遊途中文學活動系年考略》、趙衛東《丘處機與〈攝生消息論〉》、常大群《山東半島全真七子碑刻、摩崖石刻尋真》、楊懷源《據格律考訂王重陽、馬鈺、丘處機、王處一詩詞異文》、汪登偉《〈五篇靈文〉考略》、張方《〈玄風慶會圖〉殘卷版本考》、羅争鳴《趙道一〈歷世真仙體道通鑒〉的編撰、刊刻与流傳論考》⑤等。

對《長春真人西遊記》一書,學者們也多有考證、注譯,如丁謙《元長春真人西遊記地理考證》(1915年)、王國維《長春真人西遊記注》(1926年)、張星烺《長春真人西遊記》(1978年)、紀流《成吉思汗封賞長春真人之謎》(1988年)、黨寶海《長春真人西遊記》(2001年)、尚衍斌與黄太勇《長春真人西遊記校注》(2016)等。另外,一些與王重陽和全真七子相關的傳記和小説,如《全真七子全書》⑥、

---

① 廣西大學碩士學位論文,2017年。

② 王玉良:《丘處機〈磻溪集〉、馬祖常〈石田先生文集〉、虞集〈道源類稿〉三種》,《文獻》1986年第3期。

③ 朱越利:《〈磻溪集〉創作時間考釋》,《文獻》1994年第3期。

④ 舒天嘯:《長春丘真人〈磻溪集〉詞牌别名釋解》,《中國道教》2002年第1期。

⑤ 分别見:《中國道教》1988年第1期;《中華文化論壇》2000年第1期;《中國道教》2006年第3期;《世界宗教研究》2008年第3期;《内蒙古大學學報》2014年第3期;趙衛東主編:《全真道研究》第5輯,第155頁;《中國道教》2007年第1期;《宗教學研究》2010年第3期;《武當》2015年第9期;《中華文化論壇》2015年第2期;《宗教學研究》2018年第3期。

⑥ 春風文藝出版社,1989年。

《金蓮仙史》[①]、《七真傳》[②]等,也有人做了初步的整理。

四、結語

近一百多年來,與王重陽和全真七子相關的全真道研究成果,有如下的一些特點:以人物來看,主要集中在王重陽和丘處機身上;以内容來看,主要集中在宗教思想和宗教史方面;以文體來看,則主要集中在詩詞研究上。然而,對於王重陽與全真七子在詩詞當中所作的"自傳",却還重視不够,更是缺乏系統的挖掘。對於另外一些與王重陽和全真七子相關的敘事文獻,如傳記、雜劇、寶傳、小説等的研究,同樣顯得有些薄弱。研究者對於這些敘事文獻,大多衹是作爲一種佐證材料直接引用,對於它們本身則没有給予足够的重視和認真的考察。更不必説打破各種文體之間的限制,將其視作爲一個整體,做一種深入、完整的敘事文化學的研究。實際上,與王重陽和全真七子相關的諸多敘事文獻,具有歷時延續性的特點。它們經歷了萌芽、形成、承傳與嬗變等多個時期,包含有深厚的文學與宗教文化内涵,可以説是一個完整的有機體,但有關研究却呈現出了一些割裂性的特點。將其本身的自然延續性與研究中的人爲割裂性相對照,可以看出來明顯是有問題的。

一些宗教史、宗教思想的研究,對基本文獻的甄别、區分並不是很好,致使很多細節被遮蔽或結論不甚可靠。比如,對於王重陽與全真七子的"全真"思想及其異同,以及王重陽與全真七子的一些生平事蹟等的考察,既要注重第一手材料(全真祖師詩詞)的運用,又要注意區别後出材料的真實性。至於王重陽與全真七子的詩詞研究,看似已經十分透徹,但還是存在一些問題,這正如羅争鳴在《關於早期全真道詩詞研究的若干問題》一文中所指出的:全真道詩詞多被看作研究全真道的文獻資料,少有從文學角度的深入探討。研究者多囿於狹隘的"純文學"觀念,少有人能够真正看透其"俗文學"的本質,對於這種典型的宗教性文學作品,没有結合全真道的修行觀念去做更加符合實際的分類,衹是籠統地從文學審美的角度做簡單的評判。

總之,這一百多年來的研究成果可謂十分豐碩,並且還呈現出了一種跨學科的發展態勢,但美中也有不足,如研究的不平衡、缺乏整體貫通的觀念、不够重視

---

① 中國文史出版社,2003 年。

② 團結出版社,1999 年。

對原典的深入挖掘等。另外,除了傳統文史哲方面的研究之外,像書法、心理、教育、民俗等跨學科的研究還有待進一步的加强。對於王重陽和全真七子,以及全真道其他人物的相關文獻,也缺乏深入的整理。

(責任編輯:秦國帥)

全真道丹道與養生國際學術研討會综述

□魏淑賢

2018年9月8日至9日，由山東大學儒學高等研究院、香港青松觀全真道研究中心、老子道學文化研究會丹道與養生文化研究分會主辦，山東肥城曬書城博物院、山東宣道文化傳播有限公司承辦的“全真道丹道與養生國際學術研討會”在山東肥城召開。來自美國、法國、馬來西亞以及中國各大高校、科研院所、著名道教宫觀的近百位專家學者和高道大德參加了這次盛會。會議收到學術論文33篇，其中關於“全真道丹道與養生”的文章20篇，關於“全真道歷史與文獻研究”的文章9篇，其他道教相關問題的研究文章4篇。現分類介紹這些論文的主要内容。

一、全真道丹道與養生

道教的丹道養生與科儀是當今學界研究的熱點話題，正如北京大學哲學系張廣保教授在會上所説：道教是“生”的哲學，全真道的丹道就其社會意義而言是講如何養生，就其作爲道教修煉的宗旨而言是講如何證真成仙，前者側重養生，後者側重生命的重生。現將關於丹道與養生的論文分爲兩大類：一是丹道研究，二是丹道與養生問題研究。

（一）丹道研究

第一，内丹术語辨析。如盛克琦道長在他的文章中説道：丹道三秘爲“藥物”“爐鼎”“火候”，“玄關”更是秘中之秘。所以瞭解内丹術語的内涵是瞭解丹道修煉的基礎，而這些術語在不同的文獻中有不同的解釋。其中“藥物”也即李遠國研究員在論文《圖解内丹：另一種研究方法》中所説的三寶：

精、氣、神。他指出雖然不同流派對“内丹”的理解不同,但其宗旨不離三寶合煉。他還結合《三寶成丹圖》形象生動地描述了“三元合一”的先天狀態。關於“爐鼎”(也即丹田),李遠國研究員結合《乾坤子午圖》論述了乾坤鼎爐在大周天與小周天不同階段的不同作用。小周天採藥運轉入下丹田,經過上鼎到下爐封存。上鼎即乾鼎,下田即坤爐。大周天則是把鼎下移,以黄庭中丹田爲鼎,以下丹田爲爐,使元氣守於二田之間,不固定於一田。臺灣輔仁大學宗教學系鄭志明教授在《早期全真道的丹法與五臟養生》一文中,論述了王重陽與丘處機的三丹田説,三丹田作爲修煉的鼎爐,是人命的根本,是陰陽的門户,五氣的本元。齊魯工業大學道學與傳統文化研究中心趙芃教授在《全真先天派丹道思想及其現代意義》一文中,也論述了千峰先天派將“玉鼎”視爲溝通“性”“命”關係的重要修煉部位。關於修煉的“火候”,深圳大學人文學院李大華教授在題爲《性命與中和——談談李道純的修煉學説》的論文中,指出因爲修煉的火候因人而異,所以李道純用“中和”説解釋了“死子時”與“活子時”的觀念。北京師範大學哲學學院强昱教授在題爲《晚唐五代内丹學的演變》的發言中,也指出火候在不同修煉個體之間存在差異。上海道教學院的王馳博士在論文《全真道修證體系的歷史建構——以“三乘丹法”爲中心》中,也討論了李道純的“三乘丹法”分判體系,認爲上、中、下三乘修煉方法雖然運用相同的術語描述煉丹過程,但其術語的具體内涵與修證結果都不相同。

關於“玄關”,有兩位學者在論文中給出了詳細論述。河北省唐山市道教協會盛克琦道長在《對大江西派丹法的簡要研究》一文中,主要討論了“玄關”的内涵和特點,將“玄關”分爲“活玄關”與“死玄關”。“玄關”作爲修道妙理,有體有用,在修煉的不同階段有不同的用。“玄關”還有唯一性、中位性、變化性的特點。此外,李大華教授也在其論文中提到了李道純對“玄關”的看法。因爲“玄關一竅”具有不確定性,所以李道純用“中和”思想巧妙地解釋了玄關的特點。除此之外,宗教文化出版社霍克功教授在題爲《内丹學中的陰陽問題——以李西月陰陽思想爲中心的考察》的論文中,梳理了李西月思想中陰陽概念與玄關的關係。此外,他還討論了陰陽與藥物、火候、本體、功夫之間的關係。

第二,關於内丹修煉的基本程式。我們一般將内丹修煉的基本程式概括爲煉己築基、煉精化氣、煉氣化神、煉神還虚四個階段。盛克琦道長在其論文中,則將西派丹法的修煉程式概括爲兩大步驟:一是玉液還丹,二是金液還丹。王馳博士在論述李西月的“三乘丹法”時也提到李西月將這兩部分别歸爲初乘與大乘。就其一般程式而言,關於其不同階段的論述總結如下:(1)就築基而言,西南大學宗教研究所楊玉輝教授在《閔一得論内丹修煉的基本程式》一文中,圍繞閔一得對内丹修煉的獨特認識與理解,將煉己築基分爲煉己存誠與築基培藥兩個環節。(2)就“煉精化氣”而言,楊玉輝教授認爲可分爲坎離交媾、採藥歸鼎和卯酉周天三個環節。廣西民族大學民族學與社會學學院容志毅教授在題爲《外丹、存想、内丹:何以不死? 何以相信?》的論文中,則將“煉精化氣”描繪爲:以精氣置於體内丹鼎中,以神爲熱力點燃體内丹鼎中的一味真火,在下丹田中烹煉出用“精”化成的“氣丹”。(3)楊玉輝教授將煉氣化神定義爲内丹修煉的中級功夫,包括乾坤交媾與十月養胎兩個步驟。容志毅教授則將其描繪爲在上丹田中烹煉出用氣化成的“神丹”的過程。(4)最後楊玉輝教授指出,煉神還虚作爲内丹修煉的高級功夫,又可分爲移神换鼎、泥丸養慧、煉神還虚、煉虚合道幾個環節。容志毅教授認爲在前兩步的基礎上,最後要“煉虚合道”煉出“道丹”。李遠國研究員在論文中還用大還丹與小還丹來區别這四個程式在不同階段的成就。並强調了神在整個内煉過程中的重要性,煉精、煉氣皆以心神爲主導,内煉過程就是以神馭氣,以神煉精。臺灣體育大學通識教育中心梁淑芳副教授在《以詮釋學角度探析陳攖寧〈孫不二女丹次第詩注〉的意義》一文中指出,傳統觀點也將《次第》依此四個階段進行排序,但陳攖寧並不這樣認爲,他更重視從修煉的整體過程統觀“次第”的含義。“次第”並非修行順序,而是指修行者修煉體驗的深淺不同。

第三,性命關係。性命關係問題是貫穿内丹修煉始終的問題。孫亦平教授在《陸西星所倡内丹學之意趣新探》一文中,論述了陸西星爲何將“人元丹法”視爲“三元丹法”的重要内容,其核心内容是“性命雙修”。趙芃教授在其文章中,也討論了全真道千峰先天派丹道思想中“先性後命”的修煉原則與“性命和修”的修煉觀念。先天派以“先性後命”爲修煉原則,詮釋了“煉性”與“性命之養”具有全息、導引、和合的關係。“性命和修”的修煉觀念在生命長養方面具有“融合”“意同”和“充滿”的效果。李大華教授也在論文中討論了李道純如何用“中和”説將南北二宗的性命修煉理論統一起來。他認爲在南宗堅持煉精化氣、煉氣化神、煉神還虚的傳統上,李道純將北宗重視的性功視爲煉精化氣的初始與最後階段的提升。章偉文教授也在其論文中提到性命的根本是真空,虚静真空的狀態即真實不虚的道體的呈現。

第四,内丹修煉的方法與境界。關於修煉方法,鄭志明教授在其論文中,通過分析《攝生消息論》,指出全真道的内丹修煉工夫結合了五臟之氣聚合説與鍾吕丹法水火升降交合説,也稱爲逆返或顛倒的工夫,目的是要將後天之氣轉化爲先天之氣,陰陽轉化爲真陰真陽,從坎離升化爲乾坤。北京師範大學哲學學院章偉文教授在題爲《〈凝陽董真人遇仙記〉所載鍾吕金丹道之丹法釋義》的論文中,通過分析董守志所傳承的"三共之道",水火顛倒、煉金液還丹之法,指出鍾吕丹道修煉的訣要是行五行顛倒法,證天道逆行之理,從而超出生死。此外,他還指出鍾吕丹道的修煉方法多以事件或卦象隱喻其真正的内涵。上海道教學院王馳博士在其文章中指出,王重陽針對不同資質的修行人,提出"三乘法"來指導他們的心性修煉功夫。清代全真龍門派的劉一明真人也爲不同資質的修行人指明了具體的"三乘"修習方法。趙芃教授在其文章中也指出,千峰先天派重要的修煉方法之一是"開通八脈",由此進而實現"神與性和"。

山東省委黨校哲學教研部白如祥副教授在《全真道士王吉昌與劉志淵考》一文中,以"真功""真行"的修煉方法爲著眼點,考察了張伯端和南宗的修煉理論對金代山西的北方全真教徒王吉昌與劉志淵修煉理論的影響。同時白教授還考察了王吉昌與劉志淵的身份,重新審視了南宗與北宗之間的關係。就個體修煉方法而言,雲南大學歷史系王家强博士和郭武教授在論文《全真道之"降心法"略論》中,以降心法爲切入點,由修煉方法論至修煉境界。文中指出降心法是全真道内丹修煉之初採用的重要方法,並介紹了它的緣起、實踐功夫及所達境界。王重陽在重玄學心性論的影響下,結合自己的體悟提出了"降心法"。主要是通過"忍辱降心以進道"來實現定心的初級狀態,且"降心法"貫穿性功與命功修煉的全過程。孫亦平教授在其論文中提出,在陸西星强調的"人元丹法"中,他從築基煉己、攝心修性入手而宣導陰陽雙修的修煉方法。但無論如何,内丹修煉的方法重在實踐,梁淑芳副教授在其論文中有相關論述。她認爲陳攖寧的詮釋體現了他重視實踐的態度。修行者必須親自實踐内丹修煉的方法,纔能有所效驗,因爲不同的修行者有不同的修煉體驗。

從内丹修煉的境界上講,强昱教授在題爲《晚唐五代内丹學的演變》的發言中,認爲修煉過程中的還精補腦其實是通過修煉精氣,實現生命境界的提升。通過修心來修道,實現性命與神氣的統一,從境界論的角度解釋了還精補腦甚至内丹修煉對生命重生的意義。臺北大學中文系賴賢宗教授提交的論文《〈道德經〉道家功夫論與境界論與宋常星〈道德經講義〉的丹道解》,以宋常星的《道德經講義》爲例,使功夫論與境界論相貫通。文章以"人法"——向上之道——功夫論與"道生"——向下之道——境界論爲兩條主綫,詮釋了《道德經講義》中的内丹修煉思想。並在此基礎上從生命存在的視角爲道家整體養生學構建了一套養生理論,以身、心、靈、氣、道爲功夫論的五個向度,呈現“人法地,地法天,天法道,道法自然”的地、天、道的三重生命境界。此外,華中師範大學道家道教文化研究中心劉固盛教授在《全真道老學中的“真常”思想》一文中,以“真常”爲綫索,梳理了陸西星、宋常星、李道純、劉一明等全真道士對修道的最高境界的描述,以及對真常之道的不同理解。在宋常星的論述中,真常之道有三個特點,分别是“真”的修煉境界,“虚”的道之特性,“和”的道之妙用。李道純、劉一明則將真常與自然聯繫起來,用虚無、自然、真常描繪得道的境界。上海道教學院王馳博士也在其論文中指出,《道德經》中早就用上士、中士、下士劃分學道者的根器及所能達到的境界。南朝以後,道教類書《無上秘要》更是將三洞的不同經書也按照逐漸向上的修證層次進行劃分,修行者的境界不同,參讀的經典也不同。鍾吕丹道則已有用“三成”來描述不同層級修煉成就的思想趨向,後來李道純在此基礎上進行完善,明確提出“道有三乘”,用來分判不同階乘的修煉方法與境界。馬來西亞道教學院王琛發教授在《“儒門修道”與〈西遊〉意象:青蓮教繼承的全真觀念——以滄海老人彭德源著述文字爲主要討論》一文中提到,青蓮教水祖彭德源以《西遊記》中的人物形象及取經故事爲意象,闡釋了内丹修煉的方法與境界。

與以上學者不同,美國羅格斯大學中國研究中心劉迅教授則討論了内丹修煉的社會性。他在論文《〈雲水集〉:清末全真道士高仁峒的内丹修煉及宫觀生活》中,以全真道士高仁峒的内丹修煉方式爲切入點,結合他的個人經歷,討論了個人内丹修煉活動的社會影響。其中具體談到了高仁峒長期雲遊與苦行的修煉方式,他在雲遊過程中遇到的高道傳授給他很多内丹修煉的方法與口訣,這對他後期成爲白雲觀的方丈有决定性作用。高仁峒通過内丹修煉有所成就,並用他的神異能力爲廣大民衆祈雨作醮,將個人内丹修煉的成果用於奉獻社會。從研究方法的創新來看,李遠國研究員在其論文《圖解内丹:另一種研究方法》中,以圖解文,通過描繪内丹修煉境界的圖像來解釋内丹修煉的過程。文章結合中國國家圖書館藏的内丹修煉圖及其他文獻記載的内丹修煉圖,從内丹的内涵、内丹修煉的功訣及驗證三方面概述了内丹修煉的過程。同時,李遠國研究員還結合氣功師入静後的腦電波圖談到了科學發現對内丹學研究的促進作用。

(二)丹道與養生問題研究

鄭志明教授在其論文中討論了丘處機《攝生消息論》中的五臟養生之道與丹道之間的關係。認爲人身臟腑依五行來對應四時陰陽的消長,並在此基礎上,結合鍾吕丹法的内涵,形成以心腎二氣交媾爲核心的逆返顛倒的修煉理論。四川省社會科學院宗教翻譯與研究中心劉雄峰研究員在《承前啓後:早期全真道對道教養生學的補充和創新——以王重陽和丘處機爲中心》一文中也討論了全真道與傳統道教養生思想之間的關係。他將傳統道教養生思想的特徵概括爲内修與外養,全真道在此基礎上進行補充和創新。一方面以"儒、釋、道"三教圓融爲指導思想;另一方面以性命雙修爲原則,以清修爲本,形成了系統、簡潔的養生理論。從生命科學的角度講,丹道養生具有"承前啓後"的現實意義。中國道教協會道教文化研究所王彤江博士在論文《"非以其無私邪,故能成其私"——對四家道家養生培訓機構得失之思考》中側重從現代養生産業的發展來看現代養生學的發展趨勢。文章以坐落於北京、重慶、湖北、湖南的四家道家養生培訓機構爲例,討論了它們的運作模式及養生産業發展中存在的問題與未來的發展方向。經實踐考察,他認爲針對道家養生機構存在的缺乏專業人才與過度商業化的問題,應該强調以"弘道"爲原則,發揚道家養生文化。

二、全真道歷史與文獻研究

關於全真道歷史的研究,部分論文通過對比不同類文獻中的歷史記載,試圖尋找新的視角來還原全真道的真實面貌。部分論文結合碑刻、檔案及方志等資料,以宫觀歷史的研究爲依託,考察特定的歷史背景下道教的發展概況及其他歷史問題。還有部分論文對道教經典文獻的不同版本進行比較研究,揭示其史料價值。

(一)全真道歷史研究

北京大學哲學與宗教學系張廣保教授首先注意到全真教史家群體對全真教史的建構。張教授在《全真教史家與全真教史的建構》一文中,主要從以下三方面展開論述:其一,論文梳理了全真教文獻及相關碑銘,介紹了宋德方一系教史家,郝大通、王志謹一系教史家姬志真,馬丹陽、于善慶宗系教史家李道謙,及朱象先、趙道一等人對全真教史的構建。並總結了他們共同的特點是長壽,由儒入道,且偏重爲本宗系書寫歷史。其二,全真教史家之間的交遊講學促進了玄學講筵的形成,同時他們還共同編纂教史著作,這對全真教歷史書寫有重要貢獻。其三,全真教史家對全真教譜系的構建做出了巨大貢獻,劉處玄、宋德方宗系最早明確構建五祖七真譜系,丘處機、尹志平宗系則在其基礎上進行接續。另外,齊魯工業大學馬克思主義學院秦國帥博士,在題爲《傳記與傳奇:金元全真仙傳對王重陽、全真七子的歷史書寫及其仙化》的論文中,也通過對比全真七子各自的著作與教内仙傳及碑刻資料,試圖揭示真實的歷史。首先,他羅列了所有記載金元時期王重陽度化全真七子故事的資料。其次通過對比分析,他認爲王重陽及全真七子各自的著作保留了最原始的歷史記載,真實程度更高。而地方官員、文人以及秦志安等全真道士撰寫或編纂的碑刻和仙傳資料則不同程度地誇張或神化了該故事。最後以《金蓮正宗記》爲例,對比其他仙傳,他認爲秦志安在敘述中故意給出錯誤信息是爲了突顯傳主的神異不凡。

中國社會科學院哲學所胡士潁博士在論文《王重陽早期思想與活動的人文地理闡釋》中,考察了地理文化的變化與宗教活動家的思想變化之間的關係。文章以王重陽爲例,論述了不同階段的不同地理文化對王重陽的思想變化及其傳道活動的影響。胡博士指出,王重陽早年的生活經歷決定了他能以開放的心態接受三教思想,創立獨具特色的學説體系。其次,王重陽的遇仙經歷也反映了地域文化對王重陽及全真七子等人的精神與行爲觀念的影響。可見人與地理之間的特殊關係決定了王重陽最終成爲關中和崑嵛山地區文化的溝通者。上海道教學院王馳博士的論文《全真道修證體系的歷史建構——以"三乘丹法"爲中心》,試圖從全真道修證體系的形成過程入手,以"三乘"爲綫索,從其經教淵源到發展傳承,構建全真道修證體系的形成歷史。文章以"三乘丹法"爲綫索,梳理了《道德經》、鍾吕内丹道、王重陽及全真七子的思想中有關"三乘"的内容。圍繞"三乘"的思想淵源,"三乘丹法"的修煉層次及"三乘丹法"觀念的出現展開論述。强昱教授在其發言中,也從歷史發展的角度梳理了内丹學的發展歷程。從唐末的崔希範、司馬承禎等人的思想變化中,返觀宋代初年内丹學的發展及其地域分佈。華僑大學宗教研究所黄海德教授在題爲《〈道藏輯要〉與巴蜀全真道碑刻文獻》的發言中,結合《道藏輯要》中巴蜀地區的碑刻文獻,簡述了全真道丹道思想的歷史傳承與發展。白如祥教授在其論文中,以"吉昌"這一地名爲歷史綫索,考證了全真道士王吉昌的籍貫。同時根據現存史料分析了王吉昌与另一位全真道士劉志淵的生存年代。

(二)全真道文獻研究

第一,碑刻資料是研究金元時期全真道歷史的重要資料。復旦大學中華古籍保護研究院王啓元博士就在論文初稿《上海地區歷史上的全真道場所》中,介紹了收集到的上海地區全真道道觀内的碑刻資料,概述了當時道院的發展情況。文中以長春道院、蓬萊道院、正陽道院、萬壽道院、朝真道院、玉宸道院爲例,圍繞各道院的修建時間、發展變遷、宗派歸屬及其在當時發揮的作用三個方面展開論述。黄海德教授在其發言中，也指出《道藏輯要》中包含的巴蜀地區的碑刻文獻具有較高的史料價值，有助於我們瞭解巴蜀地區道教發展情況，如：明清時期全真教如何由湖北武當傳入巴蜀，清王朝的政策又如何致使許多高道紛紛入蜀。同樣，青島大學哲學與歷史學院張義生博士，在論文《嶗山黄石宫研究——兼論"十方黄庭觀"爲黄石宫中宫》中，也依據新發現的"十方黄庭觀"所處位置及相關石刻的内容，概述了黄石宫的建置及其在元代以後的重要地位。他發現黄石宫將中宫"黄庭觀"作爲十方叢林，爲嶗山收留和培養了大批道教人才，著名高道崔真人、孫玄清和耿義蘭等都曾在此修行。而且黄石宫在明朝時獲得了朝廷和地方政府的支持，這些都表明了黄石宫在當時的重要地位。

第二，除碑刻資料外，方志、山志與宫觀志等文獻，也是研究地方全真道發展情況的重要史料。泰山學院泰山文化研究院張琰博士在《明清泰山全真道對碧霞元君的借助及其效用》一文中，就結合當地方志及山志，從明清時期碧霞元君道教化的角度切入，揭示了明清時期全真道的生存策略及其傳播機制。論文圍繞不同時期泰山地區全真道與碧霞元君信仰之間的關係展開討論，認爲全真道廣泛接收民間信仰的神靈，是爲了迅速融入民間社會。同時也促成了全真道與民間信仰之間的融合與共同發展。魯東大學歷史與文化學院講師田茂泉博士在《清代湖北全真道發展略説》一文中，也研究了金石、山志、宫觀志等文獻記載中的武當山、武漢長春觀、鍾祥元佑宫等地的全真道發展情況。並在此基礎上總結出清代湖北全真道發展的四個特點：知名道士衆多，宫觀創修爲主軸，向周邊地區的輻射，龍門派的强勢發展。

第三，檔案資料也是之前一直被忽略的重要研究資料。陝西省社會科學院的潘存娟副研究員發表了題爲《建國初期陝西全真道士狀況研究——以檔案和口述資料爲基礎》的論文，她注意到陝西省檔案館民宗委 228 – 1 號檔案中收存的 161 位道長的簡歷表。以此爲綫索，結合檔案與口述史料，她力圖描述中華人民共和國成立初期陝西全真道士的年齡、文化程度、受戒傳承、宗派分佈等情況。這些内容初步形成對當時全真道士生存狀況的整體認識，彌補了特定歷史時期道教歷史研究的斷層。對歷史檔案的重視，同樣體現在泰山學院泰山研究院周郢教授的論文《歷史檔案中的泰山靈應宫》中，文章根據歷史檔案的記載梳理了泰山靈應宫在明、清、民國時期的發展概況。中國第二歷史檔案館與山東省檔案館存有民國靈應宫修葺檔案，周教授從中考知，靈應宫最初可能由明永樂間道士周思德創建，萬曆朝拓建。入清之後，受皇室護持；民國初期，由大太監小德張等人次第捐資重修。以民國檔案爲基礎，復旦大學宗教學系朱明川碩士在論文《民國道教會及其觀念》中,結合新發現的民間宗教經卷,考察了四川道教會、上海市道教會、山東道教會的人員構成、運作方式及發展觀念。透過這些道教會的發展,他發現地方宗教精英中的全真派道士具有較强的宗派意識,體現在他們與基層宗教人士的相處中。同時,也可以看出全真道的地方精英與當地草根階層的互動產生的社會影響。

三、道教其他方面研究

湖南第一師範學院陳明副教授與法國波爾多第三大學壽酣博士的論文分别梳理了各自研究領域道教發展的歷史概況。陳教授在論文《道家、道教思想與西方心理學發展研究簡況》中,從中西對比的角度審視丹道修煉與西方心理學之間的關係,梳理了從二十世紀至今西方心理學與道家、道教思想之間的互動發展。二十世紀二三十年代以來歐美心理學家開始關注中國哲學,後來超個人心理學與積極心理學創立與發展,這些都體現了西方心理學對中國哲學,尤其是道家、道教思想的關注。如今,國内哲學與宗教學界對道學與心理學的關注與研究,促進了具有中國特色的宗教心理學體系的形成。壽酣博士在文中採用統計學的方法研究道教在中西方交流中産生的影響。他在《〈通報〉與中國宗教研究,1890—2016》一文中,首先通過統計《通報》中包含的宗教類文章的數量,梳理了《通報》的簡史,及其在溝通中西方交流中發揮的重要作用。在此基礎上,他又進一步在《通報》主編的編年史中發現很多主編研究道教,由此可以看出西方學者研究道教的興趣在不斷增加。

中國人民大學哲學院張雪松副教授與上海社會科學院文學研究所的許蔚博士就道教經典文獻本身的版本及流傳進行考證。張雪松副教授在《〈性命圭旨〉淵源考》一文中,考證了《性命圭旨》一書的作者、版本以及其流傳地域。考證發現《性命圭旨》有兩個版本且它們之間差異甚微,推測其成書時間大約在明嘉靖到萬曆之間,流傳地域在皖南、贛皖江浙交會之地。許蔚博士也在論文《文本流傳與科儀拼接——〈太上靈寶净明道元正印經〉的再發現》中,比較了南宋道教净明派經典《太上靈寶净明道元正印經》的不同版本,他認爲除《道藏》本外,其他明清諸本内容基本一致。同時,他還發現清代道教煉度科儀中將《太上靈寶净明道元正印經》視爲"聖語"。除此之外,梁淑芳教授在其論文中,從詮釋學的視角,分析了陳攖寧對孫不二創作的丹道經典的詮釋價值與局限性。首先,陳攖寧以儒、釋、道三家文本爲基礎對《坤道功夫次第》進行注釋。其次,他關注了《次第》

中的"性别差異"問題,並指出男女修煉方法不同是因爲他們生理與心理的差異。最後,正是因爲存在性别差異,使他的詮釋衹能就乾丹坤丹的學理展開論述,而不能結合自身宗教體驗進行深入詮釋。

(責任編輯:張　强)

《全真道研究》徵稿啓事

《全真道研究》是由香港青松觀資助出版的學術性輯刊,主要發表與全真道有關的學術文章,尤其是運用了新材料、新方法且富有創見的文章。本刊每年出版兩輯,每輯有一個主題,稿件來源一般採取約稿的形式,但也接受部分投稿。稿件字數要求控制在 1 萬字至 5 萬字之間,特別優秀的稿件,字數還可以適當放寬。

爲了保證刊物品質,來稿一律實行匿名評審制度,評審通過即發用稿函,三個月内若未收到用稿函,請自行處理。刊物出版後半年内,按文章實際字數酌情支付稿酬。本刊衹接受第一次發表的文章,以任何形式(包括會議、網絡等形式)發表過的文章,請勿再投本刊。

爲適應國家信息化建設,擴大本刊及作者知識信息交流途徑,本刊已被《中國學術期刊網絡出版總庫》及 CNKI 系列資料庫收録,其作者文章著作權使用費與本刊稿酬一次性給付。如作者不同意文章被收録,請在來稿時向本刊聲明,本刊將做適當處理。

來稿請寄:山東大學儒學高等研究院《全真道研究》編輯部。郵編:250100;電子信箱:qzdyj2011@163.com

附:刊稿格式

一、正文

正文須附 300~500 字的摘要、3~5 個關鍵詞和作者簡介。作者簡介包括姓名、性别、生年、籍貫、工作單位、職稱職務、研究方向、代表性學術成果等内容。

另外,爲聯繫的方便,請作者於文後附詳細通信地址、聯繫電話、電子信箱等。

二、引文

引文分爲夾注和脚注兩種格式。(1)凡引用古籍,不需要注明版本和頁碼者,請於文中使用夾注。(2)無論直接引文,還是間接引文,也無論"資料性注釋”,還是“内容性注釋”,一律採用頁下注,注釋序號用①②③……,每頁重新編號。

三、注釋

注釋必須合乎通行的規範,具體情況如下。

1. 專著:作者/書名/卷册/出版地/出版者/出版年/頁碼。

第一次出現以上各項須一一注明,如:

張廣保:《金元全真教史新研究》,香港:青松出版社,2008 年,第 25 頁。

第二次出現簡化,衹注明作者、書名、頁碼,如:

張廣保:《金元全真教史新研究》,第 25 頁。

中譯本著作,譯者作爲第二責任者放在題名之後,如:

〔俄〕陶奇夫:《道教——歷史宗教的試述》,邱鳳俠譯,濟南:齊魯書社,2011 年,第 320 頁。

2. 析出文獻:作者/篇名/文集。如:

郭武:《明清時期全真道與凈明道關係略論》,見《問道崑崳山——齊魯文化與崑崳山道教國際學術研討會論文集》,濟南:齊魯書社,2009 年,第 262 頁。

3. 古籍:古籍既有傳統的刻本、抄本,也有具有現代出版形式的標點本、整理本、影印本,情況比較複雜,可根據古籍形式的不同選擇標注方式。

白永貞:《增續鐵刹山志》卷六,中國國家圖書館藏民國三十二年(1943)刊本。

(清)岳之嶺修,徐繼曾纂:《長清縣志》,清康熙十一年(1672)刻本。

4. 連續出版物(期刊、報紙等)

(1)期刊:作者/文章題名/期刊/出版年、卷期或出版日期。引用中國大陸以外出版的中文期刊時,應在期刊題名後括注出版地。如:

陳俊民:《略論全真道的思想源流》,《世界宗教研究》1983 年第 3 期。

蕭登福:《道教燈儀源起及其流變》,《弘道》(香港)2013 年第 2 期。

(2)報紙:作者/文章題名/報紙/出版日期或卷期/版次。如:

李學勤:《清華簡〈耆夜〉》,《光明日報》2009 年 8 月 3 日,國學版。

5. 外文文獻:引證外文文獻,原則上以該文種通行的引證標注方式爲準。如英文文獻:

Vincent Goossaert, “The Invention of an Order: Collective Identity in Thirteenth-Century Quanzhen Taoism”, *Journal of Chinese Religions* 29 (2001), pp. 122 ~ 123.

Lai, Chi-tim, "Hong Kong Daoism: A Study of Daoist Altars and Lü Dongbin Cults", *Social Compass* 50 (2003): 459 ~ 470.

6. 未刊文獻:作者/題名/屬性/編號/收藏單位/頁碼。如:

岑孝清:《李道純中和哲學思想及其丹道研究》,博士學位論文,中央民族大學,2009 年,第 67 頁。

7. 電子文獻:包括以數碼方式記録的所有文獻,其標注項目與順序:作者/題名/更新或修改日期/獲取和訪問路徑。如:

王宗昱:《吴興全真道史料》,2006 - 06 - 25,23:08:04,http://www. hongdao. net/hd_index. php? message = 101000&item = hd_zxwz&key = art_id&id = 493.

8. 轉引文獻:作者/原文獻題名/原文獻版本信息/原頁碼(或卷期)/轉引文獻責任者/轉引文獻題名/版本信息/頁碼。如:

《宋文獻公全集》卷十一《太上上清正一萬壽宫住持提點張公碑銘》,轉引自陳兵:《道教之道》,北京:今日中國出版社,1995 年,第 84 頁。

9. 間接引文:間接引文通常以"參見"引領詞引導標注項目,應標識出具體參考引證的起止頁碼或章節。標注項目、順序與格式同直接引文。如:

參見杜仁傑:《真静崔先生傳》,陳垣:《道家金石略》,北京:文物出版社,1988 年,第 495 ~ 496 頁。

10. 内容性注釋中的引文:内容性注釋是指對正文中的術語、概念、觀點和資料進行進一步的解釋、辨析或評論的文字。很多情況下,内容性注釋中又出現引文,無論是直接引文,還是間接引文,都需要標明資料出處,標注項目與順序與資料性注釋相同。如:

熊鐵基先生認爲,"全真"之義,至少包括"全三教之真""全老莊之真""全心性之真"三個方面。參見熊鐵基:《試論王重陽的"全真"思想》,《世界宗教研究》2008 年第 2 期。